어거스틴

요한복음 강론
제1강 ~ 제5강

라틴어 / 한글 대역

김광채 역편

부크크

2021

목 차

TRACTATUS IN IOHANNIS EVANGELIUM

TRACTATUS I. ~ TRACTATUS V.

요한복음 강론

제1강 ~ 제5강

TRACTATUS I.

Ioh. 1, 1-5.

1 In prīncipiō erat Verbum, et Verbum erat apud Deum, et Deus erat Verbum. 2 Hoc erat in prīncipiō apud Deum. 3 Omnia per ipsum facta sunt; et sine ipsō factum est nihil, quod factum est; 4 in ipsō vīta erat, et vīta erat lūx hominum; 5 et lūx in tenebrīs lūcet, et tenebrae eam nōn conprehendērunt.

i, 1. Intuēns, quod modo audīvimus ex lēctiōne apostolicā, quod animālis homō nōn percipit ea, quae sunt Spīritūs Deī, et cōgitāns, in hāc praesentī turbā Cāritātis vestrae necesse esse, ut multī sint animālēs, quī adhūc secundum carnem sapiant, nōndumque sē possint ad spīritālem intellēctum ērigere, haesitō vehementer, quōmodo, ut Dominus dederit, possim dīcere, vel prō modulō meō explicāre, quod lēctum est ex Ēvangeliō: *In prīncipiō erat Verbum, et Verbum erat apud Deum, et Deus erat Verbum*; hoc enim animālis homō nōn percipit.

Quid ergō, frātrēs? Silēbimus hinc? Quārē ergō legitur, sī silēbitur? Aut quārē audītur, sī nōn expōnitur? Sed et quid expōnitur, sī nōn intellegitur?

Itaque quoniam rūrsum esse nōn dubitō in numerō vestrō quōsdam, ā quibus possit nōn sōlum expositum capī, sed et antequam expōnātur, intellegī; nōn fraudābō eōs, quī possunt capere, dum timeō superfluus esse auribus eōrum, quī nōn possunt capere. Postrēmō aderit misericordia Deī, fortasse ut omnibus satis fiat, et capiat quisque, quod potest; quia et quī loquitur, dīcit, quod potest. Nam dīcere, ut est, quis potest?

제1강

요 1:1-5

1 태초에 말씀이 계시니라 이 말씀이 하나님과 함께 계셨으니 이 말씀은 곧 하나님이시니라 2 그가 태초에 하나님과 함께 계셨고 3 만물이 그로 말미암아 지은 바 되었으니 지은 것이 하나도 그가 없이는 된 것이 없느니라 4 그 안에 생명이 있었으니 이 생명은 사람들의 빛이라 5 빛이 어두움에 비춰되 어두움이 깨닫지 못하더라

i, 1. 사도 바울은, '육에 속한 사람은 하나님의 성령의 일을 받지 아니하나니'(고전 2:14)라 하였습니다. 우리는 방금 이 말씀을 들었습니다만, 내가 이 말씀을 깊이 생각해 보니, 지금 여기에 모인 무리, 곧, 사랑하는 여러분 가운데, 육에 속한 사람들이 분명 많이 있다는 생각이 들어, 대단히 곤혹스럽습니다. 육에 속한 사람들은 아직 육신적으로 생각하는 사람들, 스스로 일어나 신령한 것을 이해하지 못하는 사람들입니다. 그래서, 주님이 설령 도와주신다 해도, 내가 어떻게 말을 할 수 있을지, 아니면, 나의 부족함에도 불구하고 복음서에 나오는 다음 말씀의 뜻을 내가 설명할 수 있을지 잘 모르겠습니다.

태초에 말씀이 계시니라. 이 말씀이 하나님과 함께 계셨으니, 이 말씀은 곧 하나님이시니라. (요 1:1)

이 말씀은, 육에 속한 사람은 이해하지 못합니다.

형제 여러분! 그러면 어떻게 해야 하겠습니까? 그렇다고 침묵해야 하겠습니까? 침묵할 것이라면, 무슨 이유로 읽는 것입니까? 아니, 설명하지 않을 것이라면, 무슨 이유로 들려 준 것입니까? 그러나, 이해하지 못한다면, 설명하는 이유가 어디 있습니까?

그런데, 여러분 중에는 설명한 것을 이해할 뿐 아니라, 설명을 듣기도 전에 벌써 이해를 한 사람이 있다는 것을 나는 의심하지 않습니다. 그래서 나는 이해할 능력이 있는 사람들을 포기하지 않을 것입니다. 이해할 능력이 없는 사람들 귀에는 의미 없는 일이 될 수 있다 염려는 되지만 말입니다. 결국에는 자비하신 하나님이 함께 하사, 아마도 모든 사람들로 하여금 충분함을 경험하게 하실 것입니다. 그래서 각 사람이 자기 능력껏 이해할 것입니다. 사실, 말하는 사람 역시, 자기가 할 수 있는 만큼 말하는 것입니다. 정말이지, 100% 완벽하게 말하는 것. 그걸 누가 할 수 있습니까?

i, 2. Audeō dīcere, frātrēs meī, forsitan nec ipse Iohannēs dīxit, ut est, sed et ipse, ut potuit; quia dē Deō homō dīxit; et quidem īnspīrātus a Deō, sed tamen homō. Quia īnspīrātus, dīxit aliquid; sī nōn īnspīrātus esset, dīxisset nihil; quia vērō homō īnspīrātus, nōn tōtum, quod est, dīxit; sed quod potuit homō, dīxit.

ii. Erat enim iste Iohannēs, frātrēs cārissimī, dē illīs montibus, dē quibus scrīptum est:

Suscipiant montēs pācem populō tuō, et collēs iūstitiam.

Montēs, excelsae animae sunt; collēs, parvulae animae sunt. Sed ideō montēs excipiunt pācem, ut collēs possint excipere iūstitiam. Quae est iūstitia, quam collēs excipiunt? Fidēs, quia iūstus ex fidē vīvit. Nōn autem exciperent minōrēs animae fidem, nisī māiōrēs animae, quae montēs dictae sunt, ab ipsā Sapientiā illūstrārentur, ut possint parvulīs trāicere, quod possint parvulī capere, et vīvere ex fidē collēs, quia montēs pācem suscipiunt. Ab ipsīs montibus dictum est Ecclēsiae: *Pāx vōbīscum*; et ipsī montēs pācem annūntiandō Ecclēsiae, nōn dīvīsērunt sē adversus eum, ā quō suscēpērunt pācem, ut vērāciter, nōn fictē nūntiārent pācem.

iii, 1. Sunt enim aliī montēs naufragōsī, quō quisque nāvim cum impulerit, solvitur. Facile est enim, cum vidētur terra ā perīclitantibus, quasi cōnārī ad terram; sed aliquandō vidētur terra in monte, et saxa latent sub monte; et cum quisque cōnātur ad montem, incidit in saxa; et nōn ibī invenit portum, sed plānctum.

i, 2. 나의 형제 여러분! 내가 감히 말씀 드립니다만, 아마 요한 자신도 100% 완벽하게 말하지 못했을 것입니다. 도리어, 할 수 있을 만큼 말했을 것입니다. 이는, 하나님에 관한 말을 사람이 했기 때문입니다. 물론, [요한은] 영감을 받은 사람이었지만, 그래도 사람이었습니다. [요한은] 영감을 받았기 때문에 뭔가를 말했습니다. 만약 영감을 받지 못했다면, 아무 말도 못했을 것입니다. [요한이] 영감을 받은 것은 사실입니다. 하지만, 모든 것을 100% 완벽하게 말하지는 못했을 것입니다. 도리어 그가 인간으로서 할 수 있는 만큼만 말했을 것입니다.

ii. 지극히 사랑하는 형제 여러분! 정말이지, 이 요한은, [성경에] 이렇게 기록돼 있는 그 산들 중 하나입니다.

> 의로 인하여 산들이 백성에게 평강을 주며, 작은 산들도 그리하리로다. (시 72:3)

산들은 출중한 영혼들입니다. 작은 산들은 작은 영혼들입니다. 그러나 이 때문에 산들은 평강을 얻어서, 작은 산들로 하여금 의를 얻게 할 수 있습니다. 작은 산들이 얻는 의가 무엇입니까? 그것은 믿음입니다. 이는, 의인은 믿음으로 말미암아 살기 때문입니다.[1] 그러나 작은 영혼들은, '산들'이라 불린 큰 영혼들이 지혜 자체로부터 빛을 공급받아, 작은 자들에게 작은 자들이 파지(把持)할 수 있는 것을 전달해 주지 않는다면, 믿음을 얻을 수가 없습니다. 그래서, 산들이 평강을 얻어야, 작은 산들이 믿음으로 살 수 있게 되는 것입니다. 이 산들을 통해서 교회에 평강이 선포됩니다. '너희에게 평강이 있을지어다'(요 20:19). 그러나, 그들이 평강을 교회에 선포했다 해서, 그들에게 평강을 주신 그분과 분리되지 않습니다. 그들이 그분에게서 평강을 얻은 것은, 진정으로 평강을 선포하기 위함이지, 가식(假飾)으로 선포하기 위함이 아닙니다.

iii, 1. 정말이지, 난파(難破)를 잘 일으키는 다른 종류의 산들이 있기는 합니다. 그래서 누구든 배를 그쪽으로 몰고 가면, 배는 부서집니다. 이는, 위험에 처한 자들에게 육지가 보일 때, 그쪽으로 가야 육지로 가는 줄 착각하기가 쉽기 때문입니다. 하지만, 어떤 경우는 산 곁에 육지가 보이지만, 산 밑에 암초가 숨어 있기도 합니다. 그래서, 누구든 산 쪽을 향해 가면, 암초에 부딪히게 됩니다. 그리고 거기서 항구를 찾지 못하고, 탄식할 거리[만] 찾게 됩니다.

---

[1] 합 2:4, 롬 1:17 참조.

iii, 2. Sīc fuērunt quīdam montēs, et magnī appāruērunt inter hominēs; et fēcērunt haeresēs et schismata, et dīvīsērunt Ecclēsiam Deī; sed istī, quī dīvīsērunt Ecclēsiam Deī, nōn erant illī montēs, dē quibus dictum est: *Suscipiant montēs pācem populō tuō.* Quōmodo enim pācem suscēpērunt, quī ūnitātem dīvīsērunt?

iv, 1. Quī autem suscēpērunt pācem nūntiandam populō, contemplātī sunt ipsam Sapientiam, quantum hūmānīs cordibus potuit contingī, quod *nec oculus vīdit, nec auris audīvit, nec in cor hominis ascendit.* Sī in cor hominis nōn ascendit, quōmodo ascendit in cor Iohannis? An nōn erat homō Iohannēs? An forte nec in cor Iohannis ascendit, sed cor Iohannis in illam ascendit? Quod enim ascendit in cor hominis, dē īmō est ad hominem; quō autem ascendit cor hominis, sūrsum est ab homine. Etiam sīc, frātrēs, dīcī potest, quia sī ascendit in cor Iohannis, sī aliquō modō potest dīcī, in tantum ascendit in cor Iohannis, in quantum ipse Iohannēs nōn erat homō. Quid est: Nōn erat homō? In quantum coeperat esse angelus; quia omnēs sānctī, angelī; quia annūntiātōrēs Deī.

iv, 2. Ideō carnālibus et animālibus nōn valentibus percipere, quae sunt Deī, quid ait Apostolus?

Cum enim dīcitis: Egō sum Paulī, egō Apollō, nōnne hominēs estis?

Quid eōs volēbat facere, quibus exprobrābat, quia hominēs erant? Vultis nōsse, quid eōs facere volēbat? Audīte in Psalmīs:

Egō dīxī: Diī estis, et filiī Excelsī omnēs.

iii, 2. 이런 산들이 좀 있었습니다. 그리고 사람들 가운데 큰 인물처럼 보였습니다. 그리고 그들은 이단을 창시했고, 분열을 일으켰고, 하나님의 교회를 나누었습니다. 그러나, 하나님의 교회를 나눈 자들은, 성경에 이렇게 이른 산들이 아닙니다.

> [의로 인하여] 산들이 백성에게 평강을 주며,···. (시 72:3)

일치를 깨뜨린 자들이 어찌 평강을 얻을 수 있었겠습니까?

iv, 1. 그러나 백성에게 전할 평강을 얻은 자들은 지혜 자체를 바라봅니다. '눈으로 보지 못하고, 귀로도 듣지 못하고, 사람의 마음으로도'(고전 2:9) 생각하지 못한 것이 인간의 마음에 들어올 수 있는 한(限) 말입니다. 만약 [지혜가] 사람의 마음속에 들어온 것이 아니라면, 어떻게 요한의 마음속에는 들어간 것입니까? 혹시 요한은 사람이 아니었나요? 아니면 혹시 지혜가 요한의 마음 속에 들어간 것이 아니라, 요한의 마음이 지혜를 향해 올라간 것입니까? 이는, 사람의 마음속 으로 들어가는 것은 아래서부터 사람을 향해 가기 때문입니다. 그렇지만, 사람의 마음이 그리로 향해 올라간다면, 그것은 사람보다 위에 있는 것입니다. 형제 여러분! 이렇게도 말할 수 있습니다. 곧, 지혜가 요한의 마음속으로 들어간 것이라면, 이런 말을 하는 것이 어떻게든 가능하다면, 요한 자신이 사람이 아니었던 만큼, 그만큼 지혜가 요한의 마음속으로 들어간 것입니다. '요한이 사람이 아니었던 만큼'이라는 말이 무슨 말입니까? [그것은, 요한이] '천사가 된 만큼'이라는 뜻입니다. 이는, 모든 거룩한 자가 다 천사이기 때문입니다. 이는, [천사가] '하나님의 사자'이기 때문입니다.

iv, 2. 그러면, 하나님의 일을 깨달을 능력이 없는, 육신에 속한 자들, 감각적인 것에 사로잡힌 자들에게 사도 [바울은] 무슨 말을 합니까?

> 어떤 이는 말하되, 나는 바울에게라 하고, 다른 이는 나는 아볼로에게라 하니, 너희가 사람이 아니리요? (고전 3:4)

[바울은,] '너희가 사람이 아니리요?'라고 책망한 사람들을 어떤 사람들로 만드려고 했습니까? 여러분은, 그가 그들을 어떤 사람들로 만드려고 했는지 알기 원하십니까? 시편 말씀을 들어 보십시오!

> 내가 말하기를, 너희는 신들이며, 다 지존자의 아들들이라 하였으나. (시 82:6)

Ad hoc ergō vocat nōs Deus, nē sīmus hominēs. Sed tunc in melius nōn erimus hominēs, sī prius nōs hominēs esse agnōscāmus, id est, ut ad illam celsitūdinem ab humilitāte surgāmus; nē cum putāmus nōs aliquid esse, cum nihil sīmus, nōn sōlum nōn accipiāmus, quod nōn sumus, sed et āmittāmus, quod sumus.

v, 1. Ergō, frātrēs, dē hīs montibus et Iohannēs erat, quī dīxit:

> In prīncipiō erat Verbum, et Verbum erat apud Deum, et Deus erat Verbum.

Suscēperat pācem mōns iste, contemplābātur dīvīnitātem Verbī. Quālis iste mōns erat? Quam excelsus? Trānscenderat omnia cacūmina terrārum, trānscenderat omnēs campōs āeris, trānscenderat omnēs altitūdinēs sīderum, trānscenderat omnēs chorōs et legiōnēs Angelōrum. Nisī enim trānscenderet ista omnia, quae creāta sunt, nōn pervenīret ad eum, per quem facta sunt omnia.

v, 2. Nōn potestis cōgitāre, quid trānscenderit, nisī videātis, quō pervēnerit. Quaeris dē caelō et terrā? Facta sunt. Quaeris dē hīs, quae sunt in caelō et terrā? Utique multō magis et ipsa facta sunt. Quaeris dē spīritālibus creātūrīs, dē Angelīs, Archangelīs, Sēdibus, Dominātiōnibus, Virtūtibus, Prīncipātibus? Et ipsa facta sunt. Nam cum ēnumerāret haec omnia Psalmus, conclūsit sīc:

> Ipse dīxit, et facta sunt; ipse mandāvit, et creāta sunt.

Sī dīxit, et facta sunt, per Verbum facta sunt; sī autem per Verbum facta sunt, nōn potuit Iohannis cor pervenīre ad id, quod ait: *In prīncipiō erat Verbum, et Verbum erat apud Deum, et Deus erat Verbum*; nisī trānscendisset omnia, quae sunt facta per Verbum.

그러므로, 하나님이 우리를 부르신 것은, 우리로 하여금 [저차원적] 사람이 되지 않게 하기 위해서였습니다. 하지만 우리가 먼저, 우리 자신이 사람임을 인정할 때만, 다시 말해, 낮은 곳에서 저 높은 곳을 향하여 우리가 올라가는 것임을 인정할 때만, 보다 높은 차원의 사람이 될 것입니다. 우리가, 우리 자신이 뭐라도 되는 줄 착각한다면, 우리는 [본디] 아무것도 아닌 존재이기 때문에, [본디] 우리 것이 아닌 것을 받을 수도 없을 뿐더러, 우리가 지닌 것까지도 상실할 것입니다.

v, 1. 그러므로 형제 여러분! 이 산들 속에 요한도 포함됩니다. 그가 이렇게 말했습니다.

태초에 말씀이 계시니라. 이 말씀이 하나님과 함께 계셨으니, 이 말씀은 곧 하나님이시니라. (요 1:1)

이 산이 평강을 얻었습니다. 로고스의 신성(神性)을 관조(觀照)했습니다. 이 산이 어떤 산이었습니까? 얼마나 높은 산이었습니까? 이 산은 땅의 모든 산정(山頂)보다 높았습니다. 공중의 모든 들판보다 높았습니다. 별들의 모든 높이보다 높았습니다. 천사들의 합창대 및 군대보다 높았습니다. 이는, 그가 만약 이 모든 피조물보다 더 높이 올라가지 않았다면, 모든 만물을 창조하신 그분께 이를 수 없었을 것이기 때문입니다.

v, 2. 여러분은, 그가 어디에 이르렀는지를 알지 못한다면, 그가 무엇보다 더 높이 올라갔는지를 상상하지 못할 것입니다. 여러분이 천지에 관해 물으십니까? 천지는 창조되었습니다. 여러분이 천지 속에 있는 것들에 관해 물으십니까? 그것들 역시 창조되었다는 것은 훨씬 더 분명한 사실입니다. 여러분이 영적 피조물에 관하여, 천사들에 관하여, 천사장, 보좌, 주관, 능력, 권세에 관하여 물으십니까? 그들 역시 창조되었습니다. 시편 기자는 이 모든 것을 열거한 다음, 다음과 같이 결론을 내립니다.

저가 말씀하시매, 이루었으며, 명하시매, 견고히 섰도다. (시 33:9)

'저가 말씀하시매, 이루었'다면, 로고스로 말미암아 창조가 이루어진 것입니다. 그러나, 로고스로 말미암아 창조가 이루어졌다면, 요한이 만약 로고스로 말미암아 창조된 모든 것보다 더 높이 올라가지 않은 경우에는, 요한의 마음이, 다음 말씀이 해당되는 그분에게까지 이르지 못했을 것입니다.

태초에 말씀이 계시니라. 이 말씀이 하나님과 함께 계셨으니, 이 말씀은 곧 하나님이시니라.

v, 3. Quālis ergō iste mōns, quam sānctus, quam altus inter illōs montēs, quī suscēpērunt pācem populō Deī, ut collēs possent suscipere iūstitiam?

vi, 1. Vidēte ergō, frātrēs, nē forte dē ipsīs montibus est Iohannēs, dē quibus paulō ante cantāvimus:

> Levāvī oculōs meōs in montēs, unde veniet auxilium mihī.

Ergō, frātrēs meī, sī vultis intellegere, levāte oculōs vestrōs in montem istum; id est, ērigite vōs ad Ēvangelistam, ērigite vōs ad eius sēnsum. Sed quia montēs istī pācem suscipiunt, nōn potest autem esse in pāce, quī spem pōnit in homine; nōlīte sīc ērigere oculōs in montem, ut putētis in homine spem vestram esse collocandam.

vi, 2. Et sīc dīcite: *Levāvī oculōs meōs in montēs, unde veniet auxilium mihī*, ut statim subiungātis:

> Auxilium meum ā Dominō, quī fēcit caelum et terram.

Ergō levēmus oculōs in montēs, unde veniet auxilium nōbīs; et tamen nōn ipsī montēs sunt, in quibus spēs nostra pōnenda est; accipiunt enim montēs, quod nōbīs ministrent; ergō unde et montēs accipiunt, ibī spēs nostra pōnenda est. Oculōs nostrōs cum levāmus ad Scrīptūrās, quia per hominēs ministrātae sunt Scrīptūrae, levāmus oculōs nostrōs ad montēs, unde auxilium veniet nōbīs; sed tamen quia ipsī hominēs erant, quī scrīpsērunt Scrīptūrās, nōn dē sē lūcēbant; sed ille erat *lūmen vērum, quī illūminat omnem hominem venientem in hunc mundum.*

v, 3. 그러므로 이 산은 어떠한 산입니까? 얼마나 거룩합니까? 하나님의 백성을 위하여 평강을 얻고, 작은 산들로 하여금 의를 얻을 수 있게 한 산들 중에서 [이 산은] 얼마나 높이 빼어난 산입니까?

vi, 1. 형제 여러분! 조금 전에 우리는 이렇게 [시편] 찬송을 불렀습니다.

> 내가 산을 향하여 눈을 들리라. 나의 도움이 어디서 올꼬? (시 121:1)

이 찬송이 가리키는 산들 속에, 혹시 요한이 포함되는지 살펴보십시오! 그러므로 나의 형제 여러분! 여러분이 이걸 아시기 원한다면, 여러분의 눈을 이 산을 향해 드십시오! 다시 말해, 복음서 기자의 말에 주의를 기울이십시오! 그의 말의 의미가 무엇인지에 여러분의 주의를 기울이십시오! 그러나 이러한 산이 평강을 얻는 것이기 때문에, 사람에게 소망을 두는 자는 평강 속에 거할 수 없습니다. 여러분의 눈을 산을 향해 드십시오! 그러나, 여러분의 소망을 사람에게 둘 생각은 하지 마십시오!

vi, 2. 그러므로 여러분은, '내가 산을 향하여 눈을 들리라. 나의 도움이 어디서 올꼬?' 이렇게 말하십시오! 그리고 즉시 다음 말을 덧붙이십시오!

> 나의 도움이 천지를 지으신 여호와에게서로다. (시 121:2)

그러므로 우리의 눈을 산을 향하여 드십시다! 거기에서 우리의 도움이 올 것입니다. 하지만, 산 자체는 우리의 소망을 둘 곳이 아닙니다. 왜냐하면 산들은, 그들이 우리에게 대접할 것을, 자기네도 받는 것이기 때문입니다. 그러므로, 산들이 받는 곳, 그곳에 우리의 소망을 두어야 합니다. 성경은 사람들을 통해 우리에게 주어졌습니다. 따라서, 우리의 눈을 성경을 향하여 들면, 우리는 우리의 눈을 산을 향하여 드는 셈이 됩니다. 거기서 우리에게 도움이 옵니다. 하지만, 성경 기자들도 사람들입니다. 그들은 스스로 빛을 발하지 않았습니다. 도리어, 세상에 온 모든 사람에게 빛을 비추시는 그분이 참된 빛입니다.[1]

---

[1] 요 1:9 (= "참 빛 곧 세상에 와서 각 사람에게 비취는 빛이 있었나니") 참조.

vi, 3. Mōns erat et ille Iohannēs Baptista, quī dīxit: *Nōn sum egō Chrīstus*, nē quisquam spem in montem pōnēns, caderet ab illō, quī montēs illūstrat, et ipse cōnfessus ait:

Quoniam dē plēnitūdine eius omnēs accēpimus.

Ita dēbēs dīcere: *Levāvī oculōs meōs in montēs, unde veniet auxilium mihī*, nē auxilium, quod tibī venit, montibus imputēs, sed sequāris, et dīcās:

Auxilium meum ā Dominō, quī fēcit caelum et terram.

vii, 1. Ergō, frātrēs, ad hoc ista monuerim, ut quandō ērēxistis cor ad Scrīpūrās, cum sonāret Ēvangelium: *In prīncipiō erat Verbum, et Verbum erat apud Deum, et Deus erat Verbum*, et cētera, quae lēcta sunt, intellegātis vōs levāsse oculōs ad montēs. Nisī enim montēs ista dīcerent, unde omnīnō cōgitārētis, nōn invenīrētis. Ergō ex montibus venit vōbīs auxilium, ut haec vel audīrētis.

vii, 2. Sed nōndum potestis intellegere, quod audīstis. Invocāte auxilium ā Dominō, quī fēcit caelum et terram; quia montēs sīc potuērunt loquī, ut nōn possint ipsī illūmināre; quia et ipsī illūminātī sunt audiendō. Inde quī haec dīxit, accēpit Iohannēs ille, frātrēs, quī discumbēbat super pectus Dominī, et dē pectore Dominī bibēbat, quod propīnāret nōbīs.

vi, 3. 세례 요한도 산이었습니다. 그는, "나는 그리스도가 아니라"(요 1:20) 말했는데, 이는, 아무도 산에다 소망을 두어, 산들을 비추는 분에게서 떨어지지 않게 하기 위함이었습니다. 그는 이렇게 고백하며 말했습니다.

> 우리가 다 그의 충만한 데서 받으니, …. (요 1:16)

그러므로 여러분은 이렇게 말해야 합니다.

> 내가 산을 향하여 눈을 들리라. 나의 도움이 어디서 올꼬? (시 121:1)

이는, 여러분에게 오는 도움을 산들에게 돌리지 않기 위해서입니다. 여러분은 도리어 다음에 나오는 말씀에 따라 이렇게 말해야 합니다.

> 나의 도움이 천지를 지으신 여호와에게서로다. (시 121:2)

vii, 1. 그러므로 형제 여러분! 내가 이것을 강조하는 목적은 이것입니다. 곧, 복음서의 다음과 같은 말씀이 낭송(朗誦)된다 합시다.

> 태초에 말씀이 계시니라. 이 말씀이 하나님과 함께 계셨으니, 이 말씀은 곧 하나님이시니라.…

이때 여러분이 마음을 성경을 향하여 드셨다면, 여러분이 눈을 산을 향해 드셨다는 사실을 이해하실 것입니다. 이는, 산이 이를 말하지 않는다면, 여러분이 도대체 이에 대해 어떻게 생각해야 할지를 알지 못할 것이기 때문입니다. 그러므로 산으로부터 여러분에게 도움이 와서, 여러분 또한 이에 대해 듣게 되는 것입니다.

vii, 2. 하지만 여러분은 아직, 여러분이 들은 내용을 이해하지 못하고 계십니다. 천지를 지으신 주님께 도움을 구하십시오! 왜냐하면, 산들은 말은 할 수 있어도, 스스로 빛을 비출 수는 없기 때문입니다. 정말이지, 그들 역시 들음을 통해 조명(照明)을 받았습니다. 그래서, 형제 여러분! 요 1:1의 말씀을 한 그 요한도 그 말씀을 받은 것입니다. 그는 주님의 품에 의지하여 누웠던 자였습니다.[1] 그는 또 주님의 품에서, 주님이 우리에게 따라 주시는 잔을 마셨습니다.

---

[1] 요 13:23 (= "예수의 제자 중 하나 곧 그의 사랑하시는 자가 예수의 품에 의지하여 누웠는지라") 참조.

Sed propīnāvit verba; intellēctum autem inde dēbēs capere, unde et ipse biberat, quī tibī propīnāvit, ut levēs oculōs ad montēs, unde auxilium veniet tibī, ut inde tamquam calicem, id est, verbum propīnātum acciperēs; et tamen quia auxilium tuum ā Dominō, quī fēcit caelum et terram, inde implērēs pectus, unde implēvit ille; unde dīxistī: *Auxilium meum ā Dominō, quī fēcit caelum et terram*; quī potest ergō, impleat. Frātrēs, hoc dīxī:

> Levet quisque cor suum, quōmodo illud videt idōneum, et capiat, quod dīcitur.

vii, 3. Sed forte hoc dīcētis, quia egō vōbīs sum praesentior quam Deus. Absit. Multō est ille praesentior; nam egō oculīs vestrīs appāreō, ille cōnscientiīs vestrīs praesidet. Ad mē aurēs, ad illūm cor, ut utrumque impleātis. Ecce, oculōs vestrōs et sēnsūs istōs corporis levātis ad nōs; nec ad nōs, nōn enim nōs dē illīs montibus, sed ad ipsum Ēvangelium, ad ipsum Ēvangelistam; cor autem implendum ad Dominum. Et ūnusquisque sīc levet, ut videat, quid levet, et quō levet.

vii, 4. Quid dīxī: Quid levet, et quō levet? Quāle cor levet, videat; quia ad Dominum levat, nē sarcina voluptātis carnālis praegravātum ante cadat, quam fuerit sublevātum. Sed videt sē quisque gestāre onus carnis? Det operam per continentiam, ut pūrget, quod levet ad Deum.

> Beātī enim mundī corde, quoniam ipsī Deum vidēbunt.

그러나, 주님이 따라 주신 잔은 말씀이었습니다. 하지만, [말씀을] 이해하려면, 여러분에게 잔을 따라 준 자가 받아 마신, 그 근원을 붙들어야 합니다. 그래서 그대는 산을 향하여 눈을 들어야 합니다. 거기서 그대에게 도움이 올 것입니다. 거기서 그대는 말씀을 받게 될 것입니다. 마치 잔을 받는 것처럼 말입니다. 그럼에도 불구하고 그대의 도움은 천지를 지으신 주님에게서 옵니다. [요한] 그가 자기 가슴을 채웠던 곳. 그곳에서 그대도 그대 가슴을 채우게 됩니다. 그래서 그대는 이렇게 말했습니다.

　　나의 도움이 천지를 지으신 여호와에게서로다. (시 121:2)

그러므로, 할 수 있는 사람은 채우십시오! 형제 여러분! 나는 이렇게 말했습니다.

　　각자 자기 가슴을 드십시오! 자기가 합당하다 생각하는 대로 말입니다. 그리고 듣는 내용을 붙드십시오!

vii, 3. 아마도 여러분은 이렇게 말할 것입니다. 곧, 내가 여러분에게 하나님보다 더 가까이 있다고 말입니다. 절대 그렇지 않습니다. 하나님이 훨씬 더 가까이 계십니다. 내가 여러분 눈에 보이는 건 사실이지만, 하나님은 여러분 양심을 감찰하고 계십니다. 귀는 나를 향하고, 마음은 하나님을 향하십시오! 그리하여 귀와 마음이 다 채워지게 하십시오! 보십시오! 여러분은 여러분의 눈과 여러분의 육신의 감관(感官)을 우리를 향해 드셨습니다. 하지만, 우리를 향해 드신 것이 아닙니다. 이는, 우리가 저 산들에 속하지 않았기 때문입니다. [여러분은 여러분의 눈을] 복음 자체를 향해, 복음서 기자 자신을 향해 드셨습니다. 하지만, 마음을 채우시려면, [마음은] 주님을 향하십시오! 그래서, [여러분은] 각자 들기는 드시되, 무엇을 들어야 할지, 어디를 향해 들어야 할지를 살피도록 하십시오!

vii, 4. [여러분보고] 무엇을 들어야 할지, 어디를 향해 들어야 할지를 살피도록 하시라는 말을 내가 왜 한 것입니까? 어떠한 마음을 들어야 할지[도] 살펴야 할 것입니다. 그것은, 주님을 향하여 드는 것이기 때문입니다. [마음이] 들림을 받기도 전에, 육신의 쾌락이라는 짐 때문에 힘이 들어, 쓰러지는 일이 없어야 할 것입니다. 하지만 [여러분은,] 각자 육신의 짐을 지고 있음을 알고 있습니다. 주님을 향하여 드는 것을 깨끗이 하도록, 절제를 통해 노력하십시오!

　　마음이 청결한 자는 복이 있나니, 저희가 하나님을 볼 것임이요. (마 5:8)

viii, 1. Nam ecce, quid prōdest, quia sonuērunt verba: *In prīncipiō erat Verbum, et Verbum erat apud Deum, et Deus erat Verbum?* Et nōs dīximus verba, cum loquerēmur. Numquid tāle Verbum erat apud Deum? Nōnne ea, quae dīximus, sonuērunt atque trānsiērunt? Ergō et Deī Verbum sonuit et perāctum est? Quōmodo omnia per ipsum facta sunt, et sine ipsō factum est nihil? Quōmodo per illud regitur, quod per illud creātum est, sī sonuit et trānsiit? Quāle ergō Verbum, quod et dīcitur et nōn trānsit?

Intendat Cāritās vestra; magna rēs est. Cotīdiē dīcendō verba vīluērunt nōbīs, quia sonandō verba et trānseundō vīluērunt, et nihil aliud videntur quam verba. Est verbum et in ipsō homine, quod manet intus; nam sonus prōcēdit ex ōre.

Est verbum, quod vērē spīritāliter dīcitur, illud, quod intellegis dē sonō, nōn ipse sonus. Ecce, verbum dīcō, cum dīcō: *Deus.* Quam breve est, quod dīxī, quattuor litterās, et duās syllabās! Numquidnam hoc tōtum est Deus, quattuor litterae, et duae syllabae? An quantum hoc vīle est, tantum cārum est, quod in eīs intellegitur?

viii, 2. Quid factum est in corde tuō, cum audīssēs: *Deus?* Quid factum est in corde meō, cum dīcerem: *Deus?* Magna et summa quaedam substantia cōgitāta est, quae trānscendat omnem mūtābilem creātūram, carnālem et animālem. Et sī dīcam tibī: *Deus commūtābilis est, an incommūtābilis?*, respondēbis statim:

Absit, ut egō vel crēdam vel sentiam commūtābilem Deum; incommūtābilis est Deus.

Anima tua quamvīs parva, quamvīs forte adhūc carnālis, nōn mihī potuit respondēre nisī incommūtābilem Deum; omnis autem creātūra mūtābilis.

viii, 1. [여길] 보십시오! 다음과 같은 말을 하는 소리가 들리는 것이, 무슨 유익이 되는 것입니까?

　　태초에 말씀이 계시니라. 이 말씀이 하나님과 함께 계셨으니, 이 말씀은 곧 하나님이시니라.

우리도 대화를 할 때, 말을 하였습니다. 하나님과 함께 계셨던 말씀이 이와 같은 말이었을까요? 우리가 했던 말은, 소리가 들린 다음에 지나가 버리지 않았습니까? 그렇다면, 하나님의 말씀도, 소리가 들린 다음 지나가 버렸습니까? 어떻게 만물이 그로 말미암아 지은 바 되었으며, 지은 것이 하나도 그가 없이는 된 것이 없는 것입니까?[1] 그의 소리가 들린 다음, 지나가 버린 것이라면, 그로 말미암아 지은 바 된 것이 어떻게 그의 통치를 받는 것입니까? 그렇다면, 발(發)하여진 다음에도 지나가 버리지 않는 이 말씀은 어떠한 말씀입니까?

　사랑하는 여러분, 주목해 주십시오! 중요한 문제입니다. 우리가 말을 매일같이 사용하기 때문에, 말의 값이 떨어졌습니다. 그건, 말소리가 들린 다음, 그 소리가 사라지기 때문에, 그 값이 떨어진 까닭입니다. 그리고 [말이란,] 오직 말일 뿐이라고만 여겨지는 까닭입니다. 인간 자신 속에도 말이 있는데, 그 말은 안에 남아 있습니다. 왜냐하면, 소리[만] 입 밖으로 나오는 것이기 때문입니다.

　진정 영적으로 하는 말이 있습니다. 이것은, 그대가 소리를 통해 인식하는 것이지만, 소리 자체는 아닙니다. 보십시오! 내가 'Deus'[2]라는 말을 한다고 하면, 나는 [무슨] 말을 하는 것입니다. 내가 한 이 말이 얼마나 짧은 것인지요? 글자는 넷이고, 음절은 둘입니다. 글자 넷과 음절 둘인 'Deus' 이것이 하나님에 대한 온전한 표현입니까? 아니면, 이 말이 아무리 무가치한 것이라 해도, 이 말을 통해 표현되는 것은 대단히 고귀한 것입니까?

2. 그대가 '하나님'이란 말을 들었을 때, 그대 마음속에는 무슨 일이 일어났습니까? 내가 '하나님'이란 말을 했을 때, 내 마음속에는 무슨 일이 일어났습니까? 무슨 위대하고 지극히 높은 실체에 대한 생각이 일어났습니다. 그 실체는 모든 가변적(可變的)이고, 육신적이고, 혼적(魂的)인 피조물을 초월해 있습니다. 내가 만약 그대에게 "하나님은 가변적입니까? 아니면 불변적(不變的)입니까?"라고 말한다면, 그대는 즉시 이렇게 대답할 것입니다.

　내가 하나님을 가변적이라 믿거나 생각하는 것은 있을 수 없습니다. 하나님은 불변적이십니다.

그대의 영혼이 비록 작다 해도, 필시 아직 육신적이라 해도, 하나님은 불변적이시다는 대답 외에는 할 수 없습니다. 하지만, 모든 피조물은 가변적입니다.

---

[1] 요 1:3 (= "만물이 그로 말미암아 지은 바 되었으니 지은 것이 하나도 그가 없이는 된 것이 없느니라") 참조.

[2] Deus는 "하나님"이라는 뜻의 라틴어 명사다.

Quōmodo ergō potuistī scintillāre in illud, quod est super omnem creātūram, ut certus mihī respondērēs incommūtābilem Deum? Quid est ergō illud in corde tuō, quandō cōgitās quandam substantiam vīvam, perpetuam, omnipotentem, īnfīnītam, ubīque praesentem, ubīque tōtam, nusquam inclūsam? Quandō ista cōgitās, hoc est verbum dē Deō in corde tuō.

viii, 3. Numquid autem hoc est sonus ille, quī quattuor litterīs cōnstat et duābus syllabīs? Ergō quaecumque dīcuntur et trānseunt, sonī sunt, litterae sunt, syllabae sunt. Hoc verbum trānsit, quod sonat; quod autem sīgnificāvit sonus, et in cōgitante est, quī dīxit, et in intellegente est, quī audīvit, manet hoc trānseuntibus sonīs.

ix, 1. Refer animum ad illud verbum. Sī tū potes habēre verbum in corde tuō, tamquam cōnsilium nātum in mente tuā, ut mēns tua pariat cōnsilium, et īnsit cōnsilium quasi prōlēs mentis tuae, quasi fīlius cordis tuī. Prius enim cor generat cōnsilium, ut aliquam fabricam cōnstruās, aliquid amplum in terrā mōliāris.

2. Iam nātum est cōnsilium, et opus nōndum complētum est; vidēs tū, quid factūrus es; sed alius nōn mīrātur, nisī cum fēceris et cōnstrūxeris mōlem, et fabricam illam ad exsculptiōnem perfectiōnemque perdūxeris. Attendunt hominēs mīrābilem fabricam, et mīrantur cōnsilium fabricantis; stupent, quod vident, et amant, quod nōn vident. Quis est, quī potest vidēre cōnsilium? Sī ergō ex magnā aliquā fabricā laudātur hūmānum cōnsilium, vīs vidēre, quāle cōnsilium Deī est Dominus Iēsūs Chrīstus, id est, Verbum Deī?

그렇다면, 어떻게 모든 피조물보다 높이 계시는 분에 대한 생각이 불꽃처럼 그대에게 떠올라서, 하나님은 불변적이시라는 대답을 나에게 확신 있게 할 수 있게 된 것입니까? 즉, 그대가 무슨 살아 있고, 영원하고, 전능하고, 무한하고, 무소부재하고, 어디에나 온전히 현존하지만, 아무 곳에도 제한을 받지 않는 실체를 생각할 때, 그대 마음속에는 무엇이 있는 것입니까? 그대가 이러한 실체를 생각할 때, 그대 마음속에는 "하나님"에 관한 이 같은 말이 존재하는 것입니다.

viii, 3. 그러나 이것이 네 글자와 두 음절로 구성된 'Deus'라는 그 소리입니까? 그러므로, 무엇이든 말을 해서 지나가는 것은 소리이고, 글자이고, 음절입니다. 소리로 구성된 이런 말은 지나갑니다. 하지만, 그 소리가 지칭했던 것은, 그것을 말한 사람의 생각 속에 존재합니다. 그 소리를 들어서 이해한 사람 속에 존재합니다. 소리는 지나간다 해도, 이것은 남습니다.

ix, 1. 이 말에 주목해 보십시오! 그대가 만약 그대 가슴 속에 이 말을 간직할 수 있다면, 마치 그대 마음속에 일어난 생각을 간직할 수 있는 것처럼 말입니다. 그러면, 그대 마음은 생각을 낳을 것이고, 그 생각이 그대 마음의 소생이나 되는 듯, 그대 심령의 자녀라도 되는 듯 거기 있을 것입니다. 이는, 그대가 무슨 건물을 지으려고 하면, 땅에서 무슨 큰 일을 시도하고자 한다면, 우선 심령이 생각을 낳아야 하기 때문입니다.

2. 이미 생각이 태어났으나, 일은 아직 끝나지 않았고, 그대는 무슨 일을 해야 할지 알고 있습니다. 하지만 다른 사람은, 그대가 일을 끝내기까지, 큰 구조물을 [다] 지을 때까지, 그 건축물 건설 작업을 그대가 다 완료할 때까지 놀라지를 않습니다. 사람들은 놀라운 건축물을 봅니다. 그리고 건축자의 생각에 경탄합니다. 그들은 보이는 것에 대해 놀라고, 보이지 않는 것에 대해서는 사랑합니다. 생각을 볼 수 있는 사람이 어디 있습니까? 그러므로 무슨 거대한 건축물 때문에, 인간의 생각이 칭송을 받는다면, 주 예수 그리스도, 곧, 하나님의 로고스가 하나님의 어떤 생각인지 그대는 알고 싶으십니까?

ix, 3. Attende fabricam istam mundī; vidē, quae sint facta per Verbum, et tunc cōgnōscēs, quāle sit Verbum. Attende haec duo mundī corpora, caelum et terram! Quis explicat verbīs ōrnātum caelī? Quis explicat verbīs fēcunditātem terrae? Quis dīgnē collaudat temporum vicēs? Quis dīgnē collaudat sēminum vim? Vidētis, quae taceam, nē diū commemorandō parum dīcam forte, quam potestis cōgitāre.

Ex fabricā ergō istā animadvertite, quāle Verbum est, per quod facta est; et nōn sōla facta est. Omnia enim ista videntur, quia pertinent ad sēnsum corporis. Per illud Verbum et Angelī factī sunt; per illud Verbum et Archangelī factī sunt; Potestātēs, Sēdēs, Dominātiōnēs, Prīncipātūs; per illud Verbum facta sunt omnia. Hinc cōgitāte, quāle Verbum est.

x. Respondet mihī modo forte nesciō quis: *Et quis hoc Verbum cōgitat?* Nōlī ergō tibi quasi vīle aliquid fōrmāre, cum audīs Verbum, et conicere verba, quae audīs cotīdiē: Ille tālia verba dīxit, tālia verba locūtus est, tālia verba mihī narrās; assiduē enim dīcendō nōmina verbōrum, quasi vīluērunt verba. Et quandō audīs: *In prīncipiō erat Verbum*, nē vīle aliquid putārēs, quāle cōnsuēvistī cōgitāre, cum verba hūmāna solērēs audīre, audī, quid cōgitēs: *Deus erat Verbum.*

xi, 1. Exeat nunc nesciō quis īnfidēlis Ariānus, et dīcat, quia Verbum Deī factum est. Quōmodo potest fierī, ut Verbum Deī factum sit, quandō Deus per Verbum fēcit omnia? Sī et Verbum Deī ipsum factum est, per quod aliud Verbum factum est? Sī hoc dīcis, quia est Verbum Verbī, per quod factum est illud, ipsum dīcō egō ūnicum Fīlium Deī. Sī autem nōn dīcis Verbum Verbī, concēde nōn factum, per quod facta sunt omnia. Nōn enim per sē ipsum fierī potuit, per quod facta sunt omnia.

ix, 3. 세상이라는 이 구조물을 살펴보십시오! 로고스에 의해 지음받은 것이 무엇인지를 보십시오! 그러면 그대는, 로고스가 어떠한 것인지를 깨달을 것입니다. 하늘과 땅이라는 세상의 이 두 가지 요소를 살펴보십시오! 누가 하늘의 찬란함을 말로 설명해 줍니까? 누가 땅의 비옥함을 말로 설명해 줍니까? 누가 계절의 변화를 제대로 송축합니까? 누가 씨앗들의 힘을 제대로 송축합니까? 여러분은, 내가 무엇에 대해 언급하지 않는지를 아십니다. 내가 장시간 말을 한다 해도, 여러분이 생각하는 것보다는 필시 더 적게 말할 것입니다.

그러므로 이 구조물을 통해서 로고스가 어떠한 것인지를 살피십시오! 로고스로 말미암아 이 구조물이 만들어졌습니다. 로고스로 말미암아 만들어진 것은 이것만이 아닙니다. 이 모든 것이 보이는 것은, 그것이 육신의 감관(感官)에 관계하기 때문입니다. 그 로고스로 말미암아 천사도 만들어졌습니다. 그 로고스로 말미암아 천사장도 만들어졌습니다. 능력, 보좌, 주관, 권세가 만들어졌습니다. 그 로고스로 말미암아 모든 것이 만들어졌습니다. 이를 통해 로고스가 어떠한 것인지를 생각하십시오!

x. 이제 아마 누군가가 나에게 이렇게 대답할 것입니다. "그런데, 누가 이런 로고스를 생각한단 말입니까?" 그러므로, 그대는 '로고스'라는 말을 들을 때, 무슨 하찮은 것을 상상하지 마십시오! 그리고 그대가 매일처럼 듣는 말이라고 생각하지 마십시오! 그가 이런 말을 했습니다. 저런 말을 했습니다. 이런 말을 내게 전했습니다. 정말이지, 사람들이 '말'이라는 명사를 계속 사용함으로써 말을 싸구려로 만들고 있습니다. 그러므로 그대는, "태초에 말씀이 계시니라"는 말씀을 들을 때, 그대가 사람의 말을 항용(恒用) 들을 때, 보통 생각하는 것과 같은, 하찮은 것이라 믿지 않도록, "이 말씀은 곧 하나님이시니라"는 말씀이 무슨 뜻인지를 생각하면서 들으십시오!

xi, 1. 이제 어느 믿음 없는 아리우스파(Arius派) 사람이 나서서, 하나님의 로고스가 피조물이라 말할 수 있습니다. 하나님이 로고스로 말미암아 만물을 창조하셨는데, 하나님의 로고스가 피조물이라니, 그게 어찌 가능한 이야기입니까? 하나님의 로고스 자체도 창조되었다면, 로고스로 말미암아 창조된 로고스는 다른 로고스입니까? 로고스로 말미암아 창조된 '로고스의 로고스'가 있다 그대가 말한다면, 나는 그 자체를 '하나님의 독생자'라고 부릅니다. 하지만, 그대가 '로고스의 로고스'에 대해 말하지 않는다면, 로고스가 피조물이 아닌 것을 인정하십시오. 로고스로 말미암아 만물이 창조되었습니다. 이는, 로고스로 말미암아 만물이 창조되었으므로, 로고스가 스스로 말미암아 창조되었다는 것은 있을 수 없기 때문입니다.

xi, 2. Crēde ergō Ēvangelistae. Poterat enim dīcere: *In prīncipiō fēcit Deus Verbum*, quōmodo dīxit Mōysēs: *In prīncipiō fēcit Deus caelum et terram*; et omnia sīc ēnumerat: *Dīxit Deus*: "Fiat, et factum est". Sī dīxit, quis dīxit? Utique Deus. Et quid factum est? Creātūra aliqua. Inter dīcentem Deum et factam creātūram quid est, per quod factum est, nisī Verbum? Quia dīxit Deus: *Fiat*, et factum est. Hoc Verbum incommūtābile, quamvīs mūtābilia per Verbum fiant, ipsum incommūtābile est.

xii, 1. Nōlī ergō crēdere factum, per quod facta sunt omnia; nē nōn reficiāris per Verbum, per quod reficiuntur omnia. Iam enim factus es per Verbum, sed oportet tē reficī per Verbum; sī autem mala fuerit fidēs tua dē Verbō, nōn poteris reficī per Verbum. Et sī tibī contigit fierī per Verbum, ut per illud factus sīs, per tē dēficis; sī per tē dēficis, ille tē reficiat, quī tē fēcit; sī per tē dēterior efficeris, ille tē recreet, quī tē creāvit. Quōmodo tē autem recreet per Verbum, sī male aliquid sentiās dē Verbō?

xii, 2. Ēvangelista dīcit: *In prīncipiō erat Verbum*; et tū dīcis: *In prīncipiō factum est Verbum*. Ille: *Omnia per ipsum facta sunt*, dīcit; et tū dīcis, quia et ipsum Verbum factum est. Poterat dīcere Ēvangelista: *In prīncipiō factum est Verbum*. Sed quid ait? *In prīncipiō erat Verbum*. Sī erat, nōn est factum, ut ista omnia per ipsum fierent, et sine ipsō nihil.

xi, 2. 그러므로 복음서 기자를 믿으십시오! 이는, 그가 이렇게 말할 수도 있었기 때문입니다. "태초에 하나님이 말씀을 창조하시니라". 마치 모세가 "태초에 하나님이 천지를 창조하시니라"고 말한 것처럼 말입니다. 모세는 또 모든 것을 이렇게 매거(枚擧)했습니다. "하나님이 '되라' 말씀하시니, 그대로 되니라". 그가 말씀하셨다면, 누가 말씀하신 것입니까? 당연히 하나님이 말씀하신 것입니다. 그리고 무엇이 생성되었습니까? 피조물이 생성되었습니다. 말씀하신 하나님과 생성된 피조물 사이에 로고스 외에 무엇이 있었습니까? 로고스로 말미암아 모든 것이 만들졌습니다. 이는, 하나님이 "되라" 말씀하시자, 그대로 되었기 때문입니다. 이 로고스는 불변적(不變的)입니다. 비록 로고스로 말미암아 가변적(可變的)인 것들이 생성되었으나, 그 자신은 불변적입니다.

xii, 1. 그러므로, 만물이 그로 말미암아 지은 바 되었는데, 그를 피조물이라 믿지 마십시오! 만물이 로고스로 말미암아 재창조되는데, 잘못하면 그대가 그 로고스 말미암아 재창조되지 않을 수 있으니 말입니다. 이는, 그대가 이미 로고스로 말미암아 창조되었으나, 로고스로 말미암아 재창조되어야 하기 때문입니다. 그러나, 로고스에 관한 그대의 믿음이 그릇되면, 그대는 로고스로 말미암아 재창조되지 못할 것입니다. 그리고 로고스로 말미암아 창조되는 일이 그대에게 일어나, 그대가 로고스로 말미암아 창조되었다 하더라도, 그대는 그대 스스로로 말미암아 결함을 지닌 자가 됩니다. 만약 그대가 그대 스스로로 말미암아 결함을 지닌 자가 되면, 그대를 만드신 그분이 그대를 다시 만들게 하십시오! 만약 그대가 그대 스스로로 말미암아 더 악한 자가 된다면, 그대를 창조하신 그분이 그대를 재창조하게 하십시오! 그런데, 그대가 만약 로고스에 대해 그릇된 생각을 하게 되면, 어찌 그분이 그대를 로고스로 말미암아 재창조하시겠습니까?

xii, 2. 복음서 기자는 말합니다. "태초에 말씀이 계시니라". 그런데 그대는 말합니다. "태초에 말씀이 지은 바 되니라". 복음서 기자는 말합니다. "만물이 그로 말미암아 지은 바 되었으니". 그런데 그대는, 로고스 자체도 지은 바 되었다 말합니다. 복음서 기자는 이렇게 말할 수 있었습니다. "태초에 로고스가 지은 바 되니라". 그러나 그가 뭐라고 말합니까? "태초에 말씀이 계시니라". 그가 계셨다면, 그는 지은 바 되시지 않은 것입니다. 그래야 만물이 그로 말미암아 지은 바 될 수 있었을 것입니다. [지은 것이] 하나도 그가 없이는 된 것이 없었으니 말입니다.

Sī ergō *erat in prīncipiō Verbum, et Verbum erat apud Deum, et Deus erat Verbum;* sī nōn potes cōgitāre, quid sit, differ, ut crēscās. Ille cibus est, accipe lac, ut nūtriāris, ut sīs validus ad capiendum cibum.

xiii, 1. Sānē, frātrēs, quod sequitur: *Omnia per ipsum facta sunt, et sine ipsō factum est nihil,* vidēte, nē sīc cōgitētis, quia nihil aliquid est. Solent enim multī male intellegentēs, *sine ipsō factum est nihil,* putāre aliquid esse nihil.

Peccātum quidem nōn per ipsum factum est; et manifestum est, quia peccātum nihil est, et nihil fiunt hominēs, cum peccant. Et īdōlum nōn per Verbum factum est; habet quidem fōrmam quandam hūmānam, sed ipse homō per Verbum factus est; nam fōrma hominis in īdōlō, nōn per Verbum facta est; et scrīptum est:

Scīmus, quia nihil est īdōlum.

Ergō ista nōn sunt facta per Verbum; sed quaecumque nātūrāliter facta sunt, quaecumque sunt in creātūrīs, omnia omnīnō, quae fīxa in caelō sunt, quae fulgent dēsuper, quae volitant sub caelō, et quae moventur in ūniversā nātūrā rērum, omnis omnīnō creātūra.

그러므로, 태초에 말씀이 계셨고, 이 말씀이 하나님과 함께 계셨고, 이 말씀이 하나님이셨다면, 그런데 이 말씀이 무엇인지를 생각할 수 없다면, 그대가 성장하기까지 기다리십시오! 그는 '단단한 식물(食物)'입니다. 젖을 먹고, 양육을 받도록 하십시오! 그리하여, '단단한 식물'을 받아 먹을 만큼 힘있는 자가 되십시오![1]

xiii, 1. 그렇다면, 형제 여러분! 이어지는 말씀은 이것입니다.

> 만물이 그로 말미암아 지은 바 되었으니, 지은 것이 하나도 그가 없이는 된 것이 없느니라. (요 1:3)

여러분은, 무(無)가 무엇이라도 되는 것처럼 생각하지 않도록 조심하십시오! 이는, 많은 사람들이, "지은 것이 하나도 그가 없이는 된 것이 없느니라"는 말씀을 잘못 이해하여, 무(無)가 무엇이라도 되는 것처럼 믿는 경향이 있기 때문입니다.

하지만, 죄는 로고스로 말미암아 지은 바 되지 않았습니다. 또 죄가 무(無)인 것은 명백하고, 사람이 죄를 지으면 무(無)가 됩니다. 그리고 우상도 로고스로 말미암아 지은 바 되지 않았습니다. 물론, 우상이 무슨 인간의 모양을 하고 있는 것이 사실입니다. 하지만, 사람이 로고스로 말미암아 지은 바 된 것이지, 우상의 사람 모양은 로고스로 말미암아 지은 바 된 것이 아닙니다. 그리고 이렇게 기록돼 있습니다.

> 우리가, 우상은 세상에 아무것도 아닌 줄 아노라.[2]

그러므로, 이런 것은 로고스로 말미암아 지은 바 되지 않았습니다. 도리어, 자연적으로 지은 바 된 모든 것, 피조물에 속한 모든 것, 하늘에 고정돼 있는 모든 것, 위에서 빛을 비추고 있는 모든 것, 하늘 아래를 날고 있는 모든 것, 온 삼라만상 가운데서 움직이는 모든 것, 모든 피조물이 전부 다 [로고스로 말미암아 지은 바 되었습니다].

---

[1] 히 5:12-14 (= "12 때가 오래므로 너희가 마땅히 선생이 될 터인데 너희가 다시 하나님의 말씀의 초보가 무엇인지 누구에게 가르침을 받아야 할 것이니 젖이나 먹고 단단한 식물을 못 먹을 자가 되었도다 13 대저 젖을 먹는 자마다 어린아이니 의의 말씀을 경험하지 못한 자요 14 단단한 식물은 장성한 자의 것이니 저희는 지각을 사용하므로 연단을 받아 선악을 분변하는 자들이니라") 참조.

[2] 고전 8:4 (= "그러므로 우상의 제물 먹는 일에 대하여는 우리가 우상은 세상에 아무것도 아니며 또한 하나님은 한 분밖에 없는 줄 아노라") 참조.

Dīcam plānius, dīcam, frātrēs, ut intellegātis, ab angelō ūsque ad vermiculum. Quid praeclārius angelō in creātūrīs? Quid extrēmius vermiculō in creātūrīs? Per quem factus est angelus, per ipsum factus est et vermiculus.

xiii, 2. Sed angelus dīgnus caelō, vermiculus terrā. Quī creāvit, ipse disposuit. Sī pōneret vermiculum in caelō, reprehenderēs; sī vellet Angelōs nāscī dē putrēscentibus carnibus, reprehenderēs; et tamen prope hoc facit Deus, et nōn est reprehendendus. Nam omnēs hominēs dē carne nāscentēs, quid sunt nisī vermēs? Et dē vermibus Angelōs facit. Sī enim ipse Dominus dīcit: *Egō autem sum vermis, et nōn homō*; quis dubitat hoc dīcere, quod scrīptum est et in Iob:

> Quantō magis homō putrēdō, et fīlius hominis vermis?

Prīmō dīxit, homō putrēdō; et posteā, fīlius hominis vermis; quia vermis dē putrēdine nāscitur, ideō homō putrēdō, et fīlius hominis vermis.

3. Ecce, quid fierī voluit propter tē, illud, quod *in prīncipiō erat Verbum, et Verbum erat apud Deum, et Deus erat Verbum*. Quārē hoc factum est propter tē? Ut sūgerēs, quī mandūcāre nōn poterās. Omnīnō ergō, frātrēs, sīc accipite:

> Omnia per ipsum facta sunt, et sine ipsō factum est nihil.

좀 더 쉽게 말하겠습니다. 형제 여러분! 이해하기 쉽게 말하겠습니다. 천사로부터 벌레까지 [다 로고스로 말미암아 지은 바 된 것입니다]. 피조물 중에 천사보다 더 귀한 것이 어디 있겠습니까? 피조물 중에 벌레보다 더 천한 것이 어디 있겠습니까? 천사가 로고스로 말미암아 지은 바 된 것처럼, 벌레도 로고스로 말미암아 지은 바 되었습니다.

xiii, 2. 그러나 천사는 하늘에 걸맞고, 벌레는 땅에 걸맞습니다. 창조하신 분께서 그렇게 정하셨습니다. 그가 벌레를 하늘에 두신다면, 그대는 나무랄 것입니다. 그가 천사로 하여금 썩어질 육신에서 태어나게 하실 마음을 품으신다면, 그대는 나무랄 것입니다. 그럼에도 불구하고 하나님은 이런 일을 거의 하시는데, 이를 나무랄 수 없습니다. 도대체 모든 사람들이 다 육신에서 태어나는데, 그들이 벌레가 아니면 무엇입니까? 그리고 [하나님은 그들을] 벌레에서 천사로 만드십니다. 이는, 주께서 친히 이렇게 말씀하신 까닭입니다.

> 나는 벌레요, 사람이 아니라. 사람의 훼방거리요, 백성의 조롱거리니이다. (시 22:6)

욥기에 기록된 다음과 같은 말씀에 대해서도 누가 의혹을 품겠습니까?

> 하물며 벌레인 사람, 구더기인 인생이랴? (욥 25:6)

먼저 사람을 '벌레'라고 한 다음, 인생을 '구더기'라고 하였습니다. 벌레는 구더기에서 나왔으므로, 인생은 구더기이고, 사람은 벌레입니다.

3. 보십시오! 다음과 같은 말씀이 해당되는 분께서 그대를 위해 무엇이 되고자 하셨습니까?

> 태초에 말씀이 계시니라. 이 말씀이 하나님과 함께 계셨으니, 이 말씀은 곧 하나님이시니라.

그가 왜 그대를 위하여 이렇게 되셨습니까? 이는, 그대가 [단단한 식물을] 먹지 못하므로, 그대로 하여금 젖을 먹게 하기 위함이었습니다. 그러므로, 형제 여러분! 다음 말씀을 완전히 그렇게 받으십시오!

> 만물이 그로 말미암아 지은 바 되었으니, 지은 것이 하나도 그가 없이는 된 것이 없느니라.

Ūniversa enim creātūra per ipsum facta est, māior, minor; per ipsum facta sunt supera, īnfera; spīritālis, corporālis, per ipsum facta sunt. Nūlla enim fōrma, nūlla compāgēs, nūlla concordia partium, nūlla quāliscumque substantia, quae potest habēre pondus, numerum, mēnsūram, nisī per illud Verbum est, et ab illō Verbō creātōre, cui dictum est:

> Omnia in mēnsūra, et numerō, et pondere disposuistī.

xiv, 1. Nēmō ergō vōs fallat, quandō forte taedium patiminī ad muscās. Etenim aliquī dērīsī sunt ā diabolō, et ad muscās captī sunt. Solent enim aucupēs pōnere in mūscipulā muscās, ut ēsurientēs avēs dēcipiant; sīc et istī ad muscās ā diabolō dēceptī sunt.

2. Nam nesciō quis taedium patiēbātur ad muscās; invēnit illum Mānichaeus taediō affectum; et cum dīceret sē nōn posse patī muscās et ōdisse vehementer illās, statim ille: *Quis fēcit hās?* Et quia taediō affectus erat, et ōderat illās, nōn ausus est dīcere: Deus illās fēcit; erat autem catholicus. Ille statim subiēcit:

> Sī Deus illās nōn fēcit, quis illās fēcit?

Plānē, ait ille, *ego crēdō, quia diabolus fēcit muscās*. Et ille statim:

> Sī muscam diabolus fēcit, sīcut tē videō cōnfitērī, quia prūdenter intellegis, apem quis fēcit, quae paulō amplior est muscā?

Nōn ausus ille est dīcere, quia Deus fēcit apem, et muscam nōn fēcit; quia rēs erat proxima. Ab ape dūxit ad lōcustam, ā lōcusta ad lacertum, ā lacertō ad avem, ab ave dūxit ad pecus, inde ad bovem, inde ad elephantem, postrēmō ad hominem; et persuāsit hominī, quia nōn ā Deō factus est homō. Ita ille miser cum taedium passus est ad muscās, musca factus est, quem diabolus possidēret.

이는, 모든 피조물이, 대소 막론하고 그로 말미암아 지은 바 되었기 때문입니다. 그로 말미암아 위의 것도, 아래의 것도 지은 바 되었습니다. 그로 말미암아 영적인 것도, 육신적인 것도 지은 바 되었습니다. 이는, 어떠한 형태, 어떠한 구조물, 여러 부분의 어떠한 결합, 어떠한 성질의 실체도, 저 로고스로 말미암지 않고서는, 창조자이신 저 로고스에 의해서가 아니라면, 무게와, 수량과, 한도를 지닐 수 없는 까닭입니다. 그에 대해서는 이런 말씀이 있습니다.

주는 모든 것을 한도와, 수량과, 무게에 따라 배열(配列)하셨나이다. (지혜서 11:20)

xiv, 1. 그러니 아무도 여러분을 속이게 하지 마십시오! 필시 파리 때문에 여러분의 신경이 쓰인다면 말입니다. 이는, 어떤 사람들이 마귀에게 조롱을 받았고, 파리 때문에 사로잡히게 되었기 때문입니다. 정말이지, 새 사냥꾼들은 쥐덫에 파리를 놓아, 굶주린 새들을 속입니다. 이처럼 그 사람들은 파리 때문에 마귀에게 속임을 당했습니다.

xiv, 2. 실상은, 누군지는 잘 모르지만, 파리를 싫어하는 사람이 있었습니다. 어떤 마니교 신자가, [파리 때문에] 짜증이 나 있는 그 사람을 만났습니다. 그 사람이 파리 때문에 견딜 수 없다고, 파리를 아주 싫어한다고 말하자, 즉시 마니교 신자가 물었습니다. "파리를 누가 만들었지요?" 그 사람은 보편교회 신자였는데, 파리를 싫어하고 미워했기 때문에, 하나님이 파리를 만드셨다는 말을 차마 하지 못했습니다. 마니교 신자가 곧바로 질문을 보탰습니다.

파리를 하나님이 만드시지 않았다면, 누가 파리를 만들었지요?

그 사람이 말했습니다.

내가 믿기로는, 분명히 마귀가 파리를 만들었습니다.

이에 마니교 신자가 즉각 말했습니다.

내가 보기에, 당신은, 파리를 마귀가 만들었다는 걸 인정하는 것 같은데, 당신의 판단이 옳습니다. 그러면, 파리보다 조금 큰 꿀벌은 누가 만들었지요?

그 사람은 차마, 하나님이 꿀벌을 만드셨는데, 파리는 만드시지 않았다고 말을 하지 못했습니다. 이는, 꿀벌은 파리와 매우 비슷하기 때문입니다. 마니교 신자는 꿀벌에서 메뚜기로, 메뚜기에서 도마뱀으로, 도마뱀에서 새로, 새에서 양으로, 양에서 소로, 소에서 코끼리로 이끌어 갔고, 결국에는 사람에게까지 도달했습니다. 그래서 그 사람으로 하여금, 하나님이 사람을 만드시지 않았다고 믿게 만들었습니다. 이렇게 하여 그 가련한 사람은 파리를 싫어하다가, 자기가 파리가 되어, 마귀 소유가 되었습니다.

xiv, 3. Beelzebub quippe interpretārī dīcitur prīnceps muscārum; dē quibus scrīptum est:

> Muscae moritūrae exterminant oleum suāvitātis.

xv, 1. Quid igitur, frātrēs? Quārē ista dīxī? Claudite aurēs cordis vestrī adversus dolōs inimīcī; intellegite, quia Deus fēcit omnia et in suīs gradibus collocāvit. Quārē autem patimur multa mala ā creātūrā, quam fēcit Deus? Quia offendimus Deum? Numquid haec Angelī patiuntur? Fortassis et nōs in vīta istā illa nōn timērēmus. Dē poenā tuā peccātum tuum accūsā, nōn iūdicem. Nam propter superbiam īnstituit Deus istam creātūram minimam et abiectissimam, ut ipsa nōs torquēret; ut cum superbus fuerit homō et sē iactāverit adversus Deum; et, cum sit mortālis, mortālem terruerit; et, cum sit homō, proximum hominem nōn agnōverit; cum sē ērēxerit, pūlicibus subdātur.

xv, 2. Quid est, quod tē īnflās hūmānā superbiā? Homō tibi dīxit convicium, et tumuistī, et īrātus es; pūlicibus resiste, ut dormiās; cōgnōsce, quī sīs. Nam ut nōveritis, frātrēs, propter superbiam nostram domandam creāta ista, quae molesta nōbīs essent; populum Pharaōnis superbum potuit Deus domāre dē ursīs, dē leōnibus, dē serpentibus; muscās et rānās illīs immīsit, ut rēbus vīlissimīs superbia domārētur.

xiv, 3. 사실, 바알세불은 '파리의 왕'이라는 뜻을 지녔다 합니다. 그리고 파리에 대해서는 이런 말씀이 있습니다.

> 죽은 파리가 향기름으로 악취가 나게 하는 것 [같이, 적은 우매가 지혜와 존귀로 패하게 하느니라]. (전 10:1)

xv, 1. 그렇다면 어떻습니까? 형제 여러분! 어째서 내가 이런 말을 했습니까? 원수의 술책에 대해서는 여러분의 마음의 귀를 닫으십시오! 하나님이 만물을 만드셨고, 각각의 사물에 위치를 지정해 주셨음을 생각하십시오! 하지만 우리는 왜, 하나님이 만드신 피조물로 인해 많은 고통을 당하는 것입니까? 우리가 하나님께 죄를 지었기 때문입니까? 천사들이 이런 고통을 당합니까? 아마 우리도 현세의 삶에서 이런 것을 두려워할 필요가 없었을 것입니다. 그대가 받는 징벌에 대하여는 그대의 죄를 탓하시고, 심판주를 탓하지 마십시오! 이는, 교만 때문에 하나님은 이 지극히 작고, 지극히 혐오스러운 피조물로 하여금 우리를 괴롭히도록 만드신 까닭입니다. 인간은 교만하고, 하나님을 거스릅니다. 자기도 가사적(可死的)이면서, [다른] 가사적 존재에게 공포를 심어 줍니다. 자기도 인간이면서, 이웃을 인간으로 인정하지 않습니다. 그가 높이 올라가려 하기 때문에, 벼룩에게 굴복당할 수 있는 것입니다.

xv, 2. 그대가 인간의 교만 때문에 스스로 부풀어오르는 것은 무슨 일입니까? 사람이 그대에게 욕을 하자, 그대는 화가 치밀어올라, 분을 내었습니다. 잠을 자려면, 벼룩에 맞서십시오! 그대가 누구인지를 아십시오! 형제 여러분, 우리의 교만을 꺾기 위하여, 우리를 성가시게 하는 이런 피조물이 창조되었음을 아시기 바랍니다. 교만한 바로의 백성을 하나님은 곰으로, 사자로, 뱀으로 꺾으실 수 있었습니다. 그들에게 파리와 개구리를 보내사, 지극히 하찮은 것들로 말미암아 교만이 꺾어지게 하셨습니다.

xvi, 1. Omnia ergō, frātrēs, omnia omnīnō *per ipsum facta sunt, et sine ipsō factum est nihil.* Sed quōmodo per ipsum facta sunt omnia?

Quod factum est, in illō vīta est.

Potest enim sīc dīcī: *Quod factum est in illō, vīta est*; ergō tōtum vīta est, sī sīc prōnūntiāverimus. Quid enim nōn in illō factum est? Ipse est enim Sapientia Deī; et dīcitur in Psalmō:

Omnia in Sapientiā fēcistī.

Sī ergō Chrīstus est Sapientia Deī, et Psalmus dīcit: *Omnia in Sapientia fēcistī*; omnia sīcut per illum facta, ita in illō facta sunt.

xvi, 2. Sī ergō omnia in illō, frātrēs cārissimī, et quod in illō factum est, vīta est; ergō et terra vīta est, ergō et lignum vīta est. Dīcimus quidem lignum vītam, sed secundum intellēctum lignum crucis, unde accēpimus vītam. Ergō et lapis vīta est.

Inhonestum est sīc intellegere, nē rūrsum nōbīs subrēpat eadem sordidissima secta Mānichaeōrum, et dīcat, quia habet vītam lapis, et habet animam paries, et resticula habet animam, et lāna et vestis. Solent enim dēlīrantēs dīcere, et cum repressī fuerint et repulsī, quasi dē Scrīptūrīs prōferunt dīcentēs: Utquid dictum est: *Quod factum est in illō, vīta est?* Sī enim omnia in ipsō facta sunt, omnia vīta sunt. Nōn tē abdūcant; prōnūntia sīc: *Quod factum est*; hīc subdistingue, et deinde īnfer, in illō vīta est.

xvi, 1. 형제 여러분, 만물이 그러므로, 정말 모든 만물이 그로 말미암아 지은 바 되었고, 지은 것이 그가 없이는 하나도 된 것이 없습니다.[1] 하지만, 어떻게 만물이 그로 말미암아 지은 바 되었습니까?

> 지은 바 된 것은 로고스 안에 있는 생명이다.

물론, 이렇게도 말할 수 있습니다.

> 로고스 안에서 지은 바 된 것은 생명이다.

그러므로, 이렇게 말하면, 모든 것이 생명입니다. 정말이지, 로고스 안에서 지은 바 되지 않은 것이 어디 있습니까? 이는, 로고스가 하나님의 지혜인 까닭입니다. 시편에는 이런 말씀이 있습니다.

> 주께서 지혜로 저희를 다 지으셨으니. (시 104:24)

그러므로, 그리스도가 '하나님의 지혜'이시고, 시편 말씀대로 '주께서 지혜로 저희를 다' 지으셨다면, 모든 것이 로고스로 말미암아 지은 바 된 것처럼, 모든 것이 로고스 안에서 지은 바 된 것입니다.

xvi, 2. 지극히 사랑하는 형제 여러분, 그러므로 만물이 로고스 안에서 지은 바 되었고, 로고스 안에서 지은 바 된 것을 생명이라 한다면, 그렇다면, 지구도 생명입니다. 그렇다면, 나무도 생명입니다. 물론, 우리가 나무를 '생명'이라 부르지만, 여기서 '나무'는 '십자가의 나무'를 의미하는데, 거기서 우리가 생명을 얻었습니다. 그렇다면, 돌도 생명입니다.

[그러나 "그 안에 생명이 있었으니"(요 1:4a)라는 말씀을 아까와] 같은 방식으로 이해하는 것은 적절하지 않습니다. 자칫하면, 마니교라는 저 지극히 누추한 이단이 다시 우리에게 다가와, "돌이 생명을 지녔다", "벽이 생명을 지녔다", "줄이 생명을 지녔다", "양털과 옷이 생명을 지녔다"는 말을 할 것이기 때문입니다. 이는, 그들이, 정신이 나갔기 때문에, 그런 말을 예사로 하는 까닭입니다. 그들을 반박하여 물리치면, 그들은 성경을 들이대면서 이렇게 말을 합니다.

> '로고스 안에서 지은 바 된 것은 생명'이라는 말씀은 무슨 의미인가? 만물이 로고스 안에서 지은 바 되었다면, 모든 것은 생명이다.

그대는 그들에게 미혹되지 마십시오! "만물이 지은 바 되었으니"라 읽은 다음에, 콤마를 붙이고 나서, 이어서 "그 안에 생명이 있었으니"라 읽으십시오!

---

[1] 요 1:3 (= "만물이 그로 말미암아 지은 바 되었으니 지은 것이 하나도 그가 없이는 된 것이 없느니라") 참조.

xvi, 3. Quid est hoc? Facta est terra, sed ipsa terra, quae facta est, nōn est vīta; est autem in ipsā sapientia spīritāliter ratiō quaedam, quā terra facta est; haec vīta est.

xvii, 1. Quōmodo possum, dīcam Cāritātī vestrae. Faber facit arcam. Prīmō in arte habet arcam; sī enim in arte arcam nōn habēret, unde illam fabricandō prōferret? Sed arca sīc est in arte, ut nōn ipsa arca sit, quae vidētur oculīs. In arte invīsibiliter est, in opere vīsibiliter erit. Ecce, facta est in opere; numquid dēstitit esse in arte? Et illa in opere facta est, et illa manet, quae in arte est; nam potest illa arca putrēscere, et iterum ex illā, quae in arte est, alia fabricārī.

xvii, 2. Attendite ergō arcam in arte, et arcam in opere. Arca in opere nōn est vīta, arca in arte vīta est; quia vīvit anima artificis, ubī sunt ista omnia, antequam prōferantur.

Sīc ergō, frātrēs cārissimī, quia Sapientia Deī, per quam facta sunt omnia, secundum artem continet omnia, antequam fabricet omnia; hinc quae fiunt per ipsam artem, nōn continuō vīta sunt, sed quidquid factum est, vīta in illō est. Terram vidēs; est in arte terra; caelum vidēs; est in arte caelum; sōlem et lūnam vidēs; sunt et ista in arte; sed forīs corpora sunt, in arte vīta sunt.

xvii, 3. Vidēte, sī quō modō potestis; magna enim rēs dicta est; et sī nōn ā mē magnō, aut nōn per mē magnum, tamen ā magnō. Nōn enim ā mē parvulō dicta sunt haec; sed ille nōn est parvulus, ad quem respiciō, ut dīcam. Capiat quisque, ut potest, in quantum potest; et quī nōn potest, nūtriat cor, ut possit.

xvi, 3. 이것이 무슨 뜻입니까? 지구는 지은 바 되었습니다. 하지만, 지은 바 된 지구 자체는 생명이 아닙니다. 그러나, 지혜 자체 안에는 영적으로 볼 때 무슨 이데아가 있는데, 이것으로 말미암아 지구가 지은 바 되었습니다. 이것이 생명입니다.

xvii, 1. 내가 할 수 있는 범위 내에서 사랑하는 여러분께 말씀 드리겠습니다. 어느 목수가 상자를 만듭니다. 우선, 그는 마음속에 상자의 이데아를 지닙니다. 상자의 이데아가 마음속에 없으면, 도대체 그가 어떻게 상자를 만들어 내겠습니까? 그러나, 마음속에 지닌 상자의 이데아는 눈에 보이는 어떤 상자와는 다른 것입니다. 마음속의 그 이데아는 불가시적인 것이지만, 완성품인 상자는 가시적인 것입니다. 보십시오! [상자가] 완성되었습니다. [이제] 마음속에는 [상자의] 이데아가 사라지고 없습니까? [상자가] 작업을 통해 만들어졌어도, 마음속에 있는 그 이데아는 계속 남습니다. 이는, 실물인 상자가 낡아서 없어진다 해도, 마음속에 있는 그 이데아 때문에 다른 상자를 만들어 낼 수가 있는 까닭입니다.

xvii, 2. 그러므로, 마음속에 이데아로 존재하는 상자와 작업을 통해 만들어진 상자를 생각해 보십시오! 실물로 만들어진 상자는 생명이 아니지만, 이데아로 존재하는 상자는 생명입니다. 이는, 장인(匠人)의 영혼이 살아 있기 때문입니다. 이 모든 것들은 산출되기 전에 장인의 영혼 속에 존재하고 있습니다.

　그러므로, 지극히 사랑하는 형제 여러분, 이렇게 되는 것은, 그로 말미암아 만물이 지은 바 된 하나님의 지혜가 모든 것을 만드시기 전에, 이데아로 지니고 계시기 때문입니다. 그러므로, 로고스로 말미암아 지은 바 된 것은 즉각적으로 생명이 되는 것이 아닙니다. 도리어, 모든 피조물은 로고스 안에서 생명을 지닙니다. 그대는 지구를 봅니다. 지구는 로고스 안에 있습니다. 그대는 하늘을 봅니다. 하늘은 로고스 안에 있습니다. 그대는 해와 달을 봅니다. 이것들도 로고스 안에 있습니다. 그러나, 겉으로는 물체이지만, 로고스 안에서는 생명을 지닙니다.

xvii, 3. 어떤 방식으로든, 할 수만 있다면, 파악해 보십시오! 이건 정말 엄청난 것에 대한 이야기입니다. 이런 말을 하는 내가 위대해서가 아닙니다. 혹은, 이런 말을 전하는 도구인 내가 위대해서가 아닙니다. 그렇지만, 위대하신 분이 시켜서 하는 말입니다. 이것은, 미천한 내가 하는 말이 아닙니다. 내가 말을 하면서 바라보는 그분은 미천한 분이 아닙니다. 각자 할 수 있는 대로, 능력 범위 안에서 붙드십시오! 그리고 할 수 없는 사람은, 할 수 있도록, 심령에 영양을 공급하십시오!

Unde nūtriat? Dē lacte nūtriat, ut ad cibum perveniat. Ā Chrīstō per carnem nātō nōn recēdat, dōnec perveniat ad Chrīstum ab ūnō Patre nātum, Verbum Deum apud Deum, *per quod facta sunt omnia*; quia *illa vīta est, quae in illō est, lūx hominum.*

xviii, 1. Hoc enim sequitur: *Et vīta erat lūx hominum*; et ex ipsā vītā hominēs illūminantur. Pecora nōn illūminantur, quia pecora nōn habent ratiōnālēs mentēs, quae possint vidēre sapientiam. Homō autem factus est ad imāginem Deī, habet ratiōnālem mentem, per quam possit percipere sapientiam. Ergō illa vīta, per quam facta sunt omnia, ipsa vīta lūx est; et nōn quōrumque animālium, sed lūx hominum. Unde paulō post dīcit:

Erat lūmen vērum, quod illūminat omnem hominem venientem in hunc mundum.

xviii, 2. Ab illō lūmine illūminātus est Iohannēs Baptista; ab ipsō et ipse Iohannēs ēvangelista. Ex ipsō lūmine plēnus erat, quī dīxit:

Nōn sum egō Chrīstus; sed quī post mē venit, cuius nōn sum egō dīgnus corrigiam calceāmentī solvere.

Ab illō lūmine illūminātus erat, quī dīxit:

In prīncipiō erat Verbum, et Verbum erat apud Deum, et Deus erat Verbum.

Ergō, illa vīta lūx est hominum.

무엇으로 영양을 공급해야 합니까? 젖으로 영양을 공급하여, 단단한 음식을 먹을 수 있게 되어야 합니다.[1] 육신으로 나신 그리스도에게서 떠나지 말아야 합니다. 유일하신 아버지에게서 나신 그리스도에게 이르기까지 말입니다. 그는 로고스로, 하나님과 함께 계신 하나님이신데, '만물이 그로 말미암아 지은 바'(요 1:3) 되었습니다. '그 안에 생명이 있었으니, 이 생명은 사람들의 빛'(요 1:4)입니다.

xviii, 1. 이는, 다음 말씀이 이어지는 까닭입니다.

> 이 생명은 사람들의 빛이라.

그리고 바로 이 생명으로 말미암아 사람들이 조명(照明)을 받습니다. 짐승들은 조명을 받지 못합니다. 이는, 짐승들에게는 지혜를 볼 수 있는 이성적 영혼이 없기 때문입니다. 그러나 사람은 하나님의 형상대로 지음을 받아, 이성적 영혼을 지녔고, 이를 통해 지혜를 인식할 수 있습니다. 그러므로, 이 생명으로 말미암아 만물이 지은 바 되었는데, 이 생명이 바로 빛입니다. 이 생명은 모든 생명체의 빛이 아니고, 사람들의 빛입니다. 그러므로 조금 뒤에 복음서 기자는 이렇게 말합니다.

> 참 빛, 곧, 세상에 와서, 각 사람에게 비취는 빛이 있었나니. (요 1:9)

xviii, 2. 이 빛으로부터 세례 요한은 조명을 받았습니다. 이 빛으로부터 복음서 기자 요한 자신도 조명을 받았습니다. 바로 이 빛으로 충만하여 세례 요한은 이렇게 말했습니다.

> 나는 그리스도가 아니라. (요 1:20)
> 곧, 내 뒤에 오시는 그이라. 나는 그의 신들메 풀기도 감당치 못하겠노라. (요 1:27)

바로 이 빛으로부터 조명을 받아 복음서 기자 요한은 이렇게 말했습니다.

> 태초에 말씀이 계시니라. 이 말씀이 하나님과 함께 계셨으니, 이 말씀은 곧 하나님이시니라.

그러므로 이 생명은 사람들의 빛입니다.

---

[1] 히 5:12 (= "때가 오래므로 너희가 마땅히 선생이 될 터인데 너희가 다시 하나님의 말씀의 초보가 무엇인지 누구에게 가르침을 받아야 할 것이니 젖이나 먹고 단단한 식물을 못 먹을 자가 되었도다") 참조.

xix, 1. Sed forte stulta corda adhūc capere istam lūcem nōn possunt, quia peccātīs suīs aggravantur, ut eam vidēre nōn possint. Nōn ideō cōgitent quasi absentem esse lūcem, quia eam vidēre nōn possunt; ipsī enim propter peccāta tenebrae sunt.

Et lūx in tenebrīs lūcet, et tenebrae eam nōn comprehendērunt.

Ergō, frātrēs, quōmodo homō positus in sōle caecus, praesēns est illī sōl, sed ipse sōlī absēns est; sīc omnis stultus, omnis inīquus, omnis impius, caecus est corde. Praesēns est sapientia, sed cum caecō praesēns est, oculīs eius absēns est; nōn quia ipsa illī absēns est, sed quia ipse ab illā absēns est. Quid ergō faciat iste? Mundet, unde possit vidērī Deus. Quōmodo sī proptereā vidēre nōn posset, quia sordidōs et sauciōs oculōs habēret, irruente pulvere vel pītuītā vel fūmō, dīceret illī medicus:

Pūrga dē oculō tuō, quidquid malī est, ut possīs vidēre lūcem oculōrum tuōrum.

xix, 2. Pulvis, pītuīta, fūmus, peccāta et inīquitātēs sunt; tolle inde ista omnia, et vidēbis sapientiam, quae praesēns est; quia Deus est ipsa sapientia; et dictum est:

Beātī mundō corde, quoniam ipsī Deum vidēbunt.

xix, 1. 그러나 혹시 미련한 마음 때문에 이 빛을 아직 받을 힘이 없는 사람들이 있을 수 있습니다. 이는, 그들이 죄로 인해 눌림을 받는 까닭입니다. 그들은, 자기네가 보지 못한다는 이유로, 빛이 마치 없는 것처럼 생각하지 말아야 합니다. 이는, 그들이 죄로 인해 어두움이 되었기 때문입니다.

> 빛이 어두움에 비취되, 어두움이 깨닫지 못하더라. (요 1:5)

그러므로 형제 여러분! 시각장애인이, 햇빛 비치는 곳에 있다 할 때, 태양은 그에게 현존하지만, 그는 태양에 대해 현존하지 않습니다. 이와 마찬가지로 모든 미련한 자, 모든 사악한 자, 모든 불경건한 자는 심령상으로 소경입니다. 지혜가 존재하지만, 소경에게 현존할 때는, 그의 눈에 현존하지 않는 것이 됩니다. 이는, 지혜가 그에게 현존하지 않는 것이 아니라, 그가 지혜에 대해 현존하지 않기 때문입니다. 그렇다면, 이 사람은 무엇을 해야 할까요? 그는 자신을 청결히 해야 합니다. 그래야 그는 하나님을 볼 수 있습니다. [눈에] 티나, 흙이나, 연기가 들어와, 그가 더러운 눈, 상한 눈을 지니게 되었기 때문에, 볼 수 없다면, 의사는 그에게 이렇게 말할 것입니다.

> 당신 눈에서 해로운 것을 다 깨끗이 씻어내십시오! 그러면 당신은 당신의 눈빛을 볼 수 있을 것입니다.

xix, 2. 티나, 흙이나, 연기는 죄악을 의미합니다. 이 모든 것을 [마음의 눈에서] 제거하십시오! 그러면, 그대는 현존하는 지혜를 볼 수 있을 것입니다. 이는, 하나님이 지혜 자체이신 까닭입니다. 그리고 [주님은] 이렇게 말씀하셨습니다.

> 마음이 청결한 자는 복이 있나니, 저희가 하나님을 볼 것임이요. (마 5:8)

TRACTATUS II.

Ioh. 1, 6-14.

6 Fuit homō missus ā Deō, cui nōmen erat Iohannēs. 7 Hic vēnit in testimōnium, ut testimōnium perhibēret dē lūmine, ut omnēs crēderent per illum. 8 Nōn erat ille lūx, sed ut testimōnium perhibēret dē lūmine. 9 Erat lūx vēra, quae illūminat omnem hominem venientem in mundum. 10 In mundō erat, et mundus per ipsum factus est, et mundus eum nōn cōgnōvit. 11 In propria vēnit, et suī eum nōn recēpērunt. 12 Quotquot autem recēpērunt eum, dedit eīs potestātem filiōs Deī fierī, hīs, quī crēdunt in nōmine eius; 13 quī nōn ex sanguinibus neque ex voluntāte carnis neque ex voluntāte virī, sed ex Deō nātī sunt. 14 Et Verbum carō factum est et habitāvit in nōbīs, et vīdimus glōriam eius, glōriam quasi ūnigenitī ā Patre, plēnum grātiae et vēritātis.

i, 1. Bonum est, frātrēs, ut textum dīvīnārum Scrīptūrārum, et maximē sānctī Ēvangeliī, nūllum locum praetermittentēs pertractēmus, ut possumus; et prō nostrā capācitāte pāscāmur, et ministrēmus vōbīs, unde et nōs pāscimur. Capitulum prīmum praeteritō diē dominicō tractātum esse meminimus, id est:

> In prīncipiō erat Verbum, et Verbum erat apud Deum, et Deus erat Verbum. Hoc erat in prīncipiō apud Deum. Omnia per ipsum facta sunt, et sine ipsō factum est nihil. Quod factum est, in illō vīta est; et vīta erat lūx hominum; et lūx in tenebrīs lūcet, et tenebrae eam nōn comprehendērunt.

Hūc ūsque tractātum esse crēdō; recordāminī omnēs, quī affuistis; et quī non affuistis, crēdite nōbīs, et hīs, quī adesse voluērunt.

제2강

요 1:6-14

6 하나님께로서 보내심을 받은 사람이 났으니 이름은 요한이라 7 저가 증거하러 왔으니 곧 빛에 대하여 증거하고 모든 사람으로 자기를 인하여 믿게 하려 함이라 8 그는 이 빛이 아니요 이 빛에 대하여 증거하러 온 자라 9 참 빛 곧 세상에 와서 각 사람에게 비취는 빛이 있었나니 10 그가 세상에 계셨으며 세상은 그로 말미암아 지은 바 되었으되 세상이 그를 알지 못하였고 11 자기 땅에 오매 자기 백성이 영접지 아니하였으나 12 영접하는 자 곧 그 이름을 믿는 자들에게는 하나님의 자녀가 되는 권세를 주셨으니 13 이는 혈통으로나 육정으로나 사람의 뜻으로 나지 아니하고 오직 하나님께로서 난 자들이니라 14 말씀이 육신이 되어 우리 가운데 거하시매 우리가 그 영광을 보니 아버지의 독생자의 영광이요 은혜와 진리가 충만하더라

i, 1. 형제 여러분! 하나님의 성경, 특히 거룩한 복음서의 텍스트를 우리의 능력 범위 내에서 한 군데도 빼지 않고 자세히 살펴보는 것, 우리의 용량에 맞춰 먹어 보고, 우리가 먹어 본 것을 가지고 여러분께 대접해 드리는 것은 좋은 일입니다. 지난 주일에 취급했던 첫 번째 대목을 우리는 기억합니다. 거기엔 이렇게 기록돼 있습니다.

> 1 태초에 말씀이 계시니라. 이 말씀이 하나님과 함께 계셨으니, 이 말씀은 곧 하나님이시니라. 2 그가 태초에 하나님과 함께 계셨고, 3 만물이 그로 말미암아 지은 바 되었으니, 지은 것이 하나도 그가 없이는 된 것이 없느니라. 4 그 안에 생명이 있었으니, 이 생명은 사람들의 빛이라. 5 빛이 어두움에 비취되, 어두움이 깨닫지 못하더라. (요 1:1-5)

내가 믿기로는, 여기까지 취급했습니다. 참석했던 분들은 다 기억하실 것입니다. 참석하지 못하신 분들은 우리의 말을 믿으시고, 참석하려고 했던 분들의 말도 믿으십시오!

i, 2. Nunc ergō quia nōn possumus semper omnia replicāre, propter eōs, quī hoc volunt audīre, quod sequitur, et onerī est illīs, sī repetantur priōra cum dēfraudātiōne posteriōrum; dīgnentur, et quī nōn aderant, nōn praeterita exigere, sed cum hīs, quī aderant, et nunc audīre praesentia.

ii, 1. Sequitur:

> Fuit homō missus ā Deō, cui nōmen erat Iohannēs.

Et enim ea, quae dicta sunt superius, frātrēs cārissimī, dē dīvīnitāte Chrīstī dicta sunt ineffābilī, et prope ineffābiliter. Quis enim capiet: *In prīncipiō erat Verbum, et Verbum erat apud Deum?* Et nē vīlēscat tibī nōmen Verbī, per cōnsuētūdinem cotīdiānōrum verbōrum:

> Et Deus erat Verbum.

Hoc Verbum id ipsum est, unde hesternō diē multum locūtī sumus; et praestiterit Dominus, ut vel tantum loquendō aliquid ad corda vestra perdūxerimus.

> In prīncipiō erat Verbum.

Id ipsum est, eōdem modō est; sīcut est, semper sīc est; mūtārī nōn potest; hoc est, est. Quod nōmen suum dīxit famulō suō Mōysī: *Egō sum, quī sum*; et:

> Mīsit mē, quī est.

i, 2. 그러면, 이제 그 다음 대목에 관한 이야기를 듣고 하시는 분들 때문에 우리는 모든 것을 항상 반복할 수 없습니다. 이분들 입장에서는, 그 다음 대목에 관한 이야기를 제쳐두고 앞의 것을 반복한다면, 힘이 들 것입니다. 그래서, 참석하지 못하신 분들은, 전에 내가 했던 이야기를 들려 달라 요구하지 마시고, 참석했던 분들과 함께 지금 내가 하는 이야기에 귀를 기울여 주시기 바랍니다.

ii, 1. 이어서 이런 말씀이 나옵니다.

> 하나님께로서 보내심을 받은 사람이 났으니, 이름은 요한이라. (요 1:6)

지극히 사랑하는 형제 여러분! 앞에서 하신 말씀은 그리스도의 말로 형용(形容)할 수 없는 신성(神性)에 관한 것으로, 거의 말로 형용할 수 없이 말씀하신 것이었습니다. 도대체 누가 다음과 같은 말을 이해한단 말입니까?

> 태초에 말씀이 계시니라. 이 말씀이 하나님과 함께 계셨으니. (요 1:1)

'로고스'라는 말이 일상의 언어 생활에서 흔히 사용되기 때문에, 그대에게 하찮게 여겨질지 몰라서, 다음과 같은 말씀이 덧붙여졌습니다.

> 이 말씀은 곧 하나님이시니라.

바로 이 로고스에 대해서 우리는 어제 많은 이야기를 했습니다. 하지만 주께서 허락하사, 우리가 한 그 많은 말 중에서 일부라도 여러분 마음속에 깊이 들어가기를 바랍니다.

> 태초에 말씀이 계시니라.

로고스는 [항상] 동일하시고, 그대로입니다. 그는 항상 그대로 계십니다. 그는 스스로 계시는 분입니다. 그는 이 이름을 그의 종 모세에게 말씀하셨습니다.

> 나는 스스로 있는 자니라. (출 3:14)

또 이렇게 말씀하셨습니다.

> 스스로 있는 자가 나를 [너희에게] 보내셨다 [하라]. (출 3:14)

ii, 2. Quis ergō hoc capiet, cum videātis omnia mortālia mūtābilia; cum videātis nōn sōlum corpora variārī per quālitātēs, nāscendō, crēscendō, dēficiendō, moriendō, sed etiam ipsās animās per affectum dīversārum voluntātum distendī atque discindī; cum videātis hominēs et percipere posse sapientiam, sī sē illīus lūcī et calōrī admōverint; et āmittere posse sapientiam, sī inde malō affectū recesserint? Cum videātis ergō ista omnia esse mūtābilia; quid est, quod est, nisī quod trānscendit omnia, quae sīc sunt, ut nōn sint?

ii, 3. Quis ergō hoc capiat? Aut quis, quōmodocumque intenderit vīrēs mentis suae, ut attingat, quōmodo potest id, quod est, ad id, quod utcumque mente attigerit, possit pervenīre? Sīc est enim, tamquam videat quisque dē longē patriam, et mare interiaceat; videt, quō eat, sed nōn habet, quā eat. Sīc ad illam stabilitātem nostram, ubī quod est, est, quia hoc sōlum semper sīc est, ut est, volumus pervenīre; interiacet mare huius saeculī, quā īmus, etsī iam vidēmus, quō īmus; nam multī nec quō eant, vident.

ii, 4. Ut ergō esset, et quā īrēmus, vēnit inde, ad quem īre volēbāmus. Et quid fēcit? Īnstituit lignum, quō mare trānseāmus. Nēmō enim potest trānsīre mare huius saeculī, nisī cruce Chrīstī portātus. Hanc crucem aliquandō amplectitur et īnfirmus oculīs; et quī nōn videt longē, quō eat, nōn ab illā recēdat, et ipsa illum perdūcet.

ii, 2. 그러면, 누가 이 뜻을 이해할까요? 여러분이 보시는 것은 모두 다 가사적(可死的), 가변적(可變的)인데 말입니다. 여러분이 보시는 대로, 육신만 출생과, 성장과, 노쇠와, 죽음으로 말미암아 그 성질이 변화하는 것이 아닙니다. 도리어, 영혼 자체도 여러 가지 의지의 변화로 인해 부풀기도 하고 찢어지기도 합니다. 여러분이 보시는 대로, 사람들은 지혜의 빛과 열을 향해 가까이 감으로써 지혜를 얻을 수도 있지만, 악한 생각 때문에 지혜로부터 멀어짐으로써, 지혜를 잃을 수도 있습니다. 그러므로, 여러분이 보시는 대로, 이 모든 것은 다 가변적인데, 무엇이 [진정] 존재하는 것입니까? [가변적이고] 소멸할 수 있는 것 모두를 초월하는 것말고는 말입니다.

ii, 3. 그러면, 누가 이 뜻을 이해할 수 있을까요? 혹은, 사람이 자기의 정신력을 어떤 방식으로든 다 동원하고, 그의 능력을 어떤 식으로든 발휘하여 [진정] 존재하는 것에 도달하고자 할 때, 그의 정신으로 어떤 방법으로든 파악한 것에 다달을 수 있는 사람이 누구일까요? 이것은 사실, 마치 어떤 사람이 멀리서 고향을 바라보는데, 중간에 바다가 가로놓여 있는 것과 같습니다. 그는 바라보면서, 어디로 가야 할지 궁리합니다. 하지만, 갈 방도가 없습니다. 이처럼 우리는, 우리가 안연(晏然)히 있을 곳, 진정한 존재가 있는 곳에 이르기를 원합니다. 이는, 진정한 존재만이 항상 그대로 존재하기 때문입니다. [그러나,] 우리가 가는 곳 중간에, 이 세상이라는 바다가 가로놓여 있습니다. 비록 우리가 벌써 우리의 목적지를 바라보고 있다 해도 말입니다. 하지만, 많은 사람들이, 그들이 가야 할 곳 자체를 바라보고 있지 않습니다.

ii, 4. 그래서, 우리가 갈 수 있는 길을 마련해 주시기 위해, 주님이 그곳에서 와 주셨습니다. 우리가 주님께로 가려 했는데 말입니다. 그런데, 주님은 무슨 일을 하셨습니까? 주님은 우리가 바다를 건너갈 수 있도록 나무를 준비하셨습니다. 이는, 그리스도의 십자가에 의지하지 않고는 아무도 이 세상이라는 바다를 건너갈 수가 없기 때문입니다. 이 십자가를 시력이 약한 자들도 붙들 때가 있습니다. 그래서, 가야 할 목적지를 멀리서 보지 못하는 자도 십자가를 떠나지 말아야 합니다. 그래야 십자가가 그를 목적지까지 인도할 것입니다.

iii, 1. Itaque, frātrēs meī, hoc īnsinuāverim cordibus vestrīs: sī vultis piē et Chrīstiānē vīvere, haerēte Chrīstō secundum id, quod prō nōbīs factus est, ut perveniātis ad eum secundum id, quod est, et secundum id, quod erat. Accessit, ut prō nōbīs hoc fieret; quia hoc prō nōbīs factus est, ubī portentur īnfirmī, et mare saeculī trānseant, et perveniant ad patriam; ubī iam nāvī nōn opus erit, quia nūllum mare trānsītur.

Melius est ergō nōn vidēre mente id, quod est, et tamen ā Chrīstī cruce nōn recēdere, quam vidēre illud mente, et crucem Chrīstī contemnere. Bonum est super hoc et optimum, sī fierī potest, ut et videātur, quō eundum sit, et teneātur, quō portētur, quī pergit.

iii, 2. Hoc potuērunt mentēs magnae montium, quī montēs dictī sunt, quōs maximē illūstrat lūmen iūstitiae; potuērunt, et vidērunt illud, quod est. Nam vidēns Iohannēs dīcēbat:

> In prīncipiō erat Verbum, et Verbum erat apud Deum, et Deus erat Verbum.

Vīdērunt hoc, et ut pervenīrent ad id, quod vidēbant dē longē, ā cruce Chrīstī nōn recessērunt, et humilitātem Chrīstī nōn contempsērunt. Parvulī vērō, quī hoc nōn possunt intellegere, nōn recēdentēs ā cruce et passiōne et resurrectiōne Chrīstī, in ipsā nāvī perdūcuntur ad id, quod nōn vident, in quā nāvī perveniunt; et illī, quī vident.

iv, 1. At vērō quīdam philosophī huius mundī exstitērunt, et inquīsiērunt Creātōrem per creātūram; quia potest invenīrī per creātūram, ēvidenter dīcente Apostolō:

> Invīsibilia enim eius, ā cōnstitūtiōne mundī, per ea, quae facta sunt, intellēcta cōnspiciuntur; sempiterna quoque virtūs eius et dīvīnitās, ut sint inexcūsābilēs.

iii, 1. 그러므로, 나의 형제들이여, 나는 이것을 여러분 마음속에 심어 주고 싶습니다. 여러분이 경건하게, 크리스챤답게 살고자 한다면, 그리스도께 의지하되, 그가 우리를 위하여 무엇이 되셨는지 살피고, 그것을 기준으로 삼으십시오! 그래야만 여러분은 그에게 도달할 수 있고, 그의 현재의 모습과 과거의 모습을 기준으로 삼을 수 있습니다. 그가 오신 것은, 그가 우리를 위한 존재가 되시기 위함이었습니다. 그는 우리를 위한 존재가 되심으로써, 연약한 자들이 의지할 것을 얻게 되었고, 세상이라는 바다를 건널 수 있게 되었고, 본향에 도달할 수 있게 되었습니다. 거기에서는 배가 필요 없을 것입니다. 이는, 건너야 할 바다가 전혀 없기 때문입니다.

그러므로, 존재하는 것을 마음으로 못 보는 것, 하지만 그리스도의 십자가를 떠나지 않는 것. 이것이 존재하는 것을 마음으로 보면서도 그리스도의 십자가를 멸시하는 것보다 더 낫습니다. 이것보다 더 좋은 것, 가장 좋은 것은, 할 수만 있다면, 가야 할 목적지를 보면서, 또 여행자에게 의지가 되어 주는 그것을 꼭 붙드는 것입니다.

iii, 2. '산'이라 불림을 받은 인물들의 위대한 영혼은 이 [가장 좋은] 것을 할 수 있었습니다. 의의 빛은 이들을 특별히 비추어 주었습니다. 그들은 이 [가장 좋은] 것을 할 수 있었고, 존재하는 것을 보았습니다. 사실, 요한은 이것을 보면서, 이렇게 말했던 것입니다.

> 태초에 말씀이 계시니라. 이 말씀이 하나님과 함께 계셨으니, 이 말씀은 곧 하나님이시니라. (요 1:1)

그들은 이것을 보았고, 그들이 멀리서 본 것에 도달하기 위해 그리스도의 십자가를 떠나지 않았고, 그리스도의 겸손을 멸시하지 않았습니다. 그러나 이것을 이해하지 못하지 못하지만, 그리스도의 십자가와, 수난과, 부활에서 떨어지지 않는 소자(小子)들은 예의 그 배를 통해, 그들이 [아직] 보지 못하는 곳까지 인도함을 받습니다. 보는 자들 역시 바로 그 배를 통해 거기에 도달합니다.

iv, 1. 하지만, 이 세상에는 어떤 철학자들이 있는데, 그들은 창조주를 피조물을 통해 궁구(窮究)하는 자들입니다. 이는, 피조물을 통해 창조주를 발견하는 것이 가능하기 때문입니다. 사도 바울은 분명히 이렇게 말했습니다.

> 창세로부터 그의 보이지 아니하는 것들, 곧, 그의 영원하신 능력과 신성이 그 만드신 만물에 분명히 보여 알게 되나니, 그러므로 저희가 핑계치 못할지니라. (롬 1:20)

Et sequitur: *Quia cum cōgnōvissent Deum*; nōn dīxit: *Quia nōn cōgnōvērunt*; sed:

> Quia cum cōgnōvissent Deum, nōn sīcut Deum glōrificāvērunt, aut grātiās ēgērunt; sed ēvānuērunt in cōgitātiōnibus suīs, et obscūrātum est īnsipiēns cor eōrum.

Unde obscūrātum? Sequitur, et dīcit apertius:

> Dīcentēs enim sē esse sapientēs, stultī factī sunt.

Vīdērunt, quō veniendum esset; sed ingrātī eī, quī illīs praestitit, quod vīdērunt, sibī voluērunt tribuere, quod vīdērunt; et factī superbī āmīsērunt, quod vidēbant, et conversī sunt inde ad īdōla et simulācra et ad cultūrās daemoniōrum, adōrāre creātūram, et contemnere Creātōrem.

iv, 2. Sed iam istī ēlīsī ista fēcērunt; ut autem ēlīderentur, superbiērunt; cum autem superbīrent, sapientēs sē esse dīxērunt. Hī ergō, dē quibus dīxit: *Quī cum cōgnōvissent Deum*, vīdērunt hoc, quod dīcit Iohannēs, quia *per Verbum Deī facta sunt omnia*. Nam inveniuntur et ista in librīs philosophōrum; et quia ūnigenitum Fīlium habet Deus, per quem sunt omnia.

iv, 3. Illud potuērunt vidēre, quod est, sed vīdērunt dē longē; nōluērunt tenēre humilitātem Chrīstī, in quā nāvī sēcūrī pervenīrent ad id, quod longē vidēre potuērunt; et sorduit eīs crux Chrīstī. Mare trānseundum est, et lignum contemnis? Ō sapientia superba! Irrīdēs crucifīxum Chrīstum; ipse est, quem longē vīdistī:

> In prīncipiō erat Verbum, et Verbum erat apud Deum.

[바울은] 이어서 이렇게 말했습니다.

하나님을 알되. (롬 1:21)

[바울은] 이렇게 말하지 않았습니다.

하나님을 알지 못하는 까닭에.

도리어 이렇게 말했습니다.

하나님을 알되, 하나님으로 영화롭게도 아니하며, 감사치도 아니하고, 오히려 그 생각이 허망하여지며, 미련한 마음이 어두워졌나니. (롬 1:21)

어떻게 어두워졌습니까? [바울은] 이어서 좀 더 명확하게 말을 합니다.

스스로 지혜 있다 하나, 우준하게 되어. (롬 1:22)

그들은 어디로 가야 할지, 그 목적지를 보았습니다. 그러나 그들은, 자기네가 본 것을 허락해 주시는 분께 감사하지 아니하고, 자기네가 본 것을 자기네 스스로에게 돌리려 하였습니다. 그리고 교만하게 되어, 그분에게서 돌아섰고, 우상에게로, 악령에게로 향하였습니다. 피조물을 섬기고, 창조주를 멸시할 생각으로 말입니다.

iv, 2. 그러나 그들은 [= 이방 철학자들은] 이미 깨어진 자로서 이런 일을 하였습니다. 물론, 그들이 깨어진 것은, 그들이 교만했기 때문입니다. 하지만, 그들은 교만했기 때문에, 스스로 지혜 있다 하였습니다. 그러므로, [바울이] '하나님을 알되'라고 한 이 사람들은, 요한이 말한 이 로고스에 대해 알았습니다.

만물이 그로 말미암아 지은 바 되었으니, [지은 것이 하나도 그가 없이는 된 것이 없느니라]. (요 1:3)

사실, 철학자들의 책에도 이와 비슷한 말이 나옵니다. 그래서, 하나님께 독생자가 있고, 이 독생자로 말미암아 모든 것이 존재하게 되었다는 내용의 말이 나옵니다.

iv, 3. 그들은 [참된] 존재를 볼 수 있었습니다. 물론, 그들은 멀리서 보았습니다. [그러나] 그들은 그리스도의 겸손하심을 붙들려 하지 않았습니다. 그 배를 타야, 그들이 멀리서 볼 수 있었던 곳에 안전하게 도달할 수 있었을 텐데 말입니다. 그들에게는 그리스도의 십자가가 천하게 여겨졌습니다. 바다를 건너야 하는데, 그대가 나무를 무시하다니요? 오호라, 교만한 지혜여! 그대는 십자가에 달리신 그리스도를 조롱합니다. 그분을 그대가 멀리서 보았는데 말입니다.

태초에 말씀이 계시니라. 이 말씀이 하나님과 함께 계셨으니, 이 말씀은 곧 하나님이시니라. (요 1:1)

Sed quāre crucifīxus est? Quia lignum tibī humilitātis eius necessārium erat. Superbiā enim tumuerās, et longē ab illā patriā prōiectus erās; et flūctibus huius saeculī interrupta est via, et quā trānseātur ad patriam, nōn est, nisī lignō portēris. Ingrāte, irrīdēs eum, quī ad tē vēnit, ut redeās! Ipse factus est via, et hoc per mare; inde in marī ambulāvit, ut ostenderet esse in marī viam. Sed tū, quī quōmodo ipse ambulāre in marī nōn potes, nāvī portāre, lignō portāre.

iv, 4. Crēde in crucifīxum, et poteris pervenīre. Propter tē crucifīxus est, ut humilitātem docēret; et quia sī sīc venīret ut Deus, nōn agnōscerētur. Sī enim sīc venīret ut Deus, nōn venīret eīs, quī vidēre Deum nōn poterant. Nōn enim secundum id, quod Deus est, aut venit, aut discēdit; cum sit ubīque praesēns, et nūllō locō contineātur. Sed secundum quid vēnit? Quod appāruit homō.

v, 1. Quia ergō sīc erat homō, ut latēret in illō Deus, missus est ante illum magnus homō, per cuius testimōnium invenīrētur plūs quam homō. Et quis est hic?

Fuit homō.

Et quōmodo posset iste vērum dē Deō dīcere?

Missus ā Deō.

Quid vocābātur?

Cui nōmen erat Iohannēs.

Quārē vēnit?

Hic vēnit in testimōnium, ut testimōnium perhibēret dē lūmine, ut omnēs crēderent per illum.

그런데 왜 그분이 십자가를 지셨습니까? 그것은, 그분의 겸손의 나무가 그대에게 필요했기 때문입니다. 정말이지, 그대는 교만으로 부풀어올랐습니다. 그리고 본향에서 멀리 내동댕이쳐졌습니다. 그리고 이 세상의 파도가 길을 가로막았습니다. 그래서 본향으로 건너갈 방도가 없습니다. 오직 나무에 실려가는 길밖에 없습니다. 배은망덕한 자여! 그대는 그대의 귀향 길을 마련해 주시고자 그대에게 오신 분을 비웃었습니다. 그분은 길이 되어 주셨습니다. 바다를 건널 수 있는 길 말입니다. 그분이 바다 위를 걸으신 것은,[1] 바다에 길이 있음을 보여 주시기 위해서였습니다. 그러나, 그대는 그분처럼 바다 위를 걸을 수 없습니다. 그러니, 배에 오르십시오! 나무에 몸을 실으십시오!

iv, 4. 십자가에 달리신 분을 믿으십시오! 그러면, 그대는 거기에 도달할 수 있을 것입니다. 그대를 위해 그는 십자가에 달리셨습니다. 겸손을 가르치시기 위해서 말입니다. 이는, 그가 하나님처럼 오신다면, 인정받지 못할 것이기 때문입니다. 이는, 그가 하나님처럼 오신다면, 하나님을 볼 수 없었던 자들을 위해 오시는 것이 아닌 까닭입니다. 그가 오시고 가시는 것은 그의 신성(神性)에 의한 것이 아닙니다. 그는 어디에나 계시기 때문에, 어떠한 장소의 제한도 받지 않으십니다. 그러면 그는 어떻게 오셨습니까? 그는 인간으로 현현(顯現)하셨습니다.

v, 1. 그러므로, 그분은 인간이셨지만, 그 안에 하나님이 숨어 계셨기 때문에, 그분에 앞서 위대한 사람이 보냄을 받았고, 이 사람의 증거를 통해서 그분은 인간 이상의 분이심이 알려지게 되었습니다. 그러면 이 사람은 누구였습니까?

> 사람이 났으니. (요 1:6)

그러면 어떻게 이 사람이 하나님에 관해 참된 것을 말할 수 있었습니까?

> 하나님께로서 보내심을 받은 [사람이 났으니]. (요 1:6)

그의 이름은 무엇이었습니까?

> 이름은 요한이라. (요 1:6)

그는 왜 왔습니까?

> 저가 증거하러 왔으니, 곧, 빛에 대하여 증거하고, 모든 사람으로 자기를 인하여 믿게 하려 함이라. (요 1:7)

---

[1] 마 14:25 (= "밤 사경에 예수께서 바다 위로 걸어서 제자들에게 오시니") 참조.

Quālis iste, quī testimōnium perhibēret dē lūmine? Magnum aliquid iste Iohannēs, ingēns meritum, magna grātia, magna celsitūdō!

Mīrāre, plānē mīrāre; sed tamquam montem. Mōns autem in tenebrīs est, nisī lūce vestiātur. Ergō tantum mīrāre Iohannem, ut audiās, quod sequitur: *Nōn erat ille lūmen*; nē cum montem putās lūmen esse, naufragium in monte faciās, nōn sōlācium inveniās.

v, 2. Sed quid dēbēs mīrārī? Montem tamquam montem. Ērige autem tē ad illum, quī illūminat montem, quī ad hoc ērēctus est, ut prior radiōs excipiat, et oculīs tuīs nūntiet. Ergō, nōn erat ille lūmen.

vi, 1. Quārē igitur vēnit? Sed *ut testimōnium perhibēret dē lūmine*. Utquid hoc?

Ut omnēs crēderent per illum.

Et dē quō lūmine testimōnium perhibēret?

Erat lūx vēra.

Quārē additum est, vēra? Quia et homō illūminātus dīcitur lūx; sed vēra lūx illa est, quae illūminat. Nam et oculī nostrī dīcuntur lūmina; et tamen nisī aut per noctem lucerna accendātur, aut per diem sōl exeat, lūmina ista sine causā patent. Sīc ergō et Iohannēs erat lūx, sed nōn vēra lūx; quia nōn illūminātus, tenebrae; sed illūminātiōne factus est lūx.

빛에 대하여 증거해야 했던 이 사람은 어떠한 사람이었습니까? 이 요한은 모종(某種)의 위대한 인물이었습니다. 큰 공로를 세운 사람, 큰 은혜를 받은 사람, 매우 탁월한 사람이었습니다.

탄복하십시오! 아주 탄복하십시오! 하지만, 그는 그저 산일 뿐입니다. 산은 그러나, 빛으로 옷 입지 않으면, 어두움에 싸여 있습니다. 그러므로 요한에 대해 탄복하되, 다음에 나오는 말씀을 꼭 들으십시오!

그는 이 빛이 아니요. (요 1:8)

산을 빛이라 여기면, 그대는 그 산 때문에 해난(海難)을 당할 수 있습니다. 그대는 아무 위로도 발견하지 못할 것입니다.

v, 2. 하지만, 그대가 탄복해야 할 대상은 무엇입니까? 그것은 산 그 자체입니다. 그러나, 그 산에 빛을 주시는 분을 향해 그대 몸을 일으키십시오! 그 산이 높이 선 것은, 먼저 광선을 받기 위해서였습니다. 그래야 그대 눈에 그것을 전해 줄 수 있겠기에 말입니다. 그러므로, 요한은 빛이 아니었습니다.

vi, 1. 그러면 왜 그가 왔습니까?

저가 증거하러 왔으니, 곧, 빛에 대하여 증거하고. (요 1:7)

무엇 때문에 이것이 필요했습니까?

모든 사람으로 자기를 인하여 믿게 하려 함이라. (요 1:7)

그러면 어떤 빛에 대하여 그가 증거해야 했습니까?

참 빛[, 곧, 세상에 와서 각 사람에게 비취는 빛이 있었나니]. (요 1:9)

왜 '참'이라는 말이 붙었습니까? 이는, 빛의 조명을 받은 사람도 '빛'이라 불리기 때문입니다. 그러나 참 빛은 빛을 비춥니다. 예컨대, 우리 눈도 "빛"이라 불립니다. 하지만, 밤에 등잔불을 켜지 않거나, 낮에 해가 나타나지 않으면, 우리의 눈빛은 공연하게 보이는 것입니다. 그러므로, [세례] 요한도 이 같은 빛이었지, 참 빛이 아니었습니다. 이는, 조명을 받지 않았더라면, 그는 어두움이었을 것이기 때문입니다. 하지만, 조명을 받음으로 말미암아 그는 빛이 되었습니다.

vi, 2. Nisī autem illūminārētur, tenebrae erat, sīcut omnēs impiī, quibus iam crēdentibus dīxit Apostolus:

Fuistis aliquandō tenebrae.

Modo autem quia crēdiderant, quid? *Nunc autem lūx*, inquit, *in Dominō*. Nisī adderet, *in Dominō*, nōn intellegerēmus. *Lūx*, inquit, *in Dominō*; tenebrae nōn in Dominō erātis. Fuistis enim aliquandō tenebrae, ibī nōn addidit, *in Dominō*. Ergō tenebrae in vōbīs, lūx in Dominō. Sīc et ille nōn erat lūx, sed ut testimōnium perhibēret dē lūmine.

vii, 1. Ubī autem est ipsa lūx?

Erat lūx vēra, quae illūminat omnem hominem venientem in hunc mundum.

Sī omnem hominem venientem, et ipsum Iohannem. Ipse ergō illūminābat, ā quō sē dēmōnstrārī volēbat. Intellegat Cāritās vestra; veniēbat enim ad mentēs īnfirmās, ad corda saucia, ad aciem animae lippientis. Ad hoc vēnerat.

vii, 2. Et unde posset anima vidēre, quod perfectē est? Quōmodo plērumque fit, ut in aliquō corpore radiātō cōgnōscātur ortus esse sōl, quem oculīs vidēre nōn possumus. Quia et quī sauciōs habent oculōs, idōneī sunt vidēre parietem illūminātum et illūstrātum ā sōle, vel montem vel arborem, aut aliquid hūiusmodī idōneī sunt vidēre; et in aliō illūstrātō dēmōnstrātur illīs ortus ille, cui videndō adhūc minus idōneam aciem gerunt.

vi, 2. 그러나, 조명을 받지 않았더라면, 그는 어두움이었을 것입니다. 모든 불경건한 자들도 마찬가지입니다. 그들이 이제 믿게 되었을 때, 사도 [바울]이 그들에게 말하였습니다.

> 너희가 전에는 어두움이더니. (엡 5:8a)

그러나, 이제는 믿게 되었으므로, 무엇이 되었습니까?

> 이제는 주 안에서 빛이라. [빛의 자녀들처럼 행하라!] (엡 5:8b)

[바울이] 만약 '주 안에서'라는 말을 덧붙이지 않았더라면, 우리는 이해하지 못하였을 것입니다. [바울은] "주 안에서 빛이라"고 했습니다. "너희는 주 안에서 어두움이 아니라"는 뜻입니다. "너희가 전에는 어두움이더니"라는 말에는 '주 안에서'라는 말을 덧붙이지 않았습니다. 그러므로 어두움은 여러분 안에 있었던 것이고, 빛은 주 안에 있는 것입니다. 이렇게 볼 때 세례 요한은 빛이 아니었고, 빛에 대하여 증거할 사명을 띤 사람이었습니다.

vii, 1. 그런데, 빛 자체는 어디 있습니까?

> 참 빛, 곧, 세상에 와서 각 사람에게 비취는 빛이 있었나니. (요 1:9)

만약 [세상에] 온 모든 사람을 다 비추었다면, 요한도 비추었을 것입니다. 그러므로 [빛 되신] 그분은 당신의 뜻에 따라 당신을 증거하는 사명을 맡게 될 사람에게 빛을 비추셨다 할 수 있습니다. 사랑하는 여러분! 이해해 주시기 바랍니다. 정말이지, 그분은 연약한 심령에 찾아오셨습니다. 상처받은 마음을 지닌 자들, 심령의 눈이 연약한 자들에게 찾아오셨습니다. 그가 오신 이유는 여기에 있습니다.

vii, 2. 그런데, 영혼이 완전한 존재를 어떻게 볼 수 있습니까? 빛의 조명을 받은 무슨 물체에서 태양이 떠오른 사실을 알게 되는 일이 자주 있는 것은 어찌 된 일입니까? 우리는 태양을 눈으로 볼 수 없는데 말입니다. 정말이지, 안질이 있는 사람도, 태양으로부터 밝은 빛을 받는 벽을 쳐다볼 수 있습니다. 아니면, 산이나, 나무나, 이와 비슷한 어떤 것을 볼 수가 있습니다. 그리고 조명을 받은 다른 물체를 통해서도 태양이 떠오른 사실을 아직 태양을 [직접] 볼 수 있는 시력을 충분히 지니지 못한 사람들도 알 수 있습니다.

Sīc ergō illī omnēs, ad quōs Chrīstus vēnerat, minus idōneī erant eum vidēre; radiāvit Iohannem; et per illum cōnfitentem sē radiātum ac sē illūminātum esse, nōn quī radiāret et illūmināret, cōgnitus est ille, quī illūminat, cōgnitus est ille, quī illūstrat, cōgnitus est, quī implet. Et quis est? *Qui illūminat*, inquit, *omnem hominem venientem in mundum.*

vii, 3. Nam sī illinc nōn recēderet, nōn esset illūminandus; sed ideō hīc illūminandus, quia illinc recessit, ubī homō semper poterat esse illūminātus.

viii, 1. Quid ergō? Sī vēnit hūc, ubī erat? In hōc mundō erat. Et hīc erat, et hūc vēnit. Hīc erat per dīvīnitātem; hūc vēnit per carnem; quia cum hīc esset per dīvīnitātem, ab stultīs et caecīs et inīquīs vidērī nōn poterat. Ipsī inīquī tenebrae sunt, dē quibus dictum est:

> Lūx lūcet in tenebrīs, et tenebrae eam nōn comprehendērunt.

viii, 2. Ecce, hīc est et modo, et hīc erat, et semper hīc est; et numquam recēdit, nusquam recēdit. Opus est, ut habeās, unde videās, quod tibī numquam recēdit; opus est, ut tū nōn recēdās ab eō, quī nusquam recēdit; opus est, ut tū nōn dēserās, et nōn dēserēris. Nōlī cadere, et nōn tibī occidet. Sī tū fēceris cāsum, ille tibī facit occāsum; sī autem tū stās, praesēns est tibī.

그러므로 그리스도께서 찾아 주신 사람들은 모두 이처럼 그를 볼 수 있는 시력이 부족합니다. 그는 세례 요한에게 광선을 조사(照射)하였습니다. 세례 요한은, 자기가 광선의 조사(照射)와 빛의 조명을 받았다고 고백하면서, 자기는 광선을 조사하는 사람, 빛을 조명하는 사람이 아니라고 하였습니다. 이 세례 요한을 통하여 빛을 조명하시는 분이 알려졌고, 광선을 조사하시는 분이 알려졌고, 충만케 하시는 분이 알려졌습니다. 그런데 이분이 누구입니까?

[참 빛, 곧,] 세상에 와서 각 사람에게 비취는 빛이 있었나니. (요 1:9)

vii, 3. 정말이지, 그가 거기에서 떠나지 않았더라면, 그에게는 빛의 조명이 필요 없었을 것입니다. 그러나, 그에게 여기서 조명이 필요했던 것은, 그가 그곳에서 떠났기 때문입니다. 그곳은 사람이 항상 빛의 조명을 받을 수 있는 곳입니다.

viii, 1. 그러면 어떻습니까? 그가 [= 로고스가] 이리로 오셨다면, 그는 [= 로고스는] 어디에 계셨습니까?

그가 세상에 계셨으며. (요 1:10)

그는 여기에 계셨음과 동시에, 이리로 오셨습니다. 그가 여기에 계셨던 것은 신성(神性)에 의한 것입니다. 그가 이리로 오신 것은 육신에 의한 것입니다. 이는, 그가 신성으로 말미암아 여기 계셨을 때, 어리석은 자들과, 눈먼 자들과, 불의한 자들은 그를 보지 못했기 때문입니다. '어두움'은 바로 이들 불의한 자들을 가리키는데, 이에 대해서는 이렇게 말씀하고 있습니다.

빛이 어두움에 비취되, 어두움이 깨닫지 못하더라. (요 1:5)

viii, 2. 보십시오! 그는 여기에 지금도 계시고, 여기에 계셨고, 항상 여기에 계십니다. 그리고 그는 결코 떠나시지 않습니다. 아무데도 가시지 않습니다. 그대는 그대를 결코 떠나시지 않는 분을 보기 위하여 필요한 것이 있습니다. 그대는 아무데도 가시지 않는 그분에게서 떠나지 말아야 합니다. 그대는 그를 버리지 말아야 합니다. 그래야 그대는 버림을 받지 않을 것입니다. 넘어지지 마십시오! 그래야 그가 그대에게 보이지 않게 되는 일이 발생하지 않을 것입니다. 만약 그대가 넘어진다면, 그는 그대에게 보이지 않게 될 것입니다. 그러나 그대가 만약 선다면, 그는 그대 곁에 계실 것입니다.

viii, 3. Sed nōn stetistī; recordāre, unde cecideris, unde tē dēiēcit, quī prior tē cecidit. Dēiēcit enim tē, nōn vī, nōn impulsū, sed voluntāte tuā. Sī enim malō nōn cōnsentīrēs, stārēs, illūminātus manērēs. Modo autem quia iam cecidistī, et factus es saucius corde, unde vidērī illa lūx potest, vēnit ad tē tālis, quālem possēs vidēre; et tālem sē hominem praebuit, ut ab homine quaereret testimōnium. Ab homine quaerit testimōnium Deus, et Deus testem habet hominem; habet Deus testem hominem, sed propter hominem; tam īnfirmī sumus!

viii, 4. Per lucernam quaerimus diem; quia lucerna dictus est ipse Iohannēs, Dominō dīcente:

> Ille erat lucerna ārdēns et lūcēns, et vōs voluistis exsultāre ad hōram in lūmine eius; egō autem habeō testimōnium māius Iohanne.

ix, 1. Ergō ostendit, quia propter hominēs voluit per lucernam dēmōnstrārī ad fidem crēdentium, ut per ipsam lucernam inimīcī eius cōnfunderentur. Illī enim inimīcī, quī illum tentābant, et dīcēbant:

> Dīc nōbīs: In quā potestāte ista facis?

Interrogābō vōs et egō, inquit, *ūnum sermōnem: Dīcite mihī, baptismus Iohannis unde est? Dē caelō, an ab hominibus?* Et turbātī sunt, et dīxērunt apud sēmet ipsōs:

> Sī dīxerimus dē caelō; dictūrus est nōbīs: Quārē ergō nōn crēdidistis illī? Sī autem ex hominibus dīxerimus esse, timēmus populum, nē lapidet nōs; quia tamquam prophētam habēbant Iohannem.

Quia ille Chrīstō perhibuerat testimōnium, et dīxerat:

> Nōn sum egō Chrīstus, sed ille.

viii, 3. 그러나 그대는 똑바로 서 있지 않았습니다. 그대가 어디에서 떨어졌는지를 기억하십시오! 그대 앞에 넘어져 있는 자가 그대를 어디에서 밀쳐 떨어뜨렸는지를 기억하십시오! 이는, 그가 그대를 힘으로 떨어뜨린 것도 아니고, 충격을 주어 떨어뜨린 것도 아니고, 그대 의지로 말미암아 떨어뜨린 까닭입니다. 정말이지, 그대가 악한 자의 말에 동의하지 않았더라면, 그대는 [계속] 서 있었을 것이고, 빛의 조명을 받고 있었을 것입니다. 그러나 이제, 그대는 이미 넘어졌습니다. 심령에 병이 생겼습니다. 심령을 통해 그 빛을 볼 수 있는데 말입니다. 이 때문에 그가 그대에게 오셨습니다. 그대가 그를 볼 수 있도록 말입니다. 그래서, 그는 자신을 사람의 모습으로 보여 주셨고, 사람에게 증거를 구하였습니다. 하나님이 사람에게 증거를 구하시고, 사람을 증인으로 삼으십니다. 하나님이 사람을 증인으로 삼으시지만, 사람 때문에 그렇게 하십니다. 그만큼 우리는 연약한 존재입니다.

viii, 4. 우리는 등불로 낮을 찾고 있습니다. 이는, 요한 자신이 '등불'이라 불리는 까닭입니다. 주님은 이렇게 말씀하셨습니다.

> 요한은 켜서 비취는 등불이라. 너희가 일시 그 빛에 즐거이 있기를 원하였거니와, 내게는 요한의 증거보다 더 큰 증거가 있으니. (요 5:35-36a)

ix, 1. 그러므로 그는 사람들을 위해 등불로 말미암아 자기를 나타내기 원하셨음을 밝히셨는데, 이는 믿는 자들의 믿음을 위한 것이었고, 바로 이 등불로 말미암아 자기 원수들이 수치를 당하도록 하기 위해서였습니다. 정말이지, 그를 다음과 같이 시험하여 말한 사람들은 그의 원수들이었습니다.

> 당신이 무슨 권세로 이런 일을 하는지, 이 권세를 준 이가 누구인지 우리에게 말하라! (눅 20:2)

주님은 이렇게 말씀하셨습니다.

> 3 나도 한 말을 너희에게 물으리니, 내게 말하라! 4 요한의 세례가 [어디로서냐?] 하늘로서냐? 사람에게 로서냐? (눅 20:3-4)

이에 그들은 당황하여, 서로 이야기하였습니다.

> 5 만일 하늘로서라 하면, '어찌하여 저를 믿지 아니하였느냐?' 할 것이요, 6 만일 사람에게로서라 하면, 백성이 요한을 선지자로 인정하니, 저희가 다 우리를 돌로 칠 것이라. (눅 20:5-6)

이는, 세례 요한이 그리스도에 대해 증거하며 이렇게 말했기 때문입니다.

> 나는 그리스도가 아니라. (요 1:20) … [곧 내 뒤에 오시는] 그이라. (요 1:27)

Timentēs lapidātiōnem, sed plūs timentēs vēritātis cōnfessiōnem, respondērunt mendācium vēritātī; et mentīta est inīquitās sibī. Dīxērunt enim:

Nescīmus.

ix, 2. Et Dominus, quia ipsī contrā sē clauserant, negandō sē scīre, quod nōvērant, nec ipse illīs aperuit, quia nōn pulsāvērunt. Dictum est enim:

Pulsāte, et aperiētur vōbīs.

Nōn sōlum autem illī nōn pulsāvērunt, ut aperīrētur; sed negandō, ōstium ipsum contrā sē obstrūxērunt. Et ait eīs Dominus:

Nec egō dīcō vōbīs, in quā potestāte ista faciō.

Et cōnfūsī sunt per Iohannem; implētumque in illīs est:

Parāvī lucernam Chrīstō meō; inimīcōs eius induam cōnfūsiōne.

x, 1. *In mundō erat, et mundus per eum factus est.* Nē putēs, quia sīc erat in mundō, quōmodo in mundō est terra, in mundō est caelum, in mundō est sōl, lūna et stellae, in mundō arborēs, pecora, hominēs. Nōn sīc iste in mundō erat.

Sed quōmodo erat? Quōmodo artifex, regēns, quod fēcit. Nōn enim sīc fēcit, quōmodo facit faber. Forīnsecus est arca, quam facit, et illa in aliō locō posita est, cum fabricātur; et quamvīs iuxtā sit, ipse aliō locō sedet, quī fabricat, et extrīnsecus est ad illud, quod fabricat.

그들은 돌 맞을 것을 두려워했습니다만, 더 두려워했던 것은 진리를 고백하는 것이었습니다. 그래서, 진리에 거짓으로 응대했습니다. 하지만, 악은 자기 스스로를 속였습니다. 그래서 그들은 이렇게 대답했습니다.

> [어디로서인지] 알지 못하노라. (눅 20:7)

ix, 2. 이렇게 그들이 아는 것을 알지 못한다 부인하면서, 주님을 향해 [마음의] 문을 닫았기 때문에, 주님도 그들에게 열어 주시지 않았습니다. 이는, 그들이 [문을] 두드리지 않았기 때문입니다. 주님은 이런 말씀을 하신 적이 있습니다.

> 문을 두드리라! 그러면 너희에게 열릴 것이니. (마 7:7)

그러나 그들은 [문] 열어 달라고 두드리지 않았을 뿐 아니라, [진리를] 부인함으로써, 자기네 스스로 문을 걸어 잠갔습니다. 그래서, 주님은 그들에게 말씀하셨습니다.

> 나도 무슨 권세로 이런 일을 하는지 너희에게 이르지 아니하리라. (눅 20:8)

이에 그들은 요한으로 말미암아 수치를 당하였고, 다음 말씀이 그들에게 이루어졌습니다.

> 17 ⋯ 내가 내 기름 부은 자를 위하여 등을 예비하였도다. 18 내가 저의 원수에게는 수치로 입히고. (시 132:17-18)

x, 1. "그가 세상에 계셨으며, 세상은 그로 말미암아 지은 바 되었으되"(요 1:10). 그가 세상에 계셨던 것을, 땅이 세상에 있는 것처럼 생각하지 마십시오! 하늘이 세상에 있는 것처럼도, 태양이 세상에 있는 것처럼도, 달과 별이 세상에 있는 것처럼도, 나무, 육축, 사람이 세상에 있는 것처럼도 생각하지 마십시오! 그는 이런 식으로 세상에 계시지 않았습니다.

하지만 [그러면] 그는 어떤 식으로 [세상에] 계셨습니까? 그는, 그가 만드신 것을 지배하는 거장(巨匠)처럼 [계셨습니다]. 이는, 그가 만드신 것은, 목수가 작업하는 식이 아니었기 때문입니다. 목수가 만드는 상자는 [목수의 몸] 밖에 있습니다. 그리고 만들어지고 있는 상자는 [목수와] 다른 위치에 있습니다. 설령 [목수] 바로 옆에 놓여 있다 한들, 그것을 만드는 목수는 그것과는 다른 위치에 있는 것이고, 그가 만들고 있는 것의 밖에 있는 것입니다.

x, 2. Deus autem mundō īnfūsus fabricat, ubīque positus fabricat, et nōn recēdit aliquō, nōn extrīnsecus quasi versat mōlem, quam fabricat. Praesentiā māiestātis facit, quod facit; praesentiā suā gubernat, quod fēcit. Sīc ergō erat in mundō, quōmodo per quem mundus factus est.

Per ipsum enim mundus factus est, et mundus eum nōn cōgnōvit.

xi, 1. Quid est, *mundus factus est per ipsum*? Caelum, terra, mare et omnia, quae in eīs sunt, mundus dīcitur. Iterum aliā sīgnificātiōne, dīlēctōrēs mundī mundus dīcuntur.

xi, 2. *Mundus per ipsum factus est, et mundus eum nōn cōgnōvit.* Num enim caelī nōn cōgnōvērunt Creātōrem suum, aut Angelī nōn cōgnōvērunt Creātōrem suum, aut nōn cōgnōvērunt Creātōrem suum sīdera, quem cōnfitentur daemonia? Omnia undique testimōnium perhibuērunt. Sed quī nōn cōgnōvērunt? Quī amandō mundum dictī sunt mundus. Amandō enim habitāmus corde; amandō autem, hoc appellārī meruērunt, quod ille, ubī habitābant. Quōmodo dīcimus: *Mala est illa domus*; aut: *Bona est illa domus*; nōn in illā, quam dīcimus malam, parietēs accūsāmus; aut in illā, quam dīcimus bonam, parietēs laudāmus; sed malam domum, inhabitantēs malōs; et bonam domum, inhabitantēs bonōs. Sīc et mundum, quī inhabitant amandō mundum. Quī sunt? Quī dīligunt mundum; ipsī enim corde habitant in mundō. Nam quī nōn dīligunt mundum, carne versantur in mundō; sed corde inhabitant caelum, sīcut Apostolus dīcit:

Nostra autem conversātiō in caelīs est.

Ergō mundus per eum factus est, et mundus eum nōn cōgnōvit.

x, 2. 그러나 하나님은 세상 안에 계시면서 만드는 작업을 하셨고, 또 어디에나 계시면서 만드는 작업을 하셨습니다. 그는 어디로도 떠나가시지 않습니다. 그는, 장인(匠人)이 재료를 밖에서 다루듯 하지 않으십니다. 그는 엄위(嚴威)하심을 보이시면서 현전(現前)하시는 중에 피조물을 만드십니다. 그는 현전하시는 중에, 당신이 만드신 피조물을 다스리십니다. 그러므로 그는 세상에 계시되, 마치 로고스처럼 계십니다. 로고스로 말미암아 세상은 창조되었습니다.

　　[그가 세상에 계셨으며,] 세상은 그로 말미암아 지은 바 되었으되, 세상이 그를 알지 못하였고. (요 1:10)

xi, 1. "세상은 그로 말미암아 지은 바 되었으되"라는 말이 무슨 뜻입니까? 하늘과 땅, 바다 및 그 안에 있는 모든 것이 '세상'이라 불립니다. 또 다른 의미로는 세상을 사랑하는 자들이 '세상'이라 불립니다.

xi, 2. "세상은 그로 말미암아 지은 바 되었으되, 세상이 그를 알지 못하였고"(요 1:10). 하늘이 진정 자기 창조주를 알지 못하였습니까? 아니면, 천사들이 그들의 창조주를 알지 못하였습니까? 아니면, 별들이 그들의 창조주를 알지 못하였습니까? 악령들[조차] 그를 인정하였습니다. 모든 것이 도처에서 증거했습니다. 하지만 누가 깨닫지 못하였습니까? 세상을 사랑하여 '세상'이라 불린 자들입니다. 이는, 우리가 사랑함으로써 마음으로 거(居)하게 되는 까닭입니다. 그런데 그들은 사랑함으로써, 그들이 거하는 '세상'이라 불리기에 합당한 자들이 되었습니다. 이것은, 우리가 "저 집은 나쁜 집이다" 혹은 "이 집은 좋은 집이다" 할 때와 같습니다. 우리가 나무라는 것은, 우리가 "나쁘다"고 말하는 그 집의 벽이 아닙니다. 우리가 칭찬하는 것 역시, 우리가 "좋다"고 말하는 그 집의 벽이 아닙니다. 나쁜 집은 [그 집에] 사는 나쁜 사람들을 의미하고, 좋은 집은 [그 집에] 사는 좋은 사람들을 의미합니다. 이처럼 '세상'도, 세상을 사랑하면서 세상에 사는 사람들을 의미합니다. 그들이 누구입니까? 세상을 사랑하는 자들입니다. 이는, 그들이 세상에 마음을 두고 세상에 거하기 때문입니다. 정말이지, 세상을 사랑하지 않는 사람들은 육신으로는 세상에 머무르지만, 마음으로는 하늘에 거주합니다. 마치 사도 [바울]의 다음과 같은 말처럼 말입니다.

　　오직 우리의 시민권은 하늘에 있는지라. (빌 3:20)

그래서, "세상은 그로 말미암아 지은 바 되었으되, 세상이 그를 알지 못하였"던 것입니다.

xii. *In sua propria vēnit; quia omnia ista per eum facta sunt. Et suī eum nōn recēpērunt.* Quī suī? Hominēs, quōs fēcit. Iūdaeī, quōs prīmitus fēcit super omnēs gentēs esse. Quia aliae gentēs īdōla adōrābant, et daemonibus serviēbant; ille autem populus nātus erat dē sēmine Abrahae; et ipsī maximē suī; quia et per carnem, quam suscipere dīgnātus est, cōgnātī.

In sua propria vēnit, et suī eum nōn recēpērunt.

Nōn recēpērunt omnīnō, nūllus recēpit? Nūllus ergō salvus factus est? Nēmō enim salvus fiet, nisī quī Chrīstum recēperit venientem.

xiii, 1. Sed addidit:

Quotquot autem recēpērunt eum.

Quid eīs praestitit? Magna benevolentia! Magna misericordia! Ūnicus nātus est, et nōluit manēre ūnus.

Multī hominēs cum fīliōs nōn habuerint, perāctā aetāte adoptant sibī; et voluntāte faciunt, quod nātūrā nōn potuērunt; hoc faciunt hominēs.

Sī autem aliquis habeat fīlium ūnicum, gaudet ad illum magis; quia sōlus omnia possessūrus est, et nōn habēbit, quī cum eō dīvidat hērēditātem, ut pauperior remaneat.

Nōn sīc Deus: Ūnicum eundem ipsum, quem genuerat, et per quem cūncta creāverat, mīsit in hunc mundum, ut nōn esset ūnus, sed frātrēs habēret adoptātōs.

xii. 그가 '자기 땅에'(요 1:11) 오신 것은, '만물이 그로 말미암아 지은 바'(요 1:3) 되었기 때문입니다. 그러나 '자기 백성이 영접'하지 않았습니다. '자기 백성'이 누구입니까? 그가 만드신 사람들입니다. 먼저 그는 유대인들을 만드사, 모든 민족 위에 세우셨습니다. 다른 민족들은 우상을 숭배하였고, 정령들을 섬겼습니다. 그러나 유대 민족은 아브라함의 씨에서 났는데, 그들이 특별히 '자기 백성'이 된 것입니다. 이는, 그가 취하신 육신으로 말미암아 그들은 [그의] 동족이 되었기 때문입니다.

> 자기 땅에 오매, 자기 백성이 영접지 아니하였으나. (요 1:11)

그들이 그를 전혀 영접하지 않은 것입니까? 아무도 영접하지 않았습니까? 그래서, 아무도 구원을 받지 못한 것입니까? 이는, 그리스도께서 오실 때, 그를 영접한 자말고는 아무도 구원을 받지 못하기 때문입니다.

xiii, 1. 하지만, 요한은 다음 말씀을 덧붙였습니다.

> 영접하는 자, [곧, 그 이름을 믿는 자들에게는 하나님의 자녀가 되는 권세를 주셨으니.] (요 1:12)

그가 그들에게 무엇을 베푸셨습니까? 엄청난 은혜입니다. 엄청난 자비입니다. 그는 독생자로 나셨지만, 유일한 아들로 머무르기를 원하지 않으셨습니다.

많은 사람들은, 아들이 없을 때, 나이가 들면, 양자를 들입니다. 그래서, 그들이 자연적으로 할 수 없었던 일을 의지적으로 합니다. 사람들은 그렇게 합니다.

그러나 어떤 사람에게 독자가 있으면, 그는 저를 아주 애지중지합니다. 이는, 저가 혼자 모든 것을 소유할 것이고, 저와 유산을 나눌 자가 없을 것이고, 저의 재산이 줄어들지 않을 것이기 때문입니다.

하나님은 이렇지 않습니다. 하나님은, 자기가 낳은 독생자로 말미암아 만유를 창조하셨는데, 바로 이 독생자를 이 세상에 보내셨습니다. 이는, 이 독생자가 홀로 있지 아니하고, 입양한 형제들이 있게 하기 위함이었습니다.

xiii, 2. Nōn enim nōs nātī sumus dē Deō, quōmodo ille Ūnigenitus, sed adoptātī per grātiam ipsīus. Ille enim vēnit Ūnigenitus solvere peccāta, quibus peccātīs implicābāmur, nē adoptāret nōs propter impedīmentum eōrum; quōs sibī frātrēs facere volēbat, ipse solvit, et fēcit cohērēdēs. Sīc enim dīcit Apostolus: *Sī autem fīlius, et hērēs per Deum*; et iterum:

> Hērēdēs quidem Deī, cohērēdēs autem Chrīstī.

Nōn timuit ille habēre cohērēdēs; quia hērēditās eius nōn fit angusta, sī multī possēderint. Illī ipsī certē illō possidente fiunt hērēditās ipsīus, et ipse vicissim fit hērēditās ipsōrum.

xiii, 3. Audī, quōmodo ipsī fiant hērēditās ipsīus:

> Dominus dīxit ad mē: Fīlius meus es tū; egō hodiē genuī tē. Postulā ā mē, et dabō tibī gentēs hērēditātem tuam.

Ille quōmodo fit hērēditās eōrum? Dīcit in Psalmō:

> Dominus pars hērēditātis meae et calicis meī.

Et nōs illum possideāmus, et ipse nōs possideat; ille nōs possideat, sīcut Dominus; nōs illum possideāmus sīcut salūtem, nōs possideāmus sīcut lūcem.

xiii, 4. Quid ergō dedit hīs, quī recēpērunt illum? Dedit eīs potestātem fīliōs Deī fierī, hīs, quī crēdunt in nōmine eius; ut teneant lignum, et mare trānseant.

xiii, 2. 정말이지, 우리는 이 독생자처럼 하나님의 친자식은 아니었고, 그의 은혜로 말미암아 입양되었습니다. 이는, 이 독생자가 우리를 얽어매고 있던 죄를 풀어 주사, 죄가 우리 입양에 아무런 방해가 되지 않도록 하기 위해 오셨기 때문입니다. 저는 우리를 당신의 형제로 삼기를 원하셨고, [우리를] 공동상속인으로 만드셨습니다. 이는, 사도 [바울]이 이렇게 말했기 때문입니다.

> 그러므로 네가 이 후로는 종이 아니요, 아들이니, 아들이면, 하나님으로 말미암아 유업을 이을 자니라. (갈 4:7)

또 이렇게 말했습니다.

> 자녀이면 또한 후사, 곧, 하나님의 후사요, 그리스도와 함께 한 후사니, [우리가 그와 함께 영광을 받기 위하여, 고난도 함께 받아야 될 것이니라]. (롬 8:17)

그리스도는, 공동상속인 있는 것을 두려워하지 않으셨습니다. 이는, 그의 유업(遺業)은, 많은 사람이 [함께] 소유하더라도 좁아지지 않기 때문입니다. 그가 그들을 소유하시면, 그들은 분명 그의 유업이 될 것이고, 당신이 다시 그들의 유업이 되실 것입니다.

xiii, 3. 그들이 어떻게 그의 유업이 되었는지 들어 보십시오!

> 7 여호와께서 내게 이르시되 너는 내 아들이라. 오늘날 내가 너를 낳았도다. 8 내게 구하라! 내가 열방을 유업으로 주리니. (시 2:7-8)

그는 어떻게 그들의 유업이 되십니까? 시편에는 이런 말씀이 있습니다.

> 여호와는[= 주는] 나의 산업과 나의 잔의 소득이시니. (시 16:5)

그래서 우리는 그를 소유할 것이고, 그는 우리를 소유하실 것입니다. 그는 우리를 소유하시되, 주님으로서 그렇게 하실 것입니다. 우리는 그를 소유하되, [그를] 구원으로 소유할 것입니다. 우리는 [그를] 소유하되, [그를] 빛으로 소유할 것입니다.

xiii, 4. 그러면 그는 당신을 영접하는 자들에게 무엇을 주셨습니까? 그는 그들에게, 곧, '그 이름을 믿는 자들에게 하나님의 자녀가 되는 권세를'(요 1:12) 주셨습니다. 이는, 그들로 하여금 나무를 붙잡고 바다를 건너가게 하기 위함이었습니다.

xiv, 1. Et quōmodo illī nāscuntur? Istī, quia fīliī Deī fiunt et frātrēs Chrīstī, utique nāscuntur. Nam sī nōn nāscuntur, fīliī quōmodo esse possunt? Sed fīliī hominum nāscuntur ex carne et sanguine, et ex voluntāte virī, et ex complexū coniugiī. Illī autem quōmodo eī nāscuntur? Quī nōn ex sanguinibus; tamquam maris et fēminae.

xiv, 2. Sanguina nōn est Latīnum; sed quia Graecē positum est plūrāliter, māluit ille, quī interpretābātur, sīc pōnere, et quasi minus Latīnē loquī secundum grammaticōs, et tamen explicāre vēritātem secundum audītum īnfirmōrum. Sī enim dīceret sanguinem singulārī numerō, nōn explicāret, quod volēbat; ex sanguinibus enim hominēs nāscuntur maris et fēminae. Dīcāmus ergō, nōn timeāmus ferulās grammaticōrum; dum tamen ad vēritātem solidam et certiōrem perveniāmus. Reprehendit, quī intellegit, ingrātus, quia intellēxit.

xiv, 3. *Nōn ex sanguinibus, neque ex voluntāte carnis, neque ex voluntāte virī.* Carnem prō fēminā posuit; quia dē costā cum facta esset, Adam dīxit: *Hoc nunc os dē ossibus meīs, et carō dē carne meā*; et Apostolus ait:

> Quī dīligit uxōrem suam, sē ipsum dīligit; nēmō enim umquam carnem suam odiō habet.

xiv, 1. 그런데 그들이 어떻게 태어나는 것입니까? 그들이 태어나는 것은 의심할 여지 없이, 하나님의 자녀가 되고, 그리스도의 형제가 되기 때문입니다. 정말이지, 그들이 태어나지 않는 다면, 어떻게 자녀가 될 수 있겠습니까? 그러나 사람의 자녀들은 혈통과 육정으로 태어나고, 사람의 뜻에 따라, 부부 간의 포옹으로 태어납니다.[1] 하지만, 하나님의 자녀들은 어떻게 태어납니까? 이들은 육정으로 나지 않습니다. 즉, 남녀 사이의 정(情) 말입니다.

xiv, 2. '피'는 라틴어가 아닙니다. 그러나 헬라어로는 복수이기 때문에, 번역자는 차라리 이런 식으로 놓아두는 것을 선택했습니다. 그래서 문법교사들의 표현을 따르자면, 마치 라틴어 문법을 별로 지키지 않는 것처럼 했습니다. 그러나 연약한 자들의 듣는 능력을 기준으로 한다면, 진리를 [제대로] 설명하려고 시도한 것입니다. 만약 번역자가 '피'를 단수로 처리했다면, 그는, 그가 의도했던 바를 [제대로] 표현하지 못했을 것입니다. 이는, 사람은 남자와 여자의 '피들'에서 태어나기 때문입니다. 그러므로 우리는 이렇게 말했으면 합니다.

> 우리는 문법교사들의 매를 두려워하지 맙시다! 우리가 견실하고도 좀 더 확실한 진리에 도달할 수만 있다면 말입니다.

이걸 알면서도 나무라는 사람은, 자기가 [이미] 이해해서 알고 있기 때문에, 감사할 줄 모르는 사람입니다.

xiv, 3. "이는 혈통으로나 육정으로나 사람의 뜻으로 나지 아니하고"(요 1:13a). 요한은 '육정' 이라는 말을 '여자'라는 말 대신 사용했습니다. 이는, 하와가 [아담의] 갈빗대로 만들어졌기 때문입니다. 그래서 아담은 이렇게 말했습니다.

> 이는 내 뼈 중의 뼈요, 살 중의 살이라. (창 2:23)

그리고 사도 [바울]은 이렇게 말했습니다.

> 28 [이와 같이 남편들도 자기 아내 사랑하기를 제 몸 같이 할지니,] 자기 아내를 사랑하는 자는 자기를 사랑하는 것이라. 29 누구든지 언제든지 제 육체를 미워하지 않고 …. (엡 5:28-29)

---

[1] 요 1:13 (= "이는 혈통으로나 육정으로나 사람의 뜻으로 나지 아니하고 오직 하나님께로서 난 자들이니라") 참조.

Pōnitur ergō carō prō uxōre, quōmodo et aliquandō spīritus prō marītō. Quārē? Quia ille regit, haec regitur; ille imperāre dēbet, ista servīre. Nam ubī carō imperat, et spīritus servit, perversa domus est. Quid pēius domō, ubī fēmina habet imperium super virum? Rēcta autem domus, ubī vir imperat, fēmina obtemperat. Rēctus ergō ipse homō, ubī spīritus imperat, carō servit.

xv, 1. *Hī ergō nōn ex voluntāte carnis, neque ex voluntāte virī, sed ex Deō nātī sunt.* Ut autem hominēs nāscerentur ex Deō, prīmō ex ipsīs nātus est Deus. Chrīstus enim Deus, et Chrīstus nātus ex hominibus. Nōn quaesīvit quidem nisī mātrem in terrā, quia iam patrem habēbat in caelō; nātus ex Deō, per quem efficerēmur; et nātus ex fēminā, per quem reficerēmur. Nōlī ergō mīrārī, ō homō, quia efficeris fīlius per grātiam, quia nāsceris ex Deō secundum Verbum eius. Prius ipsum Verbum voluit nāscī ex homine, ut tū sēcūrus nāscerēris ex Deō, et dīcerēs tibī:

> Nōn sine causā Deus nāscī ex homine voluit, nisī quia alicuius mōmentī mē exīstimāvit, ut immortālem mē faceret, et prō mē mortāliter nāscerētur.

xv, 2. Ideō cum dīxisset, *ex Deō nātī sunt*; quasi nē mīrārēmur, et exhorrērēmus tantam grātiam, ut nōbīs incrēdibile vidērētur, quia hominēs ex Deō nātī sunt, quasi sēcūrum tē faciēns, ait:

> Et Verbum carō factum est, et habitāvit in nōbīs.

Quid ergō mīrāris, quia hominēs ex Deō nāscuntur? Attende ipsum Deum nātum ex hominibus:

> Et Verbum carō factum est, et habitāvit in nōbīs.

그러므로 '육'이라는 말이 '아내'라는 말 대신 사용된다면, '영'이라는 말도 어떻게 종종 '남편'이라는 말 대신 사용되는 것입니까? 무슨 이유로 그렇습니까? 이는, 남편이 다스리고, 아내는 다스림을 받기 때문입니다. 남편은 명령해야 하고, 아내는 섬겨야 합니다. 이는, 육이 명하고, 영이 섬긴다면, 그 집안은 막된 집안입니다. 여자가 남자 위에 군림하는 집안보다 더 나쁜 집안이 어디 있겠습니까? 반대로, 남자가 다스리고, 여자가 순종하는 집안은 올바른 집안입니다. 그러므로, 영이 다스리고, 육은 섬길 때, 그 사람은 올바른 사람입니다.

xv, 1. "이는 혈통으로나 육정으로나 사람의 뜻으로 나지 아니하고 오직 하나님께로서 난 자들이니라"(요 1:13). 그런데, 사람들이 하나님께로서 나게 하기 위하여, 먼저 하나님이 그들에게서 나셨습니다. 이는, 그리스도는 하나님이시고, 그리스도는 사람들에게서 나신 까닭입니다. 그는 정말이지 땅에서 오직 어머니만 구하셨는데, 이는, 그가 이미 하늘에 아버지를 두셨기 때문이었습니다. 그는 하나님께로서 나셨는데, 이는, 우리가 그로 말미암아 창조되기 위함이었습니다. 그는 여자에게서 나셨는데, 이는, 우리가 그로 말미암아 재창조되기 위함이었습니다. 오, 사람아! 그러므로 그대가 은혜로 말미암아 자녀가 되는 것, 그대가 하나님께로서 그의 로고스로 말미암아 태어나는 것을 이상히 여기지 말지니라! 먼저 로고스 자신이 사람에게서 태어나기를 원하셨는데, 이는, 그대가 하나님께로서 안연(晏然)히 태어나도록 하기 위함이었습니다. 또, 그대로 하여금 그대 자신에게 이렇게 말하게 하기 위함이었습니다.

> 하나님이 사람에게서 나고자 하신 데는, 이 이유밖에 없다. 곧, 그가 나를 얼마큼 귀히 여기사, 나를 불가사적(不可死的)으로 만드시기 위함이었다. 그래서, 그가 나를 위해 가사적(可死的)으로 태어나신 것이다.

xv, 2. 그러므로, '오직 하나님께로서 난 자들'(요 1:13)이라는 말을 한 다음, '말씀이 육신이 되어 우리 가운데 거하시매'(요 1:14)라는 말을 한 것은 우리로 하여금 의아해하지 않게 하기 위해서였습니다. 즉, 우리가 이 엄청난 은혜에 놀라, 사람들이 하나님께로서 태어난 것에 대해 믿지 못하는 것을 방지하기 위해서였습니다. 다시 말해, 그대를 안심시키기 위해서였습니다. 그러므로 그대는, 왜 사람이 하나님께로서 나는 것에 대해 의아해하십니까? 사람에게서 나신 하나님 자신을 주의해 보십시오!

> 말씀이 육신이 되어 우리 가운데 거하시매.

xvi, 1. Quia vērō *Verbum carō factum est, et habitāvit in nōbīs*, ipsā nātīvitāte collȳrium fēcit, unde tergērentur oculī cordis nostrī, et possēmus vidēre māiestātem eius per eius humilitātem. Ideō *factum est Verbum carō, et habitāvit in nōbīs*; sānāvit oculōs nostrōs. Et quid sequitur? Et vīdimus glōriam eius.

xvi, 2. Glōriam eius nēmō posset vidēre, nisī carnis humilitāte sānārētur. Unde nōn poterāmus vidēre? Intendat ergō Cāritās vestra, et vidēte, quod dīcō.

Irruerat hominī quasi pulvis in oculum, irruerat terra, sauciāverat oculum, vidēre nōn poterat lūcem; oculus iste sauciātus inungitur; terrā sauciātus erat, et terra illūc mittitur, ut sānētur. Omnia enim collȳria et medicāmenta nihil sunt nisī dē terrā. Dē pulvere caecātus es, dē pulvere sānāris; ergō carō tē caecāverat, carō tē sānat. Carnālis enim anima facta erat cōnsentiendō affectibus carnālibus; inde fuerat oculus cordis caecātus. *Verbum carō factum est*; medicus iste tibī fēcit collȳrium. Et quoniam sīc vēnit, ut dē carne vitia carnis exstingueret, et dē morte occīderet mortem; ideō factum est in tē, ut quoniam Verbum carō factum est, tū possīs dīcere: Et vīdimus glōriam eius. Quālem glōriam? Quālis factus est fīlius hominis? Illa humilitās ipsīus est, nōn glōria ipsīus. Sed quō perducta est aciēs hominis, cūrāta per carnem? *Vīdimus*, inquit, *glōriam eius, glōriam quasi Ūnigenitī ā Patre, plēnum grātiā et vēritāte.*

xvi, 3. Dē grātiā et vēritāte aliō locō ūberius in ipsō Ēvangeliō, sī Dominus dīgnātus fuerit dōnāre, tractābimus. Haec nunc sufficiant, et aedificāminī in Chrīstō, et cōnfortāminī in fidē, et vigilāte in bonīs operibus; et ā lignō nōlīte recēdere, per quod possītis mare trānsīre.

xvi, 1. 그러나, '말씀이 육신이 되어 우리 가운데' 거하셨기 때문에, 그는 당신의 태어나심으로써 우리를 위해 안연고를 만드사, 그것으로 우리 심령의 눈을 맑게 해 주셨고, 우리는 그의 겸손하심을 통해 그의 존귀하심을 볼 수 있게 되었습니다. 그래서, '말씀이 육신이 되어 우리 가운데' 거하신 것입니다. 그는 우리의 눈을 치유해 주셨습니다. 그 다음에 무슨 말씀이 나옵니까?

우리가 그 영광을 보니.

xvi, 2. 그의 영광은 그 누구도, 육신의 낮아짐을 통해 치유함을 받지 않고서는, 볼 수가 없습니다. 우리는 어째서 볼 수 없었습니까? 그러므로, 사랑하는 여러분! 주의를 집중하여, 내가 하는 말을 잘 살피십시오!

마치 사람 눈에 먼지가 들어간 것과 같습니다. 흙이 들어가면, 눈이 상하게 되고, 빛을 [잘] 볼 수 없습니다. 이 상한 눈에 안연고를 발라 줍니다. 흙 때문에 상했으니, 흙을 거기에 넣어 주어, 치유하는 것입니다. 이는, 모든 안연고와 의약품은 다 오직 흙에서 나온 것이기 때문입니다. 그대는 진토 때문에 눈이 멀었습니다. 그러니 진토로 치유를 받는 것입니다. 즉, 육신이 그대를 눈멀게 했으니, 육신이 그대를 치유하는 것입니다. 이는, 영혼이 육신적이 되어, 육신의 소욕에 마음을 주었기 때문입니다. 그래서, 마음의 눈이 멀게 되었습니다.

말씀이 육신이 되어.

이 의사 선생이 그대를 위해 안연고를 만드셨습니다. 그가 오셔서, [그의] 육신을 가지고 육신의 결함을 없이해 주셨습니다. [그의] 죽음으로 죽음을 죽이셨습니다. 바로 이 때문에, 곧, '말씀이 육신이' 되셨기 때문에, 그대는 '우리가 그 영광을 보니'라는 말을 할 수 있게 되었습니다. 어떠한 영광입니까? 그가 인자(人子)되셨을 때의 영광입니까? 이것은 그의 낮아지심이었지, 그의 영광이 아니었습니다. 그러면, [그의] 육신을 통해 치유를 받은 사람의 눈길이 인도함을 받은 곳이 어디입니까? [요한은] 이렇게 말합니다.

우리가 그 영광을 보니, 아버지의 독생자의 영광이요, 은혜와 진리가 충만하더라. (요 1:14)

xvi, 3. 은혜와 진리에 대하여는, 주님이 허락해 주시면, 이 복음서의 다른 개소(個所)를 취급할 때 취급하도록 하겠습니다. 지금은 이 정도로 족할 것입니다. 그리스도 안에서 세움을 받으시고, 믿음에 굳게 서고, 선행에 힘쓰십시오! [십자가의] 나무를 떠나지 마십시오! 그 나무로 말미암아 여러분은 바다를 건너실 수 있습니다.

TRACTATUS III.

Ioh. 1, 15-18.

15 Iohannēs testimōnium perhibet dē ipsō et clāmat dīcēns: Hic erat, quem dīxī vōbīs, quī post mē ventūrus est, ante mē factus est, quia prior mē erat. 16 Et dē plēnitūdine eius nōs omnēs accēpimus, et grātiam prō grātiā; 17 quia lēx per Mōysen data est, grātia et vēritās per Iēsum Chrīstum facta est. 18 Deum nēmō vīdit umquam; ūnigenitus Fīlius, quī est in sinū Patris, ipse ēnarrāvit.

i, 1. Grātiam et vēritātem Deī, quā plēnus sānctīs appāruit ūnigenitus Fīlius Dominus et Salvātor noster Iēsūs Chrīstus, distinguendam ā Veterī Testāmentō, quoniam rēs est Novī Testāmentī, suscēpimus in nōmine Dominī, et vestrae Cāritātī prōmīsimus. Adestōte ergō intentī, ut et quantum capiō, dōnet Deus, et quantum capitis, audiātis.

i, 2. Reliquum enim erit, ut sī sēmen, quod spargitur in cordibus vestrīs, nōn abstulerint avēs, nec spīnae praefōcāverint, nec aestus exusserit, accēdente pluviā cohortātiōnum cotīdiānārum, et cōgitātiōnibus vestrīs bonīs, quibus hoc agitur in corde, quod agitur in agrō rāstrīs, ut glaeba frangātur, et sēmen operiātur et germināre possit; ut afferātis frūctum, ad quem gaudeat et laetētur agricola.

i, 3. Sī autem prō sēmine bonō et prō pluviā bonā, nōn frūctum, sed spīnās attulerimus; nec sēmen accūsābitur, nec pluvia erit in crīmine, sed spīnīs ignis dēbitus praeparātur.

제3강

요 1:15-18

15 요한이 그에 대하여 증거하여 외쳐 가로되 내가 전에 말하기를 내 뒤에 오시는 이가 나보다 앞선 것은 나보다 먼저 계심이니라 한 것이 이 사람을 가리킴이라 하니라 16 우리가 다 그의 충만한 데서 받으니 은혜 위에 은혜러라 17 율법은 모세로 말미암아 주신 것이요 은혜와 진리는 예수 그리스도로 말미암아 온 것이라 18 본래 하나님을 본 사람이 없으되 아버지 품속에 있는 독생하신 하나님이 나타내셨느니라

i, 1. 우리의 주님이시요 구원자이신 독생자 예수 그리스도는 하나님의 은혜와 진리로 충만하여 성도들에게 나타나셨는데, 은혜와 진리는 옛 언약과 구별되는 것입니다. 이는, 그것이 새 언약의 것이기 때문입니다. 우리는 주님의 이름으로 은혜와 진리를 받았는데, [이에 대해 취급하기로] 사랑하는 여러분께 약속하였습니다. 그러니 주의를 기울여 주십시오! 그렇게 해 주시면, 나의 수용 능력만큼 하나님이 [은사를] 허락하실 것이고, 여러분은 여러분의 수용 능력만큼 들으실 수 있을 것입니다.

i, 2. 그러면 [여러분에게] 남은 일은 여러분 마음[밭]에 뿌려진 씨앗을 새들이 앗아가지 못하게 하는 것, 가시가 기운을 막지 못하게 하는 것, [낮의] 열기가 그것을 태우지 못하게 하는 것입니다. 거기에다 매일같이 권면의 말씀을 은혜의 단비처럼 맞고, 여러분의 생각을 선하게 가지면, [여러분] 마음속에는 밭에서 쇠스랑으로 하는 일, 곧, 흙덩이가 부서지는 일과 같은 일이 일어나게 됩니다. 그래서, 씨앗이 흙에 덮혀, 새싹을 낼 수 있게 됩니다. [이제] 여러분에게는 열매를 거두는 일만 남았고, 이로 인해 농부는 기뻐하고 즐거워할 것입니다.

i, 3. 그러나, 좋은 씨앗을 심고, 단비가 내렸음에도 불구하고 우리가 열매를 맺지 못한다면, 가시만 나오게 한다면, 씨앗을 나무라지 않을 것입니다. 비를 탓하지 않을 것입니다. 도리어 가시를 불에 던질 준비를 하는 것이 마땅할 것입니다.

ii, 1. Hominēs sumus, quod putō nōn diū esse suādendum Cāritātī vestrae, Chrīstiānī; et sī Chrīstiānī, utique ipsō nōmine ad Chrīstum pertinentēs. Huius sīgnum in fronte gestāmus; dē quō nōn ērubēscimus, sī et in corde gestēmus. Sīgnum eius est humilitās eius. Per stellam eum Magī cōgnōvērunt; et erat hoc sīgnum dē Dominō datum, caeleste atque praeclārum; nōluit stellam esse in fronte fidēlium sīgnum suum, sed crucem suam. Unde humiliātus, inde glōrificātus; inde ērēxit humilēs, quō humiliātus ipse dēscendit. Pertinēmus ergō ad Ēvangelium, pertinēmus ad Novum Testāmentum.

ii, 2. *Lēx per Mōysen data est, grātia autem et vēritās per Iēsum Chrīstum facta est.* Interrogāmus Apostolum, et dīcit nōbīs, quoniam *nōn sumus sub Lēge, sed sub grātiā. Mīsit* ergō *Fīlium suum factum ex muliere, factum sub Lēge, ut eōs, quī sub Lēge erant, redimeret, ut adoptiōnem filiōrum reciperēmus.* Ecce, ad hoc vēnit Chrīstus, ut eōs, quī sub Lēge erant, redimeret; ut iam nōn sīmus sub Lēge, sed sub grātiā.

ii, 3. Quis ergō dedit Lēgem? Ille dedit Lēgem, quī dedit et grātiam; sed Lēgem per servum mīsit, cum grātiā ipse dēscendit.

ii, 4. Et unde factī erant hominēs sub Lēge? Nōn implendō Lēgem. Quī enim lēgem implet, nōn est sub lēge, sed cum lēge; quī autem sub lēge est, nōn sublevātur, sed premitur lēge.

Omnēs itaque hominēs sub Lēge cōnstitūtōs, reōs facit Lēx; et ad hoc illīs super caput est, ut ostendat peccāta, nōn tollat. Lēx ergō iubet, dator lēgis misērētur in eō, quod iubet lēx. Cōnantēs hominēs implēre vīribus suīs, quod ā lēge praeceptum est, ipsā suā temerāriā et praecipitī praesūmptiōne cecidērunt; et nōn sunt cum lēge, sed sub lēge factī sunt reī; et quoniam suīs vīribus implēre nōn poterant lēgem, factī reī sub lēge, implōrāvērunt līberātōris auxilium.

ii, 1. 우리는 사람입니다. 크리스챤입니다. 나는 이 사실을 사랑하는 여러분에게 확신시키는 데 오랜 시간이 필요하다 생각하지 않습니다. 그리고 우리가 크리스챤이라면, 정말이지 우리는 이름 때문에라도 그리스도에게 속한 사람들입니다. 이 표지를 우리는 [우리] 이마에 하고 다닙니다. 이 표지를 마음속에 하고 다녀도, 우리는 그걸 부끄러워하지 않습니다. 그의 표지는 그의 겸손입니다. 동방박사들을 별을 보고 그를 알아보았습니다. 그런데 이 [별이라는] 표지는, 주님이 주신 것으로, 하늘에 있는 찬란한 것이었습니다. 주님은, 별이 믿는 자들의 이마에 붙여진 표지가 되기를 원하시지 않았습니다. 도리어 자기의 십자가가 그런 표지가 되기를 원하셨습니다. 그는, 당신이 낮아지신 곳. 바로 거기에서 영화롭게 되셨습니다. 당신이 낮아지사, 내려가신 곳. 바로 거기에서 미천한 자들을 일으켜 세우셨습니다. 그러므로, 우리는 복음에 속합니다. 새 언약에 속합니다.

ii, 2. "율법은 모세로 말미암아 주신 것이요, 은혜와 진리는 예수 그리스도로 말미암아 온 것이라"(요 1:17). 우리가 사도 [바울]에게 물으면, 그는 우리에게, 우리가 '법 아래 있지 아니하고, 은혜 아래'(롬 6:14) 있다고 말합니다. 그러므로, '하나님이 그 아들을 보내사, 여자에게서 나게 하시고 율법 아래 나게 하신 것은, 율법 아래 있는 자들을 속량하시고, 우리로 아들의 명분을 얻게 하려 하심'(갈 4:4-5)입니다. 보십시오! 그리스도께서 오신 것은, 율법 아래 있는 자들을 속량하려 하심입니다. 우리로 더 이상 율법 아래 있지 아니하고, 은혜 아래 있게 하려 하심입니다.

ii, 3. 그러면, 누가 율법을 주셨습니까? 율법을 주신 분은 은혜도 주신 분입니다. 그러나 율법은 종을 통해 보내셨지만, 은혜를 가지고는 당신이 몸소 내려오셨습니다.

ii, 4. 그러면, 어떻게 사람들은 율법 아래 오게 되었습니까? 율법을 이루어서가 아닙니다. 이는, 율법을 이루는 자는 율법 아래 있는 것이 아니라, 율법과 더불어 있기 때문입니다. 그러나 율법 아래 있는 자는 율법에 의해 일으킴을 받는 것이 아니라, 억눌림을 받습니다.
　그래서 율법 아래 있는 모든 사람들을 율법은 죄 있는 자들로 만듭니다. 그리고 율법이 그들 머리 위에 있는 것은, 죄를 보여 주기 위한 것이지, 없애기 위한 것이 아닙니다. 그러므로, 율법은 명하는 것이고, 율법을 수여하신 분은, 율법이 명하는 것 가운데서 긍휼히 여기십니다. 사람들은, 율법이 명하는 것을 자기 힘으로 이루려고 시도하다가, 자기 자신의 맹목적이고 성급한 자만심 때문에 넘어졌습니다. 그래서 율법과 더불어 있지 못하고, 율법 아래서 죄 있는 자가 되었습니다. 그리고 그들은 스스로의 힘으로 율법을 이룰 수 없어, 율법 아래서 죄 있는 자가 되었기 때문에, 해방자의 도움을 간청하게 되었습니다.

Et reātus lēgis fēcit aegritūdinem superbīs. Aegritūdō superbōrum, facta est cōnfessiō humilium; iam cōnfitentur aegrōtī, quia aegrōtant; veniat medicus, et sānet aegrōtōs.

iii, 1. Medicus quis? Dominus noster Iēsūs Chrīstus. Quis Dominus noster Iēsūs Chrīstus? Ille, quī vīsus est, et ab eīs, ā quibus crucifīxus est. Ille, quī apprehēnsus, colaphizātus, flagellātus, spūtīs illitus, spīnīs corōnātus, in cruce suspēnsus, mortuus, lanceā vulnerātus, dē cruce dēpositus, in sepulcrō positus. Ille ipse Dominus noster Iēsūs Chrīstus; ille ipse plānē, et ipse est tōtus medicus vulnerum nostrōrum, crucifīxus ille, cui īnsultātum est, quō pendente persecūtōrēs caput agitābant, et dīcēbant: *Sī filius Deī est, dēscendat dē cruce*; ipse est tōtus medicus noster, ipse plānē.

iii, 2. Quārē ergō nōn ostendit īnsultantibus, quia ipse erat Fīlius Deī; ut sī sē permīsit in crucem levārī, saltem cum illī dīcerent: *Sī filius Deī est, dēscendat dē cruce*; tunc dēscenderet, et ostenderet eīs vērum sē esse Fīlium Deī, quem illī ausī fuerant irrīdēre? Nōluit. Quārē nōluit? Numquid quia nōn potuit? Potuit plānē. Quid est enim amplius, dē cruce dēscendere, an dē sepulcrō resurgere?

iii, 3. Sed pertulit īnsultantēs; nam crux nōn ad potentiae documentum, sed ad exemplum patientiae suscepta est. Ibī vulnera tua cūrāvit, ubī sua diū pertulit; ibī tē ā morte sempiternā sānāvit, ubī temporāliter morī dīgnātus est. Et mortuus est, an in illō mors mortua est? Quālis mors, quae mortem occīdit?

그런데, 율법의 고소는 교만한 자들에게 병을 일으켰습니다. 교만한 자들의 병은 겸비한 자들의 고백이 되었습니다. 병든 자들은 곧 병들었음을 고백합니다. 의사가 옵니다. 그리고 병든 자들을 고쳐 줍니다.

iii, 1. 의사가 누구입니까? 우리 주 예수 그리스도입니다. 우리 주 예수 그리스도가 누구입니까? 그는, 당신을 십자가에 단 사람들이 보았던 자입니다. 그는 붙잡힌 자, 뺨을 맞은 자, 채찍에 맞은 자, 침 뱉음을 당한 자, 가시 면류관을 쓰신 자, 십자가에 달리신 자, 죽으신 자, 창에 찔림을 받은 자, 십자가에서 내림을 받은 자, 무덤에 장사된 자였습니다. 바로 그분이 우리 주 예수 그리스도셨습니다. 정말이지, 바로 그분이십니다. 바로 그분이 우리 상처의 온전한 의사 되십니다. 십자가에 달리셨던 그분, 모욕을 당하셨던 그분 말입니다. 그분이 십자가에 달려 있을 때, 핍박하는 자들은 머리를 흔들며 말했습니다.

> 하나님의 아들이어든 … 십자가에서 내려오라! (마 27:40)

바로 그분이 우리의 온전한 의사 되십니다. 정말이지, 바로 그분이십니다.

iii, 2. 그러면, 무슨 이유로 모욕하는 자들에게, 당신이 하나님의 아들이심을 증명하시지 않았습니까? 그래서, 당신을 십자가에 다는 것을 허락하셨다면, 그들이 당신한테 "하나님의 아들이어든 … 십자가에서 내려오라!" 말을 하던 바로 그때, [십자가에서] 내려오사, 당신을 감히 조롱하던 자들에게 당신이 진정 하나님의 아들이심을 증명하지 않은 것은 무슨 이유입니까? 그는 [증명하기를] 원하시지 않았습니다. 무슨 이유로 원하시지 않았습니까? [증명]하실 수 없어서입니까? 정녕 [증명]하실 수 있었습니다. 십자가에서 내려오시는 것하고, 무덤에서 부활하시는 것하고, 어느 것이 더 대단한 일입니까?

iii, 3. 그러나 그는 모욕하는 자들을 참아 주셨습니다. 이는, 권세를 증명하기 위해 십자가를 지신 것이 아니라, 인내의 모범을 보여 주기 위해 십자가를 지신 것이기 때문입니다. 자신의 상처를 오래 견디신 바로 그곳에서 그는 그대의 상처를 치유하셨습니다. 시간적 죽음을 죽으신 바로 그곳에서 그는 그대를 영원한 죽음에서 건져 주셨습니다. 그가 죽으셨습니다. 혹여 그분 안에서 죽음이 죽은 것입니까? 죽음을 죽인 죽음이란 어떠한 죽음입니까?

iv, 1. Ipse est tamen Dominus noster Iēsūs Chrīstus tōtus, quī vidēbātur et tenēbātur et crucifīgēbātur? Num tōtus hoc ipse est? Ipse est quidem, sed nōn tōtus illud, quod vīdērunt Iūdaeī; nōn hoc est tōtus Chrīstus. Et quid est? *In prīncipiō erat Verbum.* In quō prīncipiō? *Et Verbum erat apud Deum.* Et quāle Verbum? *Et Deus erat Verbum.* Numquid forte ā Deō factum est hoc Verbum? Nōn. Hoc enim erat in prīncipiō apud Deum. Quid ergō? Alia, quae fēcit Deus, nōn similia sunt Verbō? Nōn: *quia omnia per ipsum facta sunt, et sine ipsō factum est nihil.* Quōmodo per ipsum omnia sunt facta? Quia *quod factum est, in ipsō vīta erat*; et antequam fieret, vīta erat. Quod factum est, nōn est vīta; sed in arte, hoc est, in Sapientiā Deī, antequam fieret, vīta erat. Quod factum est, trānsiit; quod est in Sapientiā, trānsīre nōn potest. Vīta ergō in illō erat, quod factum est. Et quālis vīta? Quia et anima corporis vīta est; corpus nostrum habet vītam suam; quam cum āmīserit, mors est corporis.

iv, 2. Tālis ergō erat illa vīta? Nōn, sed vīta erat lūx hominum. Numquid lūx pecorum? Nam ista lūx et hominum et pecorum est. Est quaedam lūx hominum; unde distant hominēs ā pecoribus, videāmus, et tunc intellegēmus, quid sit lūx hominum. Nōn distās ā pecore, nisī intellēctū; nōlī aliunde glōriārī. Dē vīribus praesūmis? Ā bēstiīs vinceris. Dē vēlōcitāte praesūmis? Ā muscīs vinceris. Dē pulchritūdine praesūmis? Quanta pulchritūdō est in pennīs pāvōnis? Unde ergō melior es? Ex imāgine Deī. Ubī imāgō Deī? In mente, in intellēctū.

iv, 3. Sī ergō ideō melior pecore, quia habēs mentem, quā intellegās, quod nōn potest pecus intellegere; inde autem homō, quia melior pecore; lūx hominum est lūx mentium. Lūx mentium suprā mentēs est, et excēdit omnēs mentēs. Hoc erat vīta illa, per quam facta sunt omnia.

iv, 1. 하지만, 사람들이 보았고, 붙잡았고, 십자가에 달았던 그분은 온전한 우리 주 예수 그리스도 였습니까? 그들이 정녕 그분을 온전히 그렇게 하였습니까? 그분은 온전한 분이셨습니다. 하지만, 유대인들이 본 것은 온전한 그리스도가 아니었습니다. 그것은 온전한 그리스도가 아니었습니다. 그러면 무엇이었습니까? "태초에 말씀이 계시니라". 어떤 태초입니까? "이 말씀이 하나님과 함께 계셨으니". 그리고 어떤 말씀입니까? "이 말씀은 곧 하나님이시니라". 혹시 이 말씀이 하나님에 의해 창조되었습니까? 아닙니다. 이는, 이 말씀이 '태초에 하나님과 함께'(요 1:2) 계셨기 때문입니다. 그러면 무엇입니까? 하나님이 만드신 다른 것들은 로고스와 유사한 것 아닌가요? 아닙니다. 이는, "만물이 그로 말미암아 지은 바 되었으니, 지은 것이 하나도 그가 없이는 된 것이 없느니라"고 하였기 때문입니다. 어떻게 그로 말미암아 만물이 지은 바 되었습니까? 이는, "그 안에 생명이 있었으니"(요 1:4a)라 하였기 때문입니다. 그는 나시기 전에 생명 이었습니다. 지은 바 된 것은 생명이 아닙니다. 그러나 로고스, 곧, 하나님의 지혜 안에는, 그가 나시기 전에 생명이 있었습니다. 지은 바 된 것은 소멸하였습니다. [그러나 하나님의] 지혜 안에 있는 것은 소멸할 수 없습니다. 그러므로 그 안에 생명이 있었던 것입니다. 그런데, 어떠한 생명 이었습니까? 이는, 영혼이 육신의 생명인 까닭입니다. 우리 육신의 생명은 [영혼에] 있습니다. 육신이 영혼을 잃을 때, 그것이 육신의 죽음입니다.

iv, 2. 그러면, 로고스 안의 생명이 이런 것이었습니까? 아닙니다. "이 생명은 사람들의 빛"(요 1:4b)입니다. 짐승들의 빛이었습니까? 이는, [보통의] 빛은 사람들의 빛도 되고, 짐승들의 빛도 되는 까닭입니다. 사람들에게는 모종(某種)의 빛이 있습니다. 사람들이 가축과 어떻게 다른지 살펴봅시다! 그러면 우리는, 사람들의 빛이 무엇인지 이해하게 될 것입니다. 사람들이 가축과 다른 것은 지성 때문입니다. 다른 걸 가지고 자랑하지 마십시오! 힘을 자랑하십니까? 들짐승 한테 질 것입니다. 빠르기를 자랑하십니까? 파리한테 질 것입니다. 아름다움을 자랑하십니까? 공작새의 깃털은 얼마나 아름답습니까? 그러면 그대는 어떤 점에서 [동물보다] 더 낫습니까? 하나님의 형상 때문입니다. 하나님의 형상이 어디에 있습니까? 영혼에, 지성에 있습니다.

iv, 3. 그러므로 그대가 가축보다 더 나은 이유가, 그대에게 영혼이 있어, 가축이 이해하지 못하는 것을 이해한다는 데 있다고 하면, 또 가축보다 더 낫기 때문에 사람이라고 하면, 사람의 빛이 되는 것은 영혼의 빛인 것입니다. 영혼의 빛은 영혼 위에 있고, 모든 영혼을 초월합니다. 이것이 바로 그 생명이고, 이것으로 말미암아 만물이 지은 바 되었습니다.

v, 1. Ubī erat? Hīc erat; an apud Patrem erat, et hīc nōn erat? An quod vērius est, et apud Patrem erat, et hīc erat? Sī ergō hīc erat, quārē nōn vidēbātur? Quia *lūx in tenebrīs lūcet, et tenebrae eam nōn comprehendērunt.* Ō hominēs, nōlīte esse tenebrae, nōlīte esse īnfidēlēs, iniūstī, inīquī, rapācēs, avārī, amātōrēs saeculī; hae sunt enim tenebrae. Lūx nōn est absēns, sed vōs absentēs estis ā lūce. Caecus in sōle praesentem habet sōlem, sed absēns est ipse sōlī. Nōlīte ergō esse tenebrae.

v, 2. Haec est enim forte grātia, dē quā dictūrus sum, ut iam nōn sīmus tenebrae, et dīcat nōbīs Apostolus: *Fuistis enim aliquandō tenebrae; nunc autem lūx in Dominō.* Quia ergō nōn vidēbātur lūx hominum, id est, lūx mentium, opus erat, ut homō dīceret dē lūce testimōnium, nōn quidem tenebrōsus, sed iam illūminātus. Nec tamen quia illūminātus, ideō ipsa lūx; sed *ut testimōnium perhibēret dē lūmine.* Nam nōn erat ille lūx.

v, 3. Et quae erat lūx?

Erat lūx vēra, quae illūminat omnem hominem venientem in hunc mundum.

Et ubī erat ista? In hōc mundō erat. Et quōmodo in hōc mundō erat? Numquid sīcut ista lūx sōlis, lūnae, lucernārum, sīc et ista lūx in mundō est? Nōn. Quia *mundus per eum factus est, et mundus eum nōn cōgnōvit,* hoc est, *lūx in tenebrīs lūcet, et tenebrae eam nōn comprehendērunt.*

v, 1. 어디에 있었습니까? 여기에 있었습니다. 아버지 곁에는 있었는데, 여기에는 없었습니까? 아니면, 뭐라고 해야 더 옳습니까? 아버지 곁에도 있었고, 여기에도 있었다고 하는 것이 더 옳지 않을까요? 여하간, 여기에 있었다면, 왜 보이지 않았습니까? 이는, '빛이 어두움에 비취되 어두움이 깨닫지 못'(요 1:5)하였기 때문입니다. 오! 사람들이여! 어두움이 되지 마십시오! 불신자들이, 불의한 자들이, 사악한 자들이, 약탈자들이, 탐욕스러운 자들이, 세상을 사랑하는 자들이 되지 마십시오! 이는, 이런 자들이 어두움이기 때문입니다. 빛이 없는 것이 아닙니다. 하지만, 그대들은 빛에서 떠나 있습니다. 햇빛을 받고 있는 소경에게 태양은 있습니다. 하지만, 소경 자신은 태양에서 떠나 있습니다. 그러므로 어두움이 되지마십시오!

v, 2. 정말이지, 이것이 필시 은혜일 것입니다. 은혜에 관해서는 내가 장차 말하겠지만, 우리는 더 이상 어두움이 아닙니다. 그래서 사도 [바울]은 우리에게 이렇게 말합니다.

> 너희가 전에는 어두움이더니, 이제는 주 안에서 빛이라. (엡 5:8)

그런데 사람들의 빛, 곧, 영혼의 빛이 보이지 않았기 때문에, 사람이 빛에 대하여 증거하는 말을 할 필요가 있었습니다. 즉, 어두움의 사람 말고, 이미 빛의 조명을 받은 사람이 필요하였습니다. 하지만, 그는 조명을 받은 사람이었던 관계로, 빛 자체는 아니었습니다. 그는 '빛에 대하여 증거하러'(요 1:8) 온 자였습니다. 왜냐하면, 그는 빛이 아니었기 때문입니다.

v, 3. 그러면, 무엇이 빛이었습니까?

> 참 빛, 곧, 세상에 와서, 각 사람에게 비취는 빛이 있었나니. (요 1:9)

그러면 이 빛은 어디에 있었습니까? 이 세상에 있었습니다. 그러면, 어떻게 이 세상에 있었습니까? 마치 햇빛처럼, 달빛처럼, 등잔의 불빛처럼 그렇게 이 빛이 세상에 있었습니까? 아닙니다. 왜냐하면, '세상은 그로 말미암아 지은 바 되었으되 세상이 그를 알지 못'(요 1:10)하였기 때문입니다. 즉, '빛이 어두움에 비취되, 어두움이 깨닫지 못'(요 1:5)하였기 때문입니다.

v, 4. Mundus enim tenebrae; quia dīlēctōrēs mundī, mundus. Num enim creātūra nōn agnōvit Creātōrem suum? Testimōnium dedit caelum dē stellā; testimōnium dedit mare, portāvit ambulantem Dominum; testimōnium dedērunt ventī, ad eius iussum quiēvērunt; testimōnium dedit terra, illō crucifīxō contremuit; sī omnia ista testimōnium dedērunt, quōmodo mundus eum nōn cōgnōvit, nisī quia mundus dīlēctōrēs mundī, corde habitantēs mundum? Et malus mundus, quia malī habitātōrēs mundī; sīcut mala domus, nōn parietēs, sed inhabitantēs.

vi, 1. *In propria vēnit*, id est, in sua vēnit; *et suī eum nōn recēpērunt.* Quae ergō spēs est, nisī quia *quotquot recēpērunt eum, dedit eīs potestātem filiōs Deī fierī?* Sī filiī fiunt, nāscuntur; sī nāscuntur, quōmodo nāscuntur? Nōn ex carne, nōn ex sanguinibus, nōn ex voluntāte carnis, nōn ex voluntāte virī; sed ex Deō nātī sunt. Gaudeant ergō, quia ex Deō nātī sunt; praesūmant sē pertinēre ad Deum; accipiant documentum, quia ex Deō nātī sunt.

vi, 2. *Et Verbum carō factum est, et habitāvit in nōbīs.* Sī Verbum nōn ērubuit nāscī dē homine, ērubēscunt hominēs nāscī dē Deō? Hoc autem quia fēcit, cūrāvit: quia cūrāvit, vidēmus. Hoc enim, quod Verbum carō factum est et habitāvit in nōbīs, medicāmentum nōbīs factum est, ut quia terrā caecābāmur, dē terrā sānārēmur.

vi, 3. Et sānātī quid vidērēmus? *Et vīdimus, inquit, glōriam eius, glōriam tamquam Ūnigenitī ā Patre, plēnum grātiā et vēritāte.*

v, 4. 이는, 세상은 어두움인 까닭입니다. 곧, 세상을 사랑하는 자들이 세상인 까닭입니다. 도대체 피조물이 자기 창조주를 인정하지 않은 적이 있습니까? 하늘이 별을 통해 증거했습니다. 바다가 증거하여, 바다 위를 걸으시는 주님을 받쳐 드렸습니다. 바람이 증거하여, 주께서 명령하시자, 잠잠해졌습니다. 땅이 증거하여, 주께서 십자가에 달리시자, 지진이 났습니다. 이 모든 것이 증거를 한다면, 어째서 세상은 주님을 인정하지 않았습니까? 그 이유는 단 하나. 세상은 세상을 사랑하는 자들, 세상에 심적(心的) 애착을 가지고 사는 자들이기 때문입니다. 그리고 세상이 악한 것은, 세상에 사는 자들이 악하기 때문입니다. 이것은, 마치 악한 집이 건물 벽을 말하는 것이 아니라, 그 집에 사는 사람들을 가리키는 것과 같습니다.

vi, 1. "자기 땅에 오매, 자기 백성이 영접지 아니하였으나"(요 1:11). '자기 땅'은 '자기 백성'을 가리킵니다. "영접하는 자, [곧, 그 이름을 믿는 자들]에게는 하나님의 자녀가 되는 권세를 주셨으니"(요 1:12). 그렇다면, 이것말고 무슨 소망이 있는 것입니까? 그들이 자녀가 된다는 것은, 그들이 태어난다는 것입니다. 그들이 태어난다면, 어떻게 태어나는 것입니까? 그들은 육신으로 난 자들이 아닙니다. '혈통으로나 육정으로나 사람의 뜻으로'(요 1:13) 난 자들이 아닙니다. '오직 하나님께로서 난 자들'입니다. 그들은, 자기가 하나님께로서 났다는 것을 기뻐해야 할 것입니다. 그들은, 자기가 하나님께 속했다는 것을 자랑해야 할 것입니다. 하나님께로서 난 자들이라는 증거를 받아들여야 할 것입니다.

vi, 2. "말씀이 육신이 되어 우리 가운데 거하시매"(요 1:14a). 로고스가 사람에게서 나기를 부끄러워하지 않았다면, 사람들이 하나님께로서 나는 것을 부끄러워해야 하겠습니까? 그런데, 그가 이 일을 하심으로, 우리를 치유해 주셨고, 그가 치유해 주심으로, 우리가 보게 되었습니다. '말씀이 육신이 되어 우리 가운데' 거하신 이것이 우리에게 치료약이 되었습니다. 그래서 흙으로 말미암아 우리가 소경이 되었는데, 흙으로 말미암아 우리가 나음을 얻게 되었습니다.

vi, 3. 그러면 나음을 얻은 다음 우리는 무엇을 보게 되었습니까? 요한은 말합니다. "우리가 그 영광을 보니, 아버지의 독생자의 영광이요, 은혜와 진리가 충만하더라"(요 1:14b).

vii, 1. *Iohannēs testimōnium perhibet dē ipsō, et clāmat dīcēns: Hic erat, quem dīxī: Quī post mē venit, ante mē factus est.* Post mē venit, et praecessit mē. Quid est? Ante mē factus est? Praecessit mē: nōn, factus est, antequam factus essem egō; sed, antepositus est mihī; hoc est, ante mē factus est. Quārē ante tē factus est, cum post tē vēnerit? Quia prior mē erat. Prior tē, ō Iohannēs? Quid magnum, sī prior tē? Bene, quia tū illī perhibēs testimōnium. Audiāmus ipsum dīcentem:

Et ante Abraham egō sum.

Sed et Abraham in mediō genere hūmānō ortus est; multī ante illum, multī post illum.

vii, 2. Audī vōcem Patris ad Fīlium:

Ante lūciferum genuī tē.

Quī ante lūciferum genitus est, omnēs ipse illūminat. Dictus est enim quīdam lūcifer, quī cecidit; erat enim angelus, et factus est diabolus; et dīxit dē illō Scrīptūra:

Lūcifer, quī māne oriēbātur, cecidit.

Unde lūcifer? Quia illūminātus lūcēbat. Unde autem tenebrōsus factus? Quia in vēritāte nōn stetit.

vii, 3. Ergō ille ante lūciferum, ante omnem illūminātum; siquidem ante omnem illūminātum sit necesse est, ā quō illūminantur omnēs, quī illūminārī possunt.

vii, 1. "요한이 그에 대하여 증거하여 외쳐 가로되, '내가 전에 말하기를, <내 뒤에 오시는 이가 나보다 앞선 것은 나보다 먼저 계심이니라> 한 것이 이 사람을 가리킴이라' 하니라". (요 1:15) '내 뒤에 오시는 이가 나보다' 앞섰다 했습니다. 무슨 뜻입니까? "나보다 먼저 태어났다"는 뜻입니까? "그가 나보다 앞섰다"는 것은, "내가 태어나기 전에, 그가 태어났다"는 뜻이 아니고, "그가 나보다 앞에 세워졌다"는 뜻입니다. 그래서 그가 나보다 앞서게 된 것입니다. 당신 뒤에 오셨는데, 무슨 이유로 당신보다 앞서게 된 것입니까? 그가 '나보다 먼저' 계셨기 때문입니다. 오, 세례 요한님! 당신보다 먼저 계셨다고요? 그가 당신보다 먼저 계셨다면, 얼마나 엄청난 일입니까? 좋습니다. 당신이 그에 대하여 증거하신다니 말입니다. 주님이 하신 말씀을 직접 들어보십시다!

> 아브라함이 나기 전부터, 내가 있느니라. (요 8:58)

하지만, 아브라함도 인류의 한 사람으로 태어났습니다. 아브라함 이전 사람도 많았고, 아브라함 이후 사람도 많았습니다.

vii, 2. 성부께서 성자에게 하신 말씀을 들어 보십시오!

> 계명성이 뜨기 전에 내가 너를 낳았도다. (칠십인경 시 109:3)

계명성이 뜨기 전에 태어난 자는 스스로 만유를 조명합니다. 그런데, '계명성'이라 불린 어떤 자가 떨어졌습니다. 그는 천사였다가 마귀가 된 자입니다. 성경은 그에 대해 이렇게 말씀합니다.

> 너 아침의 아들 계명성이여! 어찌 그리 하늘에서 떨어졌으며. (사 14:12)

어째서 '계명성'입니까? 이는, 그가 조명을 받아 빛났기 때문입니다. 하지만, 그가 어째서 어둡게 되었습니까? 이는, 그가 진리에 서지 않았기 때문입니다.

vii, 3. 그러므로 성자께서는 계명성보다 먼저 계신 분, 빛의 조명을 받은 모든 자보다 먼저 계신 분입니다. 왜냐하면, 빛의 조명을 받을 수 있는 모든 자들을 조명하시는 분은 빛의 조명을 받는 모든 자보다 먼저 계셔야 하기 때문입니다.

viii, 1. Ideō hoc sequitur:

Et dē plēnitūdine eius nōs omnēs accēpimus.

Quid accēpistis? Et grātiam prō grātiā. Sīc enim habent verba ēvangelica, collāta cum exemplāribus Graecīs. Nōn ait: *Et dē plēnitūdine eius nōs omnēs accēpimus, grātiam prō grātiā*; sed sīc ait: *Et dē plēnitūdine eius nōs omnēs accēpimus, et grātiam prō grātiā*, id est, accēpimus: ut nesciō, quid nōs voluerit intellegere dē plēnitūdine eius accēpisse; et īnsuper grātiam prō grātiā. Accēpimus enim dē plēnitūdine eius, prīmō grātiam; et rūrsum accēpimus grātiam, grātiam prō grātiā.

viii, 2. Quam grātiam prīmō accēpimus? Fidem. In fidē ambulantēs, in grātiā ambulāmus. Unde enim hoc meruimus? Quibus nostrīs praecēdentibus meritīs? Nōn sē quisque compalpet, redeat in cōnscientiam suam, quaerat latebrās cōgitātiōnum suārum, redeat ad seriem factōrum suōrum. Nōn attendat, quid sit, sī iam aliquid est; sed quid fuerit, ut esset aliquid; inveniet nōn sē dīgnum fuisse nisī suppliciō. Sī ergō suppliciō dīgnus fuistī, et vēnit ille, quī nōn peccāta pūnīret, sed peccāta dōnāret; grātia tibī data est, nōn mercēs reddita.

viii, 3. Unde vocātur grātia? Quia grātīs datur. Nōn enim praecēdentibus meritīs ēmistī, quod accēpistī. Hanc ergō accēpit grātiam prīmam peccātor, ut eius peccāta dīmitterentur. Quid meruit? Interroget iūstitiam; invenit poenam. Interroget misericordiam; invenit grātiam.

Sed hoc et prōmīserat Deus per Prophētās; itaque cum vēnit dare, quod prōmīserat; nōn sōlum grātiam dedit, sed et vēritātem. Quōmodo exhibita est vēritās? Quia factum est, quod prōmissum est.

viii, 1. 그래서 다음 말씀이 이어집니다.

> 우리가 다 그의 충만한 데서 받으니. (요 1:16a)

여러분은 무엇을 받았습니까? "은혜 위에 은혜"를 받았습니다. 여러 헬라어 성경 사본을 비교해 보면, 요한복음에는 이렇게 기록되어 있습니다. 요한은 이렇게 말하지 않습니다.

> 우리가 다 그의 충만한 데서 받으니, 은혜만큼 은혜러라.

도리어 이렇게 말합니다.

> 우리가 다 그의 충만한 데서 받으니, 은혜 위에 은혜러라.

즉, 우리가 받았다는 것은, 무엇인지는 몰라도, 우리가 그의 충만한 데서 받았다는 것, 그리고 은혜 위에 은혜를 받았다는 것입니다. 사실, 우리는 그의 충만한 데서 먼저 은혜를 받았습니다. 그리고 또다시 은혜를 받아, '은혜 위에 은혜'가 된 것입니다.

viii, 2. 어떤 은혜를 먼저 우리가 받았습니까? 믿음입니다. 믿음으로 다니면서, 우리는 은혜로 다닙니다. 어디서 우리가 도대체 이런 자격을 얻게 되었습니까? 우리의 선행(先行)하는 공로로 말미암았습니까? 아무도 스스로에게 아첨하지 말고, 자기 양심으로 돌아가, 자기의 은밀한 생각을 살피고, 자기가 행한 일들을 쭉 살피시기 바랍니다. 자기가 벌써 뭐라도 되어 있으면, 뭐가 되어 있는지에 대해서는 관심을 끄시고, 자기가 무엇이었는지, 그래서, 자기가 어떤 존재가 될 수밖에 없었는지를 생각하도록 하십시오! 그러면, 자기가 오직 벌을 받을 수밖에 없는 자였음을 알게 될 것입니다. 그래서, 그대가 벌을 받기에 합당한 자였을 때, 죄를 벌하시는 분이 아니라, 죄를 용서하시는 분이 오신 것입니다. [그리고] 그대에게 은혜가 베풀어졌습니다. [공로에 대한] 상급이 주어진 것이 아닙니다.

viii, 3. 어디에서 '은혜'(grātia)라는 말이 생겼습니까? 그것은 거저(grātīs) 주어졌기 때문입니다. 이는, 그대가 받은 것을, 선행(先行)하는 공로로 말미암아 그대가 받지 않았기 때문입니다. 그러므로 죄인이 그의 죄를 용서함 받는, 이 첫 번째 은혜를 받은 것입니다. 무슨 공로를 그가 세웠습니까? 그로 하여금 의(義)에 대해 묻게 해 보십시오! 그는 형벌을 받습니다. 그로 하여금 자비에 대해 묻게 해 보십시오! 그는 은혜를 받습니다.

그런데 하나님은 선지자들을 통하여 약속하셨습니다. 그래서 그가 약속하신 것을 주시기 위해 오셨을 때, 은혜만 주신 것이 아니라, 진리도 주셨습니다. 어떻게 진리가 제시되었습니까? 그것은, 약속하신 것이 행해졌기 때문입니다.

ix, 1. Quid est ergō, *grātiam prō grātiā*? Fidē prōmerēmur Deum; et quī dīgnī nōn erāmus, quibus peccāta dīmitterentur, ex eō, quia tantum dōnum indīgnī accēpimus, grātia vocātur. Quid est grātia? Grātīs data. Quid est *grātīs data*? Dōnāta, nōn reddita. Sī dēbēbātur, mercēs reddita est, nōn grātia dōnāta; sī autem vērē dēbēbātur, bonus fuistī. Sī autem, ut vērum est, malus fuistī, crēdidistī autem in eum, *quī iūstificat impium* (Quid est, *quī iūstificat impium*? Ex impiō facit pium); cōgitā, quid per lēgem tibī imminēre dēbēbat, et quid per grātiam cōnsecūtus sīs.

ix, 2. Cōnsecūtus autem istam grātiam fideī, eris iūstus ex fidē. *Iūstus* enim *ex fidē vīvit*; et prōmerēberis Deum vīvendō ex fidē. Cum prōmerueris Deum vīvendō ex fidē, accipiēs praemium immortālitātem et vītam aeternam. Et illa grātia est. Nam prō quō meritō accipis vītam aeternam? Prō grātiā. Sī enim fidēs grātia est, et vīta aeterna quasi mercēs est fideī; vidētur quidem Deus vītam aeternam tamquam dēbitam reddere (Cui dēbitam? Fidēlī, quia prōmeruit illam per fidem); sed quia ipsa fidēs grātia est, et vīta aeterna grātia est prō grātiā.

x, 1. Audī Paulum apostolum cōnfitentem grātiam, et posteā dēbitum expetentem. Cōnfessiō grātiae quae est in Paulō? *Quī prius fuī blasphēmus, et persecūtor, et iniūriōsus; sed misericordiam*, inquit, *cōnsecūtus sum*. Indīgnum sē dīxit, quī cōnsequerētur; cōnsecūtum tamen nōn per merita sua, sed per misericordiam Deī.

ix, 1. 그러면 '은혜 위의 은혜'란 무엇입니까? 믿음으로 말미암아 우리는 하나님께 은혜를 얻었습니다. 그리고 우리는 죄를 용서받을 자격이 없었는데, 아무 공로 없이 이와 같이 엄청난 선물을 받았기 때문에 '은혜'라 불립니다. 무엇이 은혜입니까? 거저 주어진 것입니다. "거저 주어 졌다"는 말이 무슨 뜻입니까? 선물로 주어졌다는 뜻이지, 보상으로 주어졌다는 뜻이 아닙니다. 마땅히 주어야 할 것을 준 것이라면, 그것은 보상을 한 것이지, 은혜를 베푼 것이 아닙니다. 그러나 정말로 마땅히 받아야 할 것을 받은 것이라면, 그대는 선하였을 것입니다. 하지만 그대는 실상 악하였습니다. 그러나 그대는 '경건치 아니한 자를 의롭다 하시는 이를'(롬 4:5) 믿었습니다. ('경건치 아니한 자를 의롭다 하시는 이'라는 말이 무슨 뜻입니까? 그분은 경건치 않은 자를 경건하게 만드십니다.) 율법으로 말미암아 그대에게 급히 닥칠 수밖에 없었던 것이 무엇인지, 은혜로 말미암아 그대가 얻은 것이 무엇인지 생각하십시오!

ix, 2. 그런데 그대는 믿음의 은혜를 얻어, 믿음으로 말미암아 의롭게 될 것입니다.

> 오직 의인은 믿음으로 말미암아 살리라. (롬 1:17, 합 2:4)

그리고 그대는 믿음으로 말미암아 살면서 하나님께 은혜를 얻을 것입니다. 믿음으로 말미암아 살면서 하나님께 은혜를 얻은 다음, 그대는 불가사성(不可死性)이라는 상급과 영생을 얻게 될 것입니다. 이 역시 은혜입니다. 도대체 무슨 공로로 그대는 영생을 얻습니까? 은혜로 얻는 것입니다. 이는, 믿음이 은혜라면, 그리고 영생이 흡사 믿음의 대가 같은 것이라면, 하나님이 영생을 허락하시는 것이 마치 빚을 갚는 것과 같이 됩니다. (누구에게 지신 빚입니까? 믿는 자에게 지신 것입니다. 이는, 그가 믿음으로 말미암아 채권자가 되었기 때문입니다.) 그러나 믿음 자체가 은혜인 까닭에, 영생이 은혜 위에 은혜가 됩니다.

x, 1. 사도 바울이 [어떻게] 은혜를 인정하고, 그 다음 채무 이행을 요구하는지 들어 보십시오! 바울에 있어 은혜를 인정하는 것이란 무엇입니까?

> 내가 전에는 훼방자요, 핍박자요, 포행자이었으나, 도리어 긍휼을 입은 것은, [내가 믿지 아니할 때에 알지 못하고 행하였음이라]. (딤전 1:13)

그는, 자기가 은혜를 받기에 합당하지 못했다고 말했습니다. 그러나 자기의 공로가 아니라, 하나님은 자비하심으로 말미암아 [은혜를] 받았다 하였습니다.

Audī illum iam flāgitantem dēbitum, quī prīmō indēbitam suscēperat grātiam:

> Egō enim, inquit, iam immolor, et tempus rēsolutiōnis meae īnstat. Bonum certāmen certāvī, cursum cōnsummāvī, fidem servāvī; dē cēterō reposita est mihī corōna iūstitiae.

Iam dēbitum flāgitat, iam dēbitum exigit. Nam vidē verba sequentia:

> Quam mihī reddet Dominus in illā diē, iūstus iūdex.

Ut ante susciperet grātiam, misericordem patrem opus habēbat; ut praemium grātiae, iūdicem iūstum.

Quī nōn damnāvit impium, damnābit fidelem? Et tamen sī bene cōgitēs, ipse dedit fidem prīmō, quā eum prōmeruistī; nōn enim dē tuō prōmeruistī, ut tibī aliquid dēbērētur. Quod ergō praemium immortālitātis posteā tribuit, dōna sua corōnat, nōn merita tua.

x, 2. Ergō, frātrēs, omnēs *dē plēnitūdine eius* accēpimus; dē plēnitūdine misericordiae eius, dē abundantiā bonitātis eius accēpimus. Quid? Remissiōnem peccātōrum, ut iūstificārēmur ex fidē. Et īnsuper quid? Et grātiam prō grātiā; id est, prō hāc grātiā, in quā ex fidē vīvimus, receptūrī sumus aliam. Quid tamen nisī grātiam? Nam sī dīxerō, quia et hoc dēbētur, aliquid mihi assīgnō, quasi cui dēbeātur. Corōnat autem in nōbīs Deus dōna misericordiae suae, sed sī in eā grātiā, quam prīmam accēpimus, persevēranter ambulēmus.

그가 먼저 은혜를 거저 받은 다음, 이제 채무 이행을 간원(懇願)하는데, 그의 말을 들어 보십시오!

> 6 관제와 같이 벌써 내가 부음이 되고, 나의 떠날 기약이 가까왔도다. 7 내가 선한 싸움을 싸우고, 나의 달려 갈 길을 마치고, 믿음을 지켰으니, 8 이제 후로는 나를 위하여 의의 면류관이 예비되었으므로, …. (딤후 4:6-8)

이제 그는 채무 이행을 간원합니다. 이제 그는 채무 이행을 요구합니다. 그러면, 이어지는 말을 [들어] 보십시오!

> 주 곧 의로우신 재판장이 그 날에 내게 주실 것이니, [내게만 아니라 주의 나타나심을 사모하는 모든 자에게 니라]. (딤후 4:8)

전에 그가 은혜를 받기 위해, 자비하신 아버지가 필요했던 것처럼, 상급을 받기 위해 의로우신 재판장이 필요합니다.

경건치 않은 자를 정죄하지 않으신 이가 믿는 자를 정죄하시겠습니까? 그러나 잘 생각해 보면, 하나님은 먼저 믿음을 주사, 그대로 하여금 하나님께 은혜를 얻게 하였습니다. 이는, 그대가 스스로 공로를 세워, 무슨 채권을 얻은 것이 아니기 때문입니다. 그러므로 그가 나중에 불가사성(不可死性)이라는 상급을 주시는 것은 당신의 선물에 면류관을 씌우시는 것이지, 그대의 공로에 면류관을 씌우는 것이 아닙니다.

x, 2. 그러므로 형제 여러분! '[우리가] 다 그의 충만한 데서'(요 1:16) 받았습니다. 그의 자비가 충만한 데서, 그의 선하심이 충만한 데서 우리가 받았습니다. 무엇을 받았습니까? 죄 용서를 받았는데, 그것은, 우리가 믿음으로 말미암아 의로워지기 위해서였습니다. 이것과 더불어 무엇을 또 받습니까? '은혜 위에 은혜'를 받습니다. 다시 말해, 우리가 믿음으로 사는 이 은혜 위에 다른 은혜를 또 받게 될 것입니다. 하지만 은혜말고 무엇을 [또] 받는단 말입니까? 이는, 내가 만약 말하기를, 이것 역시 당연히 받을 것이라고 한다면, 나에게 무엇을 돌리게 됩니다. 마치 내게 받을 권리가 있는 것처럼 말입니다. 그러나 우리 안에서 하나님은 당신의 자비의 선물에 면류관을 씌우십니다. 단지, 우리가 처음 받은 그 은혜 가운데서 끝까지 행한다는 전제 하에서 말입니다.

xi, 1. Lēx enim per Mōysen data est, quae reōs tenēbat. Quid enim ait Apostolus?

> Lēx subintrāvit, ut abundāret dēlictum.

Hoc prōderat superbīs, ut abundāret dēlictum; multum enim sibī dabant, et quasi vīribus suīs multum assignābant; et nōn poterant implēre iūstitiam, nisī adiuvāret ille, quī iusserat. Superbiam illōrum volēns domāre Deus, dedit Lēgem, tamquam dīcēns:

> Ecce, implēte!

xi, 2. Nē putētis deesse iubentem. Nōn deest, quī iubeat, sed deest, quī impleat.

xii, 1. Sī ergō deest, quī impleat, unde nōn implet? Quia nātus cum trāduce peccātī et mortis. Dē Adam nātus, trāxit sēcum, quod ibī conceptum est. Cecidit prīmus homō; et omnēs, quī dē illō nātī sunt, dē illō trāxērunt concupīscentiam carnis. Oportēbat, ut nāscerētur alius homō, quī nūllam trāxit concupīscentiam. Homō, et homō; homō ad mortem, et homō ad vītam. Sīc dīcit Apostolus:

> Quoniam quidem per hominem mors, et per hominem resurrēctiō mortuōrum.

Per quem hominem mors, et per quem hominem rēsurrēctiō mortuōrum? Nōlī festīnāre! Sequitur, et dīcit:

> Sīcut enim in Adam omnēs moriuntur, sīc et in Chrīstō omnēs vīvificābuntur.

Quī pertinent ad Adam? Omnēs, quī nātī sunt dē Adam. Quī ad Chrīstum? Omnēs, quī nātī sunt per Chrīstum. Quārē omnēs in peccātō? Quia nēmō nātus est praeter Adam.

xi, 1. '율법은 모세로 말미암아 주신 것'(요 1:17)입니다. 이 율법은 죄 있는 자들을 구속(拘束)하는 것이었습니다. 사도 [바울]은 대체 무슨 말을 합니까?

> 율법이 가입한 것은 범죄를 더하게 하려 함이라. (롬 5:20)

범죄가 더해지는 이것은 교만한 자들의 유익을 위한 것입니다. 이는, 그들이 많은 것을 자기네에게 할당하여, 그것들을 마치 자기네의 힘으로 차지하게 된 것처럼 생각하기 때문입니다. 그런데 그들은 의를 이룰 수 없습니다. [의를 이루라] 명하신 이가 도우시지 않으면 말입니다. 그들의 교만을 꺾고자 하여 하나님은 율법을 주사, 마치 이렇게 말씀하시는 것 같았습니다.

> 보라! [율법을] 이루라!

xi, 2. 명령자가 없다고 믿어서는 안 될 것입니다. 명령하는 자가 없는 것이 아니라, [명령을] 완수할 수 있는 자가 없는 것입니다.

xii, 1. [명령을] 완수할 수 있는 자가 없다면, 어째서 완수하지 못하는 것입니까? 이는, [사람이] 죄와 죽음의 전달자를 통해 태어났기 때문입니다. 그가 아담에게서 태어났으므로, 거기서 잉태된 것을 가지고 나옵니다. 첫 사람이 타락했습니다. 그리고 그에게서 태어난 모든 사람들이 그에게서 육신의 정욕을 받아 가지고 나왔습니다. 정욕을 전혀 지니니 않은 다른 종류의 사람이 태어나야 했습니다. 한 사람이 있었고, 또 [다른] 사람이 있었습니다. 한 사람은 죽음을 위한 사람이었고, 다른 사람은 생명을 위한 사람이었습니다. 사도 바울은 이렇게 말합니다.

> 사망이 사람으로 말미암았으니, 죽은 자의 부활도 사람으로 말미암는도다. (고전 15:21)

어떤 사람으로 말미암아 사망이 왔고, 어떤 사람으로 말미암아 죽은 자의 부활이 왔습니까? 서두르지 마시기 바랍니다. [바울은] 이어서 말합니다.

> 아담 안에서 모든 사람이 죽은 것 같이, 그리스도 안에서 모든 사람이 삶을 얻으리라. (고전 15:22)

누가 아담에 속해 있습니까? 아담에게서 태어난 모든 사람들입니다. 누가 그리스도에 속해 있습니까? 그리스도로 말미암아 태어난 모든 사람들입니다. 어째서 모든 사람들이 죄 가운데 있습니까? 이는, 아담의 후손 아닌 사람은 아무도 없기 때문입니다.

xii, 2. Ut autem nāscerentur ex Adam, necessitātis fuit ex damnātiōne; nāscī per Chrīstum, voluntātis est et grātiae. Nōn cōguntur hominēs nāscī per Chrīstum; nōn quia voluērunt, nātī sunt ex Adam. Omnēs tamen, quī ex Adam, cum peccātō peccātōrēs; omnēs, quī per Chrīstum, iūstificātī et iūstī, nōn in sē, sed in illō. Nam in sē sī interrogēs, Adam sunt; in illō sī interrogēs, Chrīstī sunt. Quārē? Quia ille caput Dominus noster Iēsūs Chrīstus, nōn cum trāduce peccātī vēnit; sed tamen vēnit cum carne mortālī.

xiii, 1. Mors peccātōrum poena erat; in Dominō mūnus misericordiae erat, nōn poena peccātī. Nōn enim aliquid habēbat Dominus, quārē iustē morerētur. Ipse ait:

> Ecce, venit prīnceps huius mundī, et in mē nihil invenit.

Quārē ergō moreris?

> Sed ut sciant omnēs, quia voluntātem Patris meī faciō, surgite, eāmus hinc.

Nōn habēbat ille, quārē morerētur, et mortuus est; tū habēs, quārē, et morī dēdīgnāris? Dīgnāre aequō animō patī per meritum tuum, quod ille patī dīgnātus est, ut tē ā sempiternā morte līberāret.

xiii, 2. Homō, et homō; sed ille, nōnnisī homō; iste, Deus homō. Ille homō peccātī, iste iūstitiae. Mortuus es in Adam, resurge in Chrīstō; nam utrumque dēbētur tibī. Iam crēdidistī in Chrīstum, reddēs tamen, quod dēbēs dē Adam. Sed nōn tē in aeternum tenēbit vinculum peccātī; quia mortem tuam aeternam occīdit mors temporālis Dominī tuī. Ipsa est grātia, frātrēs meī, ipsa est et vēritās, quia prōmissa et exhibita.

xii, 2. 그런데 그들이 아담에게서 태어난 것은 불가피했던 것이고, 정죄 때문이었습니다. 그리스도로 말미암아 태어나는 것은 의지와 은혜에 달려 있습니다. 사람들은 그리스도로 말미암아 태어나는 것을 강요받지 않습니다. 아담에게서 태어난 것은 원해서가 아니었습니다. 하지만 아담에게서 태어난 사람들은 모두 죄를 지닌 죄인들입니다. 그리스도로 말미암아 태어나는 사람들은 모두 스스로 의롭게 되거나, 의롭지 않고, 그리스도 안에서 그렇습니다. 사실, '스스로'라는 말에 대해 그대가 묻는다면, 그들은 아담에 속한 자들입니다. '그리스도 안에'라는 말에 대해 묻는다면, 그들은 그리스도에게 속한 자들입니다. 왜 그렇습니까? 이는, 이 머리 되신 예수 그리스도는 죄를 유전(遺傳)받고 오시지 않았기 때문입니다. 하지만 가사적(可死的) 육신을 지니고는 오셨습니다.

xiii, 1. 죽음은 죄에 대한 형벌이었습니다. 주님의 경우 죽음은 자비의 은사였지, 죄벌(罪罰)이 아니었습니다. 이는, 주님은 죽어 마땅한 일을 전혀 하시지 않았기 때문입니다. 주님은 말씀하셨습니다.

> [이후에는 내가 너희와 말을 많이 하지 아니하리니,] 이 세상 임금이 오겠음이라. 그러나 저는 내게 관계할 것이 없으니. (요 14:30)

그러면 그대는 왜 죽습니까?

> 오직 내가 [아버지를 사랑하는 것과,] 아버지의 명하신 대로 행하는 것을 세상으로 알게 하려 함이로라. 일어나라! 여기를 떠나자! [하시니라.] (요 14:31)

주님은 죽어야 할 이유가 없었지만, 죽으셨습니다. 그대는 [죽어야 할] 이유가 있는데도 죽기를 거절합니까? 그대가 마땅히 당해야 할 일을 평정한 마음으로 받아들이십시오! 주님은 그대를 영원한 죽음에서 해방시키기 위해 그 일을 감당해 주셨습니다.

xiii, 2. 한 사람이 있었고, 또 [다른] 사람이 있었습니다. 그러나 첫 사람은 오직 사람에 불과했습니다. 둘째 사람은 신인(神人)이었습니다. 첫 사람은 죄에 속한 사람이었습니다. 둘째 사람은 의에 속한 사람이었습니다. 그대는 아담 안에서 죽었습니다. 그리스도 안에서 부활하십시오! [죽음과 부활] 둘 다 그대와 관련이 있습니다. 이미 그대는 그리스도를 믿게 되었습니다. 하지만 그대는 아담 때문에 진 빚을 갚아야 합니다. 그러나 그대를 영원토록 죄의 사슬이 묶어 두지 못할 것입니다. 이는, 그대의 영원한 죽음을 그대 주님의 일시적 죽음이 죽였기 때문입니다. 이것이 은혜입니다. 나의 형제 여러분! 이것이 진리이기도 합니다. 이는, 이것이 약속되었는데, [약속이] 지켜졌기 때문입니다.

xiv, 1. Nōn erat ista in Veterī Testāmentō, quia Lēx minābātur, nōn opitulābātur; iubēbat, nōn sānābat; languōrem ostendēbat, nōn auferēbat. Sed illī praeparābat medicō ventūrō cum grātiā et vēritāte; tamquam ad aliquem, quem cūrāre vult medicus, mittat prīmō servum suum, ut ligātum illum inveniat. Sānus nōn erat, sānārī nōlēbat, et nē sānārētur, sānum sē esse iactēbat. Missa Lēx est, ligāvit eum; invenit sē reum, iam clāmat dē ligātūrā.

xiv, 2. Venit Dominus, cūrat amārīs aliquantum et ācribus medicāmentīs; dīcit enim aegrōtō: *Fertō*; dīcit: *Tolerā*; dīcit: *Nōlī dīligere mundum, habētō patientiam, cūret tē ignis continentiae, ferrum persecūtiōnum tolerent vulnera tua.* Expavēscēbās quamvīs ligātus; liber ille et nōn ligātus bibit, quod tibī dabat; prior passus est, ut tē cōnsōlārētur, tamquam dīcēns: *Quod timēs patī prō tē, prior patior prō tē.* Haec est grātia, et magna grātia. Quis illam dīgnē collaudat?

xv, 1. Dē humilitāte Chrīstī loquor, frātrēs meī. Māiestātem Chrīstī et dīvīnitātem Chrīstī quis loquitur? In explicandō et dīcendō ut quōquō modō humilitātem Chrīstī loquerēmur, nōn sufficimus, immō dēficimus; tōtum cōgitantibus committimus, nōn audientibus adimplēmus. Cōgitāte humilitātem Chrīstī. Sed *quis nōbīs*, inquis, *eam explicat, nisī tū dīcās?* Ille intus dīcat. Melius illud dīcit, quī intus habitat, quam quī forīs clāmat. Ipse vōbīs ostendat grātiam humilitātis suae, quī coepit habitāre in cordibus vestrīs.

xiv, 1. 이것은 [= 은혜는] 구약에는 없었습니다. 이는, 율법이란, 위협하는 것이었지, 돕는 것이 아니었기 때문입니다. 명령하는 것이었지, 치유하는 것이 아니었기 때문입니다. 병을 보여 주긴 하였으나, 제거해 주진 않았기 때문입니다. 그러나 율법은 은혜 및 진리와 더불어 올 의사를 예비하는 것이었습니다. 마치 의사가 치료하려는 환자에게 먼저 자기 수하(手下)를 보내, 그 환자를 묶어 놓게 하듯이 말입니다. 그 환자는 건강하지 않았으나, 치료받기를 원하지 않았습니다. 치료를 받지 않기 위해 그는, 자기가 건강하다고 허세를 부렸습니다. 율법이 보내져, 그를 묶었습니다. 그는, 자기에게 허물이 있음을 발견하고는, 금새 붕대를 놓고 소리를 지릅니다.

xiv, 2. 주님이 오셔서, 약간 쓰리고 독한 의약품으로 치료합니다. 이는, 주님이 환자에게 이렇게 말씀하시기 때문입니다.

> 견디라! 참으라! 세상을 사랑하지 말라! 인내심을 가지라! 절제라는 불이 그대를 치료하리라. 핍박의 칼을 그대의 상처가 견디어야 하리라.

그대는 묶여 있지만, 떱니다. 그는 자유롭고 묶여 있지 않은데, 그가 그대에게 주신 것을 마셨습니다. 그대를 위로하기 위해 그가 먼저 고난을 당하셨습니다. 마치 이렇게 말씀하시는 것처럼 말입니다.

> 네가 너 자신을 위해 당하기를 두려워하는 것을, 먼저 내가 너를 위해 당하노라.

이것이 은혜이고, 큰 은혜입니다. 이 은혜를 합당하게 송축하는 자가 누구입니까?

xv, 1. 그리스도의 겸손에 관해 나의 형제 여러분! 나는 이야기하고 있습니다. 그리스도의 존귀하심과 신성(神性)에 관해서는 누가 이야기하고 있습니까? 그리스도의 겸손에 관해 어떤 식으로든 말로 설명하려고 하면, 우리는 힘이 딸립니다. 정말이지, 우리는 부족합니다. 우리는 모든 것을 생각하는 자들에게 맡깁니다. [그냥] 듣기만 하는 자들을 우리는 완전히 만족시켜 주지 못합니다. 그리스도의 겸손에 대해 생각해 보십시오! 그러나 그대는 말합니다.

> 그대가 설명해 주지 않는다면, 누가 우리에게 이걸 설명하겠습니까?

그리스도께서 속에서 말씀하십니다. 속에 거하시는 그분이 겉으로 외치는 자보다 더 잘 말씀하십니다. 그분 자신이 여러분에게 당신의 겸손의 은혜를 보여 주실 것입니다. 그분이 여러분 심령 속에 거하기 시작하셨습니다.

xv, 2. Iam vērō sī in eius humilitāte explicandā et ērogandā dēficimus, māiestātem eius quis loquātur? Sī Verbum carō factum conturbat nōs: *In prīncipiō erat Verbum* quis explicābit? Tenēte ergō, frātrēs, soliditātem istam.

xvi. *Lēx per Mōysen data est, grātia et vēritās per Iēsum Chrīstum facta est.* Per servum Lēx data est; reōs fēcit: per Imperātōrem indulgentia data est; reōs līberāvit. *Lēx per Mōysen data est.* Nōn sibī aliquid amplius servus assīgnet, quam quod per illum factum est. Ēlēctus ad magnum ministerium tamquam fidēlis in domō, sed tamen servus, agere secundum Lēgem potest, solvere ā reātū Lēgis nōn potest. *Lēx ergō per Mōysen data est, grātia et vēritās per Iēsum Chrīstum facta est.*

xvii, 1. Et nē forte aliquis dīcat: *Et grātia et vēritās nōn est facta per Mōysen, quī vīdit Deum?*, statim subiēcit:

Deum nēmō vīdit umquam.

Et unde innōtuit Mōysī Deus? Quia revēlāvit servō suō Dominus. Quis Dominus? Ipse Chrīstus, quī praemīsit Lēgem per servum, ut venīret ipse cum grātiā et vēritāte. Deum enim nēmō vīdit umquam. Et unde illī servō, quantum capere posset, appāruit? Sed *ūnigenitus*, inquit: *Fīlius, quī est in sinū Patris, ipse ēnarrāvit.*

xiv, 2. Quid est, *in sinū Patris*? In sēcrētō Patris. Nōn enim Deus habet sinum, sīcut nōs habēmus in vestibus, aut cōgitandus est sīc sedēre quōmodo nōs, aut forte cinctus est, ut sinum habēret; sed quia sinus noster intus est, sēcrētum Patris *sinus Patris* vocātur. In sēcrētō Patris, quī Patrem nōvit, ipse ēnarrāvit. Nam *Deum nēmō vīdit umquam.*

xv, 2. 그런데 지금 우리에게 그의 겸손에 대해 설명해 줄 능력이 부족하다면, 그의 존귀하심에 대해서는 누가 말해 줄까요? 만약 육신이 되신 로고스가 우리를 당혹스럽게 만든다면, "태초에 말씀이 계시니라"는 말씀은 누가 설명해 줄까요? 그러므로 형제 여러분! 이 굳센 믿음을 꼭 간직하십시오!

xvi. "율법은 모세로 말미암아 주신 것이요, 은혜와 진리는 예수 그리스도로 말미암아 온 것이라" (요 1:17). 종으로 말미암아 율법을 주셨습니다. [율법은] 범법자를 만듭니다. 황제로 말미암아서는 용서를 허락하십니다. 그는 범법자를 해방시키십니다. "율법은 모세로 말미암아 주신 것이요". 종은 자기로 말미암아 행해진 것 이상의 것은 어떤 것도 자기에게 돌리지 않습니다. 집에서 신실한 종이 그러는 것처럼, 그는 위대한 사역을 위해 택함을 받지만, 여전히 종입니다. 그는 율법에 의거하여 행할 수는 있지만, 율법의 죄에서 벗어나게 하지는 못합니다. 그러므로 '율법은 모세로 말미암아 주신 것이요, 은혜와 진리는 예수 그리스도로 말미암아 온 것'입니다.

xvii, 1. 혹시라도 누가 '은혜와 진리는 하나님을 본 모세로 말미암아 온 것'이라는 말을 하지 못하게 하기 위해, 즉시 다음 말이 덧붙여졌습니다.

> 본래 하나님을 본 사람이 없으되. (요 1:18a)

그렇다면, 어떻게 하여 모세에게 하나님이 알려진 바 되셨습니까? 이는, 주께서 당신의 종에게 당신을 계시하신 까닭입니다. 어떤 주님이십니까? 그리스도 자신입니다. 그는 종을 통해 율법을 미리 주셨는데, 이는, 그가 친히 은혜 및 진리와 더불어 오시기 위해서였습니다. 그것은, '하나님을 본 사람이' 지금껏 전혀 없었기 때문입니다. 그렇다면, 어떻게 하여 그가 예의 그 종에게 나타나셨습니까? 그 종이 파악할 수 있는 범위 내에서 말입니다. 하지만 이렇게 말씀하십니다.

> 아버지 품속에 있는 독생하신 하나님이 나타내셨느니라. (요 1:18b)

xvii, 2. '아버지 품속'이 무엇입니까? '성부의 신비하심 속'입니다. 이는, 하나님께는 우리 옷에 있는 것과 같은 품이 없기 때문입니다. 또는, 그가 우리처럼 앉아 계신다 생각해서는 안 됩니다. 아니면, 무슨 띠를 띠사, 품이 있게 하시려는 것도 아닙니다. 그것이 아니라, 우리 품은 속에 있는 것이기 때문에, 성부의 신비하심을 '아버지 품속'이라 하는 것입니다. 성부의 신비하심 속에 계시사, 성부를 아시는 분이 [자세히] 설명해 주셨습니다. 이는, '본래 하나님을 본 사람이'(요 1:18) 아무도 없었기 때문입니다.

xvii, 3. Ipse ergō vēnit, et narrāvit, quidquid vīdit. Quid vīdit Mōysēs? Mōysēs vīdit nūbem, vīdit angelum, vīdit ignem; omnis illa creātūra est; typum Dominī suī gerēbat, nōn ipsīus Dominī praesentiam exhibēbat. Namque apertē habēs in Lēge:

> Et loquēbātur Mōysēs cum Dominō, contrā in contrā sīcut amīcus cum amīco suō.

Sequeris ipsam Scrīptūram, et invenīs Mōysen dīcentem:

> Sī invēnī grātiam in cōnspectū tuō, ostende mihī tē ipsum manifestē, ut videam tē.

Et parum est, quia dīxit; respōnsum accēpit:

> Nōn potes vidēre faciem meam.

xvii, 4. Loquēbātur ergō, frātrēs meī, cum Mōyse angelus, portāns typum Dominī; et illa omnia, quae ibī per angelum facta sunt, futūram istam grātiam et vēritātem prōmittēbant. Quī bene scrūtantur Lēgem, nōvērunt; et cum opportūnum est, ut et nōs aliquid inde dīcāmus, quantum Dominus revēlat, nōn tacēmus Cāritātī vestrae.

xviii, 1. Illud autem sciātis, quia omnia, quae corporāliter vīsa sunt, nōn erant illa substantia Deī. Illa enim oculīs carnis vidēmus. Deī substantia unde vidētur? Ēvangelium interrogā:

> Beātī mundō corde; quia ipsī Deum vidēbunt.

Fuērunt hominēs, quī dīcerent vānitāte suī cordis dēceptī:

> Pater invīsibilis est, Fīlius autem vīsibilis est.

Unde vīsibilis? Sī propter carnem, quia suscēpit carnem; manifestum est.

xvii, 3. 그러므로 그가 오사, 그가 보신 것을 다 이야기해 주셨습니다. 모세는 무엇을 보았습니까? 모세는 구름을 보았습니다. 천사를 보았습니다. 불을 보았습니다. 그것은 다 피조물입니다. 자기 주님의 형상을 띠고는 있었지만, 주님 자신의 임재를 나타낸 것은 아니었습니다. 정말이지, 그대는 율법 책에서 다음과 같은 말씀을 분명히 읽습니다.

> 사람이 그 친구와 이야기함 같이 여호와께서는 모세와 대면하여 말씀하시며, [모세는 진으로 돌아오나, 그 수종자 눈의 아들 청년 여호수아는 회막을 떠나지 아니하니라]. (출 33:11)

성경을 계속 읽다 보면, 모세가 다음과 같이 말하는 것을 그대는 발견하게 됩니다.

> 내가 참으로 주의 목전에 은총을 입었사오면, 원컨대, 주의 길을 내게 보이사, 내게 주를 알리시고, [나로 주의 목전에 은총을 입게 하시며, 이 족속을 주의 백성으로 여기소서!] (출 33:13)

그리고 그가 이렇게 말한 것으로는 불충분합니다. 그는 이런 대답을 들었습니다.

> [또 가라사대,] 네가 내 얼굴을 보지 못하리니, [나를 보고 살 자가 없음이니라]. (출 33:20)

xvii, 4. 나의 형제 여러분! 그러므로 모세와 이야기를 나눈 것은 주님을 모형(模型) 역할을 한 천사였습니다. 그리고 거기서 천사가 행한 모든 일은 장래의 이 은혜와 진리를 약속하는 것이었습니다. 율법을 제대로 궁구(窮究)한 사람들은 이것을 압니다. 그리고 적절한 기회가 오면, 주님이 알려 주시는 바에 따라, 이에 대해 무슨 이야기를 할 수 있을 것이고, 우리는 사랑하는 여러분에게 이것을 감추지 않을 것입니다.

xviii, 1. 그러나 여러분은 이것을 알아야 합니다. 곧, 유체(有體)로 나타났던 것들은 모두 다 하나님의 실체가 아니었다는 사실 말입니다. 이는, 그것들을 다 우리는 육신의 눈으로 보기 때문입니다. 하나님의 실체는 도대체 어떻게 보이는 것입니까? 복음서를 찾아보십시오!

> 마음이 청결한 자는 복이 있나니, 저희가 하나님을 볼 것임이요. (마 5:8)

자기네 마음의 허망함에 속아 이렇게 말한 자들이 있었습니다.

> 성부는 보이시지 않지만, 성자는 보이신다.

[성자가] 어떻게 보이시는 것입니까? 육신을 입으셨기 때문에, 육신 때문이라면, 그건 분명합니다.

Illī enim, quī carnem Chrīstī vīdērunt, aliquī crēdidērunt, aliquī crucifīxērunt; et quī crēdidērunt, illō crucifīxō nūtāvērunt; et nisī ipsam post resurrēctiōnem palpārent, fidēs ad eōs nōn revocārētur. Sī ergō propter carnem vīsibilis Fīlius; et nōs concēdimus, et est catholica fidēs.

Sī autem ante carnem, sīcut ipsī dīcunt, id est, antequam incarnārētur; multum dēlīrant, et multum errant. Facta enim sunt illa vīsibilia corporāliter per creātūram, in quibus typus ostenderētur; nōn utique substantia ipsa dēmōnstrābātur et manifestābātur.

xviii, 2. Et hoc attendat Cāritās vestra lēne documentum. Sapientia Deī vidērī oculīs nōn potest. Frātrēs, sī Chrīstus Sapientia Deī, et Virtūs Deī; sī Chrīstus Verbum Deī; verbum hominis oculīs nōn vidētur, Verbum Deī vidērī sīc potest?

xix, 1. Expellite ergō dē cordibus vestrīs carnālēs cōgitātiōnēs, ut vērē sītis sub grātiā, ut ad Novum Testāmentum pertineātis. Ideō vīta aeterna prōmittitur in Novō Testāmentō. Legite Vetus Testāmentum, et vidēte, quia carnālī adhūc populō ea quidem praecipiēbantur, quae nōbīs. Nam ūnum Deum colere et nōbīs praecipitur.

Nōn accipiēs in vānum nōmen Dominī Deī tuī, et nōbīs praecipitur; quod est secundum praeceptum.

Observā diem sabbatī, magis nōbīs praecipitur; quia spīritāliter observandum praecipitur. Iūdaeī enim servīliter observant diem sabbatī, ad luxuriam, ad ēbrietātem. Quantō melius fēminae eōrum lānam facerent, quam illō diē in maeniānīs saltārent? Absit, frātrēs, ut illōs dīcāmus observāre sabbatum. Spīritāliter observat sabbatum Chrīstiānus, abstinēns sē ab opere servīlī.

그런데, 그리스도의 육신을 본 사람들 가운데 어떤 사람들은 믿었고, 어떤 사람들은 [그를] 십자가에 못 박았습니다. 또 믿은 사람들도, 그가 십자가에 달리시자, 동요했습니다. 그리고 그가 부활하신 후에, 그들이 그의 육신을 만져 보지 못했더라면, 믿음이 그들에게 회복되지 않았을 것입니다. 그러므로 아들이 육신 때문에 보이시는 것이라면, 우리도 [이것을] 인정하는데, [이것이] 정통 신앙입니다.

그러나, 그들이 말하는 대로, 육신으로 오시기 이전에, 곧, 성육신하시기 이전에 [그가 보이셨다] 말하는 것은 대단히 미친 짓이고, 대단히 잘못된 것입니다. 이는, 가시적(可視的)인 것이 만들어지는 것은 피조물을 통해 유체적(有體的)으로 만들어지는 것이기 때문입니다. 피조물 속에는 모형(模型)만 제시될 수 있습니다. [하나님의] 실체 자체는 제시되거나 나타날 수가 없습니다.

xviii, 2. 그리고 사랑하는 여러분! 이 조그만 증명을 주목해 주십시오! 하나님의 지혜는 눈으로 볼 수 없습니다. 형제 여러분! 그리스도가 하나님의 지혜요, 하나님의 능력이라면, 그리스도가 하나님의 로고스라면, [어떻게 됩니까?] 사람의 말도 눈으로 볼 수 없는데, 하나님의 로고스가 그렇게 [눈으로] 보이겠습니까?

xix, 1. 그러므로 여러분의 마음에서 육신적인 생각일랑 몰아내십시오! 그래야 여러분은 진정 은혜 아래 있게 되고, 새 언약에 속하게 됩니다. 그래서 영생이 새 언약으로 약속되는 것입니다. 옛 언약을 읽으십시오! 그리고 아직 육신적이었던 백성에게도 우리와 똑같은 계명이 주어졌음을 주목하십시오! 이는, 우리에게도 유일하신 하나님을 섬기라는 계명이 주어진 까닭입니다.

"너는 너의 하나님 여호와의 이름을 망령되이 일컫지 말라!"(출 20:7)는 계명도 우리에게 주어졌습니다. 이것이 두 번째 계명입니다.

"안식일을 기억하[여 거룩히 지키]라!"(출 20:8)는 계명도 [우리에게 그들] 이상으로 주어졌습니다. 이는, 이 계명을 영적으로 지켜야 하기 때문입니다. 정말이지 유대인은 안식일을 노예처럼 지켰습니다. 사치와 술 취함을 위해서 말입니다. 그들의 여인네들이 양모(羊毛) 가공작업을 하는 것이 안식일에 발코니에서 춤추는 것보다 훨씬 더 좋을 것입니다. 형제 여러분! 그들이 안식일을 지켰다는 말을 우리는 하지 말아야 합니다. 크리스챤은 안식일을 영적으로 지킵니다. 노예들이 하는 일은 다 삼가면서 말입니다.

Quid est enim ab opere servīlī? Ā peccātō. Et unde probāmus? Dominum interrogā:

> Omnis, quī facit peccātum, servus est peccātī.

Ergō et nōbīs praecipitur spīritāliter observātiō sabbatī.

xix, 2. Iam illa omnia praecepta nōbīs magis praecipiuntur, et observanda sunt:

> Nōn occīdēs, Nōn moechāberis, Nōn fūrāberis, Nōn falsum testimōnium dīcēs, Honōrā patrem et mātrem, Nōn concupīscēs rem proximī tuī, Nōn concupīscēs uxōrem proximī tuī.

Nōnne ista omnia et nōbīs praecipiuntur? Sed quaere mercēdem, et inveniēs ibī dīcī:

> Ut expellantur hostēs ā faciē tuā, et accipiātis terram, quam prōmīsit Deus patribus vestrīs.

xix, 3. Quia nōn poterant capere invīsibilia, per vīsibilia tenēbantur. Quārē tenēbantur? Nē penitus interīrent, et ad īdōla lāberentur. Nam fēcērunt hoc, frātrēs meī, sīcut legitur, oblītī tanta mīrācula, quae fēcit Deus cōram oculīs eōrum.

노예들이 하는 일이 무엇입니까? 그건 죄입니다. 그런데 이걸 우리가 어떻게 증명합니까? 주님께 여쭈어 보십시오!

> 죄를 범하는 자마다 죄의 종이라. (요 8:34)

그래서 우리에게도 안식일을 영적으로 지키라는 계명이 주어진 것입니다.

xix, 2. 이뿐 아니라 [나머지] 모든 계명도 우리에게 주어졌고, 우리는 [그걸] 지켜야 합니다.

> 살인하지 말지니라!
>
> 간음하지 말지니라!
>
> 도적질하지 말지니라!
>
> [네 이웃에 대하여] 거짓 증거하지 말지니라!
>
> 네 부모를 공경하라!
>
> 네 이웃의 소유를 탐내지 말지니라!
>
> 네 이웃의 아내를 탐내지 말지니라!

이 모든 계명이 우리 [크리스챤]들에게도 주어진 것 아닙니까? 하지만 상급을 구해 보십시오! 그러면 그대는 거기에서 [= 구약에서] 이런 의미의 말씀을 발견할 것입니다.

> 대적(對敵)이 너의 목전에서 쫓겨날 것이며, 하나님이 너희 조상에게 약속하신 땅을 너희가 얻게 되리라.[1]

xix, 3. 그들이 불가시적(不可視的)인 것을 파악하지 못하였기 때문에, 가시적(可視的)인 것에 붙들림을 당했습니다. 어째서 붙들림을 당했습니까? 완전히 망하지 않게 하기 위해서, 우상숭배에 빠지지 않게 하기 위해서였습니다. 이는, 그들이 우상숭배를 했기 때문입니다. 나의 형제 여러분! [성경에서] 읽을 수 있는 대로, 그들은, 하나님이 그들 목전(目前)에서 행하신 엄청난 이적(異蹟)들을 망각하였습니다.

---

[1] 레 26:7-9 (= "7 너희가 대적을 쫓으리니 그들이 너희 앞에서 칼에 엎드러질 것이라 8 너희 다섯이 백을 쫓고 너희 백이 만을 쫓으리니 너희 대적들이 너희 앞에서 칼에 엎드러질 것이며 9 내가 너희를 권고하여 나의 너희와 세운 언약을 이행하여 너희로 번성케 하고 너희로 창대케 할 것이며") 참조.

Mare discissum est; via facta est in mediīs flūctibus; sequentēs hostēs eōrum eīsdem aquīs opertī sunt, per quās illī trānsiērunt; et cum Mōysēs homō Deī recessisset ab oculīs eōrum, īdōlum petiērunt, et dīxērunt:

Fac nōbīs deōs, quī nōs praeeant, quia ille homō dīmīsit nōs.

Tōta spēs eōrum in homine posita erat, nōn in Deō. Ecce, mortuus est homō. Numquid mortuus est Deus, quī ēruerat eōs dē terrā Aegyptī? Et cum fēcissent sibī imāginem vitulī, adōrāvērunt, et dīxērunt:

Hī sunt diī tuī, Israel, quī tē līberāvērunt dē terrā Aegyptī.

Quam citō oblītī tam manifestam grātiam! Quibus ergō modīs tenērētur populus tālis, nisī prōmissīs carnālibus?

xx, 1. Ea ibī iubentur in decalogō Lēgis, quae et nōbīs; sed nōn ea prōmittuntur, quae nōbīs. Nōbīs quid prōmittitur? Vīta aeterna.

Haec est autem vīta aeterna, ut cōgnōscant tē ūnum vērum Deum, et quem mīsistī Iēsum Chrīstum.

Cōgnitiō Deī prōmittitur; ipsa est *grātia prō grātiā*. Frātrēs, modo crēdimus, nōn vidēmus; prō istā fidē praemium erit, vidēre, quod crēdimus.

xx, 2. Nōverant hoc Prophētae, sed occultum erat, antequam venīret. Nam quīdam suspīrāns amātor in Psalmīs ait:

Ūnam petiī ā Dominō, hanc requīram.

Et quaeris, quid petat? Forte enim terram petit fluentem lacte et melle carnāliter, quamvīs spīritāliter ista quaerenda sit et petenda; aut forte subiectiōnem hostium suōrum, aut mortem inimīcōrum, aut imperia et facultātēs huius saeculī. Ārdet enim amōre, et multum suspīrat, et aestuat, et anhēlat. Videāmus, quid petat:

Ūnam petiī ā Dominō, hanc requīram.

바다가 갈라졌습니다. 창파(滄波) 한가운데 길이 생겼습니다. 그들을 뒤따라오던 적들은, 그들이 통과했던 바로 그 물에 뒤덮였습니다. 그런데 하나님의 사람 모세가 그들 목전에서 떠나자, 그들은 우상을 구했습니다. 그리고 말했습니다.

우리를 인도할 신을 우리를 위하여 만들라! 이 모세, 곧, 우리를 애굽 땅에서 인도하여 낸 사람은 어찌 되었는지 알지 못함이니라. (출 32:1)

그들의 모든 소망은 사람에게 있었지, 하나님께 있지 않았습니다. 보십시오! 그 사람은 죽었습니다. 그들을 애굽 땅에서 이끌어 내신 하나님이 죽으셨습니까? 그런데 그들은 송아지 우상을 만들고는, 경배하며 이렇게 말했습니다.

이스라엘아! 이는 너희를 애굽 땅에서 인도하여 낸 너희 신이로다.

그들이 얼마나 빨리 그토록 명백한 은혜를 망각했는지요? 그러므로 이런 백성을 육신적인 약속이 아니면 어떤 방법으로 붙들 수 있었을까요?

xx, 1. 율법의 십계명에는 우리에게 주어진 계명과 똑같은 계명이 주어졌습니다. 그러나 우리에게 주어진 약속과 똑같은 약속이 주어진 것은 아닙니다. 우리에는 무슨 약속이 주어졌습니까? [우리에게 약속된 것은] 영원한 생명입니다.

영생은 곧 유일하신 참 하나님과, 그의 보내신 자 예수 그리스도를 아는 것이니이다. (요 17:3)

하나님을 아는 것이 약속되었습니다. 이것이 '은혜 위에 은혜'(요 1:16)입니다. 형제 여러분! 지금 우리는 믿고 있는 것이지, 보고 있는 것이 아닙니다. 이 믿음에 대한 상급은, 우리가 믿고 있는 것을 보게 되는 것일 것입니다.

xx, 2. 선지자들은 이것을 알았습니다. 그러나 그 일이 생기기 전에는, 감추어져 있었습니다. 이는, 시편에 보면, 어떤 사랑하는 자가 한숨을 쉬며 이렇게 말하고 있기 때문입니다.

내가 여호와께 청하였던 한 가지 일, 곧, 그것을 구하리니. (시 27:4)

그러면 그대는, 그가 무엇을 구하고 있는지 물으십니까? 이는, 필시 그가, 젖과 꿀이 흐르는 땅을 육신적으로 구하기 때문일지 모르기 때문입니다. 이런 것은 영적으로 청하고 구해야 하는데도 말입니다. 혹은 필시 자기 적(敵)의 복속(服屬)이나, 원수의 죽음이나, 이 세상 나라나 재물을 구하는 것일 수 있습니다. 정말이지, 그는 사랑에 불타오르고 있고, 많은 한숨을 쉬고 있고, 애타하고 있고, 헐떡거리고 있습니다. 그가 무엇을 구하고 있는지 보십시다!

내가 여호와께 청하였던 한 가지 일, 곧, 그것을 구하리니.

Quid est hoc, quod requīrit? *Ut inhabitem,* inquit, *in domō Dominī, per omnēs diēs vītae meae.* Et putā, quia habitās in domō Dominī; unde ibī erit gaudium tuum? *Ut contempler,* inquit, *dēlectātiōnem Dominī.*

xxi, 1. Frātrēs meī, unde clāmātis, unde exsultātis, unde amātis, nisī quia ibī est scintilla huius cāritātis? Quid dēsīderātis, rogō vōs? Vidērī potest oculīs? Tangī potest? Pulchritūdō aliqua est, quae oculōs dēlectat? Nōnne martyrēs amātī sunt vehementer; et quandō eōs commemorāmus, inārdēscimus amōre? Quid in illīs amāmus, frātrēs? Membra laniāta ā ferīs? Quid foedius, sī oculōs carnis interrogēs? Quid pulchrius, sī oculōs cordis interrogēs? Quid tibī vidētur adolēscēns pulcherrimus fūr? Quōmodo horrent oculī tuī? Numquid oculī carnis horrent? Sī ipsōs interrogēs, nihil illō corpore compositius, nihil ōrdinātius; et parilitās membrōrum, et colōris dēlectātiō illicit oculōs; et tamen cum audīs, quia fūr est, fugis hominem animō.

xxi, 2. Vidēs ex aliā parte senem curvum, baculō innītentem, vix sē moventem, rūgīs undique exarātum quid vidēs, quod oculōs dēlectet? Audīs, quia iūstus est; amās, amplectēris. Tālia nōbīs praemia prōmissa sunt, frātrēs meī; tāle aliquid amāte, tālī rēgnō suspīrāte, tālem patriam dēsīderāte; sī vultis pervenīre ad id, cum quō vēnit Dominus noster, id est, ad grātiam et vēritātem. Sī autem corporālia praemia concupieris ā Deō, adhūc sub Lēge es, et ideō ipsam Lēgem nōn implēbis.

그가 청하는 '그것'이 무엇입니까? 그는 이렇게 말합니다.

> 내가 여호와께 청하였던 한 가지 일, 곧, 그것을 구하리니, 곧, 나로 내 생전에 여호와의 집에 거하여, ….
> (시 27:4a)

그러면 그대가 주의 집에 거한다는 사실을 믿으십시오! 무엇으로 말미암아 거기에 그대의 기쁨이 있을까요? 그는 이렇게 말합니다.

> 여호와의 아름다움을 앙망하며, 그 전(殿)에서 사모하게 하실 것이라. (시 27:4b)

xxi, 1. 나의 형제 여러분! 그대들은 왜 부르짖습니까? 그대들은 왜 환호작약합니까? 그대들은 왜 사랑합니까? 거기에 이 사랑의 스파크가 없다면 말입니다. 그대들은 무엇을 원합니까? 내가 여러분에게 묻습니다. 그것이 눈으로 볼 수 있는 것입니까? 만질 수 있는 것입니까? 그것이 눈을 즐겁게 해 주는 그런 아름다움입니까? 순교자들은 엄청난 사랑을 받고 있지 않습니까? 또 우리가 그들을 기억할 때, 우리 마음이 사랑으로 불타오르지 않습니까? 형제 여러분! 우리가 그들에게서 사랑하는 것은 무엇입니까? 맹수들에게 찢겨 나간 지체입니까? 그대가 육신의 눈에다 묻는다고 하면, 이것보다 더 혐오스러운 것이 어디 있습니까? 그대가 마음의 눈에다 묻는다고 하면, 이것보다 더 아름다운 것이 어디 있습니까? 지극히 미남으로 생긴 젊은 도둑은 그대에게 어떻게 보입니까? 그대의 눈은 얼마나 무서움에 질립니까? 육신의 눈이 놀라는 것인가요? 육신의 눈 입장에서는 그 사람의 몸보다 더 멋지고 균형 잡힌 몸이 없습니다. 조화로운 지체와 좋은 혈색이 눈을 유혹합니다. 하지만 그가 도둑이라는 말을 들을 때, 그대 마음은 그 사람에게서 도망하게 됩니다.

xxi, 2. 반면 그대가 허리 굽은 노인을 본다면 어떨까요? 그 노인은 지팡이를 짚고 있고, 몸을 거의 가누지 못하고 있고, [얼굴에는] 온통 주름이 파여 있습니다. 눈을 즐겁게 하는 것. 무엇을 그대는 보십니까? 그대는, 그가 의로운 사람이라는 말을 듣습니다. 그대는 [그를] 사랑하고 포옹합니다. 나의 형제 여러분! 이러한 상급이 우리에게 약속돼 있습니다. 이러한 것을 사랑하십시오! 이러한 나라를 사모하십시오! 이러한 본향을 바라십시오! 여러분이, 우리 주님이 가지고 오신 것, 곧, 은혜와 진리에 도달하려면 말입니다. 그러나 그대가 하나님께 육신의 상급을 바란다면, 그대는 여태 율법 아래 있는 것이고, 따라서 율법 자체를 이루지 못할 것입니다.

xxi, 3. Quandō enim vīderis abundāre ista temporālia in eīs, quī Deum offendunt, nūtant gressūs tuī, et dīcis tibī:

> Ecce, egō colō Deum, cotīdiē ad ecclēsiam currō, genua mihī trīta sunt in ōrātiōnibus; et assiduē aegrōtō; homicīdia faciunt hominēs, rapīnās faciunt; exsultant et abundant, bene est illīs.

Tālia ergō quaerēbās ā Deō? Certē ad grātiam pertinēbās. Sī grātiam ideō tibī dedit Deus, quia grātīs dedit, grātīs amā. Nōlī ad praemium dīligere Deum; ipse sit praemium tuum. Dīcat anima tua:

> Ūnam petiī ā Dominō, hanc requīram, ut inhabitem in domō Dominī per omnēs diēs vītae meae, ut contempler dēlectātiōnem Dominī.

xxi, 4. Nōlī timēre, nē fastīdiō dēficiās; tālis erit illa dēlectātiō pulchritūdinis, ut semper tibī praesēns sit, et numquam satiēris; immō semper satiēris, et numquam satiēris. Sī enim dīxerō, quia nōn satiāberis, famēs erit; sī dīxerō, quia satiāberis, fastīdium timeō. Ubī nec fastīdium erit, nec famēs, quid dīcam, nesciō; sed Deus habet, quod exhibeat nōn invenientibus, quōmodo dīcant, et crēdentibus, quod accipiant.

xxi, 3. 이런 시간적 재화(財貨)가 하나님을 거스르는 자들에게 풍성한 것을 그대가 볼 때, 그대의 발걸음이 흔들리고, 그대는 그대 자신에게 이렇게 말합니다.

> 보라! 나는 하나님을 섬기고, 매일 교회로 달려가고, 내 무릎은 기도로 닳았다. 그런데 내게는 병이 끊이질 않는다. [저] 사람들은 살인을 하고, 약탈을 하면서도, 환호작약하고, 풍성함을 누린다. 저들의 일은 잘되고 있다.

그러면 그대는 그런 걸 하나님께 구했습니까? 그대는 분명 은혜에 속했습니다. 만약 하나님이 은혜를 그대에게 주셨다면, 그것은 거저 주신 것이기 때문입니다. 그러니, 대가를 바라지 말고 사랑하십시오! 상급 때문에 하나님을 사랑하지 마시기 바랍니다. 그가 그대의 상급입니다. 그대 영혼은 이런 말을 해야 합니다.

> 내가 여호와께 청하였던 한 가지 일, 곧, 그것을 구하리니, 곧, 나로 내 생전에 여호와의 집에 거하여, 여호와의 아름다움을 앙망하며, [그 전에서 사모하게 하실 것이라.] (시 27:4)

xxi, 4. 싫증을 느끼게 될까 두려워하지 마십시오! 그 아름다움에서 오는 환희는 그대에게 항상 현존(現存)할 것이고, 결코 물리지 않을 것입니다. 아니, 항상 만족하되, 결코 물리지 않을 것입니다. 이는, 내가 말하기를, 그대가 만족하지 못할 것이라 한다면, 굶주림이 있을 것이고, 그대가 만족할 것이라 한다면, 싫증을 두려워하게 되기 때문입니다. 싫증도, 굶주림도 없는 곳 – 그런 곳을 내가 뭐라 해야 좋을지, 나는 모릅니다. 하지만 어떻게 표현해야 좋을지 모르는 자들, 그러나 받을 것으로 믿는 자들 – 그들에게 하나님은 보여 주실 것을 가지고 계십니다.

TRACTATUS IV.

Ioh. 1, 19-33.

19 Et hoc est testimōnium Iohannis, quandō mīsērunt Iūdaeī ab Hierosolymīs sacerdōtēs et Levītās ad eum, ut interrogārent eum: Tū quis es? 20 Et cōnfessus est et nōn negāvit; et cōnfessus est: Quia nōn sum egō Chrīstus. 21 Et interrogāvērunt eum: Quid ergō Eliās es tū? Et dīxit: Nōn sum. Prophēta es tū? Et respondit: Nōn. 22 Dīxērunt ergō eī: Quis es, ut respōnsum dēmus hīs, quī mīsērunt nōs? Quid dīcis dē tē ipsō? 23 Ait: Egō vōx clāmantis in dēsertō: Dīrigite viam Dominī, sīcut dīxit Isaias prophēta. 24 Et quī missī fuerant, erant ex Pharisaeīs. 25 Et interrogāvērunt eum et dīxērunt eī: Quid ergō baptizās, sī tū nōn es Chrīstus neque Eliās neque prophēta? 26 Respondit eīs Iohannēs dīcens: Egō baptizō in aquā; medius autem vestrum stetit, quem vōs nōn scītis. 27 Ipse est, quī post mē ventūrus est, quī ante mē factus est; cuius egō nōn sum dīgnus, ut solvam eius corrigiam calceāmentī. 28 Haec in Bethaniā facta sunt trāns Iordānen, ubī erat Iohannēs baptizāns. 29 Alterā diē vīdit Iohannēs Iēsum venientem ad sē et ait: Ecce, agnus Deī, quī tollit peccātum mundī. 30 Hic est, dē quō dīxī: Post mē venit vir, quī ante mē factus est, quia prior mē erat. 31 Et egō nesciēbam eum, sed ut manifestētur in Israel, proptereā vēnī egō in aquā baptizāns. 32 Et testimōnium perhibuit Iohannēs dīcēns: Quia vīdī Spīritum dēscendentem quasi columbam dē caelō et mānsit super eum. 33 Et egō nesciēbam eum, sed quī mīsit mē baptizāre in aquā, ille mihī dīxit: Super quem vīderis Spīritum dēscendentem et manentem super eum, hic est, quī baptizat in Spīritū Sānctō.

제4강

요 1:19-33

19 유대인들이 예루살렘에서 제사장들과 레위인들을 요한에게 보내어 네가 누구냐 물을 때에 요한의 증거가 이러하니라 20 요한이 드러내어 말하고 숨기지 아니하니 드러내어 하는 말이 나는 그리스도가 아니라 한대 21 또 묻되 그러면 무엇, 네가 엘리야냐 가로되 나는 아니라 또 묻되 네가 그 선지자냐 대답하되 아니라 22 또 말하되 누구냐 우리를 보낸 이들에게 대답하게 하라 너는 네게 대하여 무엇이라 하느냐 23 가로되 나는 선지자 이사야의 말과 같이 주의 길을 곧게 하라고 광야에서 외치는 자의 소리로라 하니라 24 저희는 바리새인들에게서 보낸 자라 25 또 물어 가로되 네가 만일 그리스도도 아니요 엘리야도 아니요 그 선지자도 아닐진대 어찌하여 세례를 주느냐 26 요한이 대답하되 나는 물로 세례를 주거니와 너희 가운데 너희가 알지 못하는 한 사람이 섰으니 27 곧 내 뒤에 오시는 그이라 나는 그의 신들메 풀기도 감당치 못하겠노라 하더라 28 이 일은 요한의 세례 주던 곳 요단 강 건너편 베다니에서 된 일이니라 29 이튿날 요한이 예수께서 자기에게 나아오심을 보고 가로되 보라 세상 죄를 지고 가는 하나님의 어린 양이로다 30 내가 전에 말하기를 내 뒤에 오는 사람이 있는데 나보다 앞선 것은 그가 나보다 먼저 계심이라 한 것이 이 사람을 가리킴이라 31 나도 그를 알지 못하였으나 내가 와서 물로 세례를 주는 것은 그를 이스라엘에게 나타내려 함이라 하니라 32 요한이 또 증거하여 가로되 내가 보매 성령이 비둘기같이 하늘로서 내려와서 그의 위에 머물렀더라 33 나도 그를 알지 못하였으나 나를 보내어 물로 세례를 주라 하신 그이가 나에게 말씀하시되 성령이 내려서 누구 위에든지 머무는 것을 보거든 그가 곧 성령으로 세례를 주는 이인 줄 알라 하셨기에

i, 1. Saepissimē audīvit Sānctitās vestra, et optimē nōstis, quoniam Iohannēs Baptista quantō praeclārior erat in nātīs mulierum, et quantō humilior ad cōgnōscendum Dominum, tantō meruit esse amīcus spōnsī; spōnsō zēlāns, nōn sibī; nōn suum honōrem quaerēns, sed iūdicis suī, quem tamquam praecō praeībat. Itaque Prophētīs praecēdentibus praenūntiāre dē Chrīstō futūra concessum est; huic autem digitō ostendere.

i, 2. Sīcut enim īgnōrābātur Chrīstus ab hīs, quī Prophētīs nōn crēdidērunt, antequam venīret, sīc ab eīs īgnōrābātur et praesēns. Vēnerat enim humiliter prīmō et occultus; tantō occultior, quantō humilior; populī autem spernentēs per superbiam suam humilitātem Deī, crucifīxērunt Salvātōrem suum, et fēcērunt damnātōrem suum.

ii, 1. Sed quī prīmō vēnit occultus, quia vēnit humilis, numquid deinceps nōn est ventūrus manifestus, quia excelsus? Audīstis modo Psalmum:

> Deus manifestus veniet, Deus noster et nōn silēbit.

Siluit, ut iūdicārētur, nōn silēbit, cum coeperit iūdicāre. Nōn dīcerētur, manifestus veniet, nisī prīmō vēnisset occultus; nec dīcerētur, nōn silēbit, nisī quia prīmō siluit. Quōmodo siluit? Interrogā Isaiam:

> Sīcut ovis ad occīsiōnem ductus est, et sīcut agnus cōram eō, quī sē tondēret, fuit sine vōce, sīc nōn aperuit ōs suum.

i, 1. 거룩한 백성이여! 그대들은 세례 요한에 대해 정말 자주 들었습니다. 아주 잘 알고 있습니다. 그는 여자가 낳은 자 중에 얼마나 훌륭한 자인지요?[1] 주님을 아는 일에 얼마나 겸손한 자인지요? 그런 만큼 그는 '신랑의 친구'[2] 되기에 합당였습니다. 그는 신랑을 위해 열심을 내었지, 자기 자신을 위해 내지 않습니다. 그는 자기의 영광을 구하지 않고, 자기의 심판자의 영광을 구합니다. 그는 사자(使者) 자격으로 그보다 앞서갔습니다. 그리하여 앞서간 선지자들에게도 그리스도에 관한 장래 일을 미리 전하는 일이 허락되었습니다. 그러나 이 사람에게는 손가락으로 가리키는 것이 [허락되었습니다].

i, 2. 그리스도가 오시기 전, 선지자들을 믿지 않은 사람들이 그리스도를 알지 못했던 것처럼, 그가 계실 때도, 그들은 그를 알지 못했습니다. 이는, 그가 먼저 겸손한 모습으로 오셨고, 감추어져 있었기 때문입니다. 겸손할수록 더 감추어집니다. 그런데 사람들은 자기네의 교만 때문에 하나님의 겸손하심을 멸시하여 자기네 구주를 십자가에 못 박아, [그를] 자기네를 정죄하는 자로 만들었습니다.

ii, 1. 그러나 겸손한 모습으로 오셨기 때문에 감추어져 오신 그리스도께서 존귀한 모습으로 오실 것이기 때문에, 드러나게 오시지 않을까요? 그대들은 방금 시편 말씀을 들었습니다.

> 우리 하나님이 임하사, 잠잠치 아니하시니. (시 50:3a)

그가 잠잠하셨던 것은, 심판을 당하기 위해서였습니다. 그가 [더 이상] 잠잠하시지 않을 것은, 심판을 시작하실 때입니다. 그가 먼저 감추어져 오시지 않았더라면, 공공연히 임하실 것이라는 말씀이 없었을 것입니다. 그가 먼저 잠잠치 않으셨더라면, 잠잠치 않으시리라는 말씀도 없었을 것입니다. 그가 어떻게 잠잠하셨습니까? 이사야에게 물어보십시오!

> … 마치 도수장으로 끌려가는 어린 양과, 털 깎는 자 앞에 잠잠한 양 같이 그 입을 열지 아니하였도다. (사 53:7)

---

[1] 마 11:11 (= "내가 진실로 너희에게 말하노니 여자가 낳은 자 중에 세례 요한보다 큰 이가 일어남이 없도다 그러나 천국에서는 극히 작은 자라도 저보다 크니라") 참조.

[2] 요 3:29 (= "신부를 취하는 자는 신랑이나 서서 신랑의 음성을 듣는 친구가 크게 기뻐하나니 나는 이러한 기쁨이 충만하였노라") 참조.

ii, 2. Veniet autem manifestus, et nōn silēbit. Quōmodo manifestus?

Ignis ante eum praeībit, et in circuitū eius tempestās valida.

Tempestās illa tollere habet tōtam paleam dē āreā, quae modo trītūrātur; et ignis incendere, quod tempestās abstulerit. Modo autem tacet; tacet iūdiciō, sed nōn tacet praeceptō.

Sī enim tacet Chrīstus, quid sibī volunt haec Ēvangelia? Quid sibī volunt vōcēs apostolicae, quid cantica Psalmōrum, quid ēloquia Prophētārum? In hīs enim omnibus Chrīstus nōn tacet. Sed tacet modo, ut nōn vindicet; nōn tacet, ut nōn moneat.

ii, 3. Veniet autem praeclārus in vindictam, et appārēbit omnibus, et quī in eum nōn crēdunt. Modo vērō quia et praesēns occultus erat, oportēbat, ut contemnerētur. Nisī enim contemnerētur, nōn crucifīgerētur; sī nōn crucifīgerētur, nōn funderet sanguinem, quō pretiō nōs redēmit. Ut autem daret pretium prō nōbīs, crucifīxus est; ut crucifīgerētur, contemptus est; ut contemnerētur, humilis appāruit.

iii, 1. Tamen quia quasi in nocte appāruit in corpore mortālī, lucernam sibī accendit, unde vidērētur. Ipsa lucerna Iohannēs erat, dē quō iam multa audīvistis; et praesēns lēctiō Ēvangeliī, verba Iohannis continet, prīmō, quod praecipuum est, cōnfitentis, quia nōn ipse erat Chrīstus. Tanta autem excellentia erat in Iohanne, ut posset crēdī Chrīstus; et in eō probāta est humilitās eius, quia dīxit sē nōn esse, cum posset crēdī esse.

ii, 2. 그러나 그는 공공연히 임하실 것이고, 잠잠치 아니할 것입니다. 어떻게 공공연히 임하십니까?

> 그 앞에는 불이 삼키고, 그 사방에는 광풍이 불리로다. (시 50:3b)

그 광풍은 타작 마당에서 지금 나온 모든 쭉정이를 쓸어 갈 것이고, 광풍이 쓸어 간 것은 불이 삼킬 것입니다. 지금은 그러나 그가 잠잠하십니다. 그가 잠잠하신 것은 심판하시기 위해서입니다. 그러나 [무엇을] 명하시려 하실 때는 잠잠하지 않습니다.

그리스도께서 정말로 잠잠하시다면, 이 복음서들이 무슨 소용입니까? 사도들의 음성이 무슨 소용입니까? 시편 찬송이 무슨 소용입니까? 선지자들의 웅변이 무슨 소용입니까? 이 모든 것에서 그리스도는 잠잠하시지 않습니다. 그러나 지금 잠잠하신 것은 심판하시지 않으려 함입니다. 그가 잠잠하시지 않는 것은 권고하시지 않으려 함입니다.

ii, 3. 그러나 그는 징벌하시기 위해 영광 중에 오실 것입니다. 그리고 모든 사람들에게 나타나시되, 그를 믿지 않는 자들에게도 그러실 것입니다. 그러나 지금은 현존(現存)하시면서도 숨어 계셨기 때문에, 멸시를 당하셔야 했습니다. 이는, 그가 멸시를 당하시지 않았더라면, 십자가에 달리시지 않았을 것이기 때문입니다. 그가 십자가 달리시지 않았더라면, 피를 흘리시지 않았을 것입니다. 이 핏값으로 그는 우리를 구속(救贖)하셨습니다. 그런데 그는 우리를 위해 대가를 지불하시려고, 십자가를 지셨습니다. 십자가에 달리시기 위해 멸시를 당하셨습니다. 멸시를 당하시기 위해 겸손한 (= 비천한) 모습으로 오셨습니다.

iii, 1. 하지만 그가 가사적(可死的) 육신으로 나타나신 것은 흡사 밤에 나타나신 것과 같습니다. 그래서 자기를 위해 등불을 켜사, 자기를 볼 수 있게 하셨습니다. 그 등불은 요한이었습니다.[1] 여러분은 이미 요한에 대해 많은 이야기를 들었습니다. 그리고 방금 읽은 복음서에도 요한의 말이 들어 있습니다. 첫째로 가장 중요한 것은, 그가, 자기는 그리스도가 아니라 고백한 내용입니다. 그러나 요한에게는 사람들이 그를 그리스도라 믿을 수 있을 정도로 엄청난 탁월함이 있었습니다. 그리고 그의 겸손함은, 사람들이 그를 [그리스도라] 믿을 수 있을 정도였지만, 자기는 [그리스도가] 아니라고 고백했다는 점에 있습니다.

---

[1] 요 5:35 (= "요한은 켜서 비취는 등불이라 너희가 일시 그 빛에 즐거이 있기를 원하였거니와") 참조.

iii, 2. Ergō:

> Hoc est testimōnium Iohannis, quandō mīsērunt Iūdaeī ab Ierosolymīs sacerdōtēs et Levītās ad eum, ut interrogārent eum: Tū quis es?

Nōn autem mitterent, nisī movērentur excellentiā auctōritātis eius, quia ausus est baptizāre. *Et cōnfessus est, et nōn negāvit.* Quid cōnfessus est? *Et cōnfessus est: Quia nōn sum egō Chrīstus.*

iv, 1. *Et interrogāvērunt eum: Quid ergō? Eliās es tū?* Nōverant enim, quia praecessūrus erat Eliās Chrīstum. Nōn enim alicui incōgnitum erat nōmen Chrīstī apud Iūdaeōs. Istum nōn putāvērunt esse Chrīstum; nōn omnīnō Chrīstum nōn esse ventūrum. Cum spērārent ventūrum, sīc offendērunt in praesentem, offendērunt tamquam in humilem lapidem. Lapis enim ille adhūc parvus erat, iam quidem praecīsus dē monte sine manibus; sīcut dīcit Daniel prophēta, vīdisse sē *lapidem praecīsum* dē monte *sine manibus.*

iv, 2. Sed quid sequitur? *Et crēvit,* inquit, *lapis ille, et factus est mōns magnus, et implēvit ūniversam faciem terrae.* Videat ergō Cāritās vestra, quod dīcō: *Chrīstus ante Iūdaeōs iam praecīsus erat dē monte.* Montem rēgnum vult intellegī Iūdaeōrum. Sed rēgnum Iūdaeōrum nōn implēverat ūniversam faciem terrae. Inde praecīsus est ille lapis, quia inde nātus est in praesentiā Dominus. Et quārē sine manibus? Quia sine opere virīlī Virgō peperit Chrīstum. Iam ergō erat lapis ille praecīsus sine manibus, ante oculōs Iūdaeōrum; sed humilis erat. Nōn immeritō; quia nōndum crēverat lapis ille, et implēverat orbem terrārum; quod ostendit in rēgnō suō, quod est Ecclēsia, quā implēvit tōtam faciem terrae.

iii, 2. 그러니까 [이렇게 기록돼 있습니다].

유대인들이 예루살렘에서 제사장들과 레위인들을 요한에게 보내어, '네가 누구냐?' 물을 때에, 요한의 증거가 이러하니라. (요 1:19)

그러나 그들은 그의 탁월한 권위에 놀라지 않았다면, 보내지 않았을 것입니다. 이는, 그가 세례 베푸는 일을 감행했기 때문입니다. "요한이 드러내어 말하고, 숨기지 아니하니"(요 1:20a). 무엇을 드러내어 말했습니까? "드러내어 하는 말이 나는 그리스도가 아니라 한대"(요 1:20b).

iv, 1. "또 묻되 그러면 무엇, 네가 엘리야냐?"(요 1:21) 즉, 그들은, 엘리야가 그리스도에 선행(先行)할 것이라는 사실을 알았습니다. 이는, 유대인들에게 그리스도의 이름이 알려지지 않은 것이 아니기 때문입니다. 그들은, 요한이 그리스도라고 믿지 않았습니다. 그리스도가 오시지 않을 것이라는 생각[도] 전혀 하지 않았습니다. 그들은 오실 그분을 대망(待望)하면서도, 현전(現前)하시는 그분은 거부했습니다. 그들은 [그분을] 마치 하찮은 돌맹이처럼 내동댕이쳤습니다. 이는, 그 돌이 아직 작았기 때문입니다. 정말이지, 방금 산에서 '손으로 하지 아니하고 뜨인 돌'(단 2:34)이었습니다. 다니엘 선지자가 산에서 '손으로 하지 아니하고 뜨인 돌'을 보았다고 말한 대로입니다.

iv, 2. 하지만 무슨 말이 이어집니까? "[우상을 친] 돌은 태산을 이루어, 온 세계에 가득하였었나이다"(단 2:35). 그러므로 사랑하는 여러분, 내가 말하는 것에 주목하십시오! 그리스도는 유대인들 앞에서 이미 산에서 뜨인 돌이었습니다. [다니엘은] 산이라는 말로 유대인의 왕국을 지칭하고자 했습니다. 그러나 유대인의 왕국은 온 세계를 채우지 못했습니다. 거기서 그 돌이 뜨인 것은, 거기서 주님이 현세(現世)에 태어나셨기 때문입니다. 그러면 왜 손으로 하지 않은 것입니까? 이는, 남자와의 교감(交感) 없이 동정녀가 그리스도를 낳았기 때문입니다. 그러므로 이미 그 돌은 유대인들의 눈앞에서 손으로 하지 않고 뜨인 것입니다. 그러나 그것은 비천한 돌이었습니다. [이에는] 까닭이 없지 않습니다. 그 돌은 아직 커지지 않았고, 세상을 채우지 못했습니다. 그는 이것을 그의 나라, 곧, 교회에서 보여 주셨습니다. 교회를 통하여 그는 온 세계를 채웠습니다.

iv, 3. Quia ergō nōndum crēverat, offendērunt in illum tamquam in lapidem; et factum est in eīs, quod scrīptum est:

> Quī ceciderit super lapidem istum, conquassābitur; et super quōs ceciderit lapis ille, conteret eōs.

Prīmō super humilem cecidērunt; excelsus super illōs ventūrus est; sed ut eōs ventūrus excelsus conterat, prīmō eōs humilis quassāvit. Offendērunt in eum, et quassātī sunt; nōn contrītī, sed quassātī; veniet excelsus, et conteret eōs. Sed īgnōscendum est Iūdaeīs, quia offendērunt in lapidem, quī nōndum crēverat.

iv, 4. Quālēs sunt illī, quī in ipsum montem offendērunt? Iam, dē quibus dīcam, cōgnōscitis. Quī negant Ecclēsiam tōtō orbe diffūsam, nōn in humilem lapidem, sed in ipsum montem offendunt; quod factus est ille lapis, dum crēsceret. Caecī Iūdaeī nōn vīdērunt humilem lapidem; quanta caecitās est nōn vidēre montem?

v, 1. Ergō vīdērunt humilem, et nōn cōgnōvērunt. Dēmōnstrābātur illīs per lucernam. Nam prīmō ille, quō māior nēmō surrēxerat in nātīs mulierum, dīxit:

> Nōn sum egō Chrīstus.

Dictumque illī est:

> Numquid tū es Eliās?

Respondit, *nōn sum*. Chrīstus enim praemittit ante sē Eliam; et dīxit: *Nōn sum*, et fēcit nōbīs quaestiōnem. Timendum est enim, nē minus intellegentēs, contrāria putent Iohannem dīxisse quam Chrīstus dīxit.

iv, 3. 그러므로 그 돌이 아직 커지지 않았기 때문에, 그들은 그에게 부딪히되, 마치 돌에 부딪히듯 하였습니다. 그래서 그들에게 기록된 바가 이루어졌습니다.

> 무릇 이 돌 위에 떨어지는 자는 깨어지겠고, 이 돌이 사람 위에 떨어지면 저를 가루로 만들어 흩으리라. (눅 20:18)

첫째, 그들은, 그가 낮은 위치에 있을 때, 그 위에 떨어졌습니다. 그는 존귀한 자로 그들 위에 오사, 그들을 가루로 만드실 것입니다. 처음에 그는 비천한 자로 그들을 깨뜨렸습니다. 그들은 그에게 부딪혔고, 깨어졌습니다. 가루가 된 것이 아니고, 깨어진 것입니다. 그가 존귀한 자로 오실 때, 그들을 가루로 만드실 것입니다. 그러나 유대인들은 용서해 줄 수 있습니다. 이는, 그들이 아직 커지지 않은 돌에 부딪혔기 때문입니다.

iv, 4. 산 자체에 부딪힌 자들은 어떤 자들입니까? 내가 누구에 대해 말하는지 여러분은 이미 알고 계십니다.[1] 전 세계에 퍼진 교회를 부정(否定)하는 자들은 비천한 돌에 부딪힌 것이 아니라, 산 자체에 부딪힌 자들입니다. 그 돌이 커져서 산이 되었습니다. 유대인들은 맹목적이어서, 그 비천한 돌을 보지 못했습니다. 산을 못 본다는 것은 얼마나 엄청난 맹목성(盲目性)입니까?

v, 1. 그러므로 그들은 그의 비천한 모습[만] 보고, 그를 알아보지 못했습니다. 등불이 그를 그들에게 비춰 주었습니다. 정말이지, 여자가 낳은 자 중에 가장 큰 이가 일어나,[2] 이렇게 말했습니다.

> 나는 그리스도가 아니라. (요 1:20)

그러자 그에게 [사람들이] 물었습니다.

> 네가 엘리야냐? (요 1:21)

그는 "나는 아니라"고 대답하였습니다. 이는, 그리스도가 자기보다 먼저 엘리야를 보내시기 때문입니다. 그런데 요한은, "나는 아니라"고 말하여, 우리에게 문제를 던져 주었습니다. 이는, 깨달음이 적은 자들이, 요한이, 그리스도가 말씀하신 것과 반대되는 내용을 말했다 믿을 우려가 있기 때문입니다.

---

[1] 도나투스파를 말한다.

[2] 마 11:11 (= "내가 진실로 너희에게 말하노니 여자가 낳은 자 중에 세례 요한보다 큰 이가 일어남이 없도다 그러나 천국에서는 극히 작은 자라도 저보다 크니라") 참조.

Quōdam enim locō, cum Dominus Iēsūs Chrīstus in Ēvangeliō quaedam dīceret dē sē, respondērunt illī discipulī:

Quōmodo ergō dīcunt Scrībae, id est, perītī Lēgis, quia Eliam oportet prīmum venīre?

Et ait Dominus:

Eliās iam vēnit, et fēcērunt eī, quae voluērunt; et sī vultis scīre, ipse est Iohannēs Baptista.

Dominus Iēsūs Chrīstus dīxit:

Eliās iam vēnit, et ipse est Iohannēs Baptista.

Iohannēs autem interrogātus sīc sē cōnfessus est Eliam nōn esse, quōmodo nec Chrīstum esse. Et utique sīcut vērum cōnfessus est Chrīstum sē nōn esse, sīc vērum cōnfessus est nec Eliam sē esse.

v, 2. Quōmodo ergō comparābimus dicta praecōnis cum dictīs iūdicis? Absit, ut praecō mentiātur; hoc enim loquitur, quod audit ā iūdice. Quārē ergō ille: *Nōn sum Eliās*; et Dominus: *Ipse est Eliās*? Quia in eō Dominus Iēsūs Chrīstus praefigūrāre voluit futūrum adventum suum, et hoc dīcere, quia in spīritū Eliae erat Iohannēs. Et quod erat Iohannēs ad prīmum adventum, hoc erit Eliās ad secundum adventum. Quōmodo duo adventūs iūdicis, sīc duo praecōnēs. Iūdex quidem ipse, praecōnēs autem duo; nōn duo iūdicēs. Oportēbat enim iūdicem prīmō venīre iūdicandum. Mīsit ante sē prīmum praecōnem, vocāvit illum Eliam; quia hoc erit in secundō adventū Eliās, quod in prīmō Iohannēs.

vi, 1. Namque intendat, Cāritās vestra, quam vērum dīcam. Quandō conceptus est Iohannēs, vel potius quandō nātus est, Spīritus Sānctus hoc dē illō homine implendum prophētāvit: *Et erit*, inquit, *praecursor Altissimī, in spīritū et virtūte Eliae*.

복음서 어느 대목에 보면, 주 예수 그리스도께서 자기 자신에 대해 무슨 말씀을 하셨을 때, 제자들이 그에게 이렇게 물었습니다.

그러면 어찌하여 서기관들이[= 율법사들이], 엘리야가 먼저 와야 하리라 하나이까? (마 17:10)

이에 주님은 이렇게 말씀하셨습니다.

엘리야가 이미 왔으되, 사람들이 알지 못하고 임의로 대우하였도다. (마 17:12) 만일 너희가 즐겨 받을진대, 오리라 한 엘리야가 곧 이 사람 [세례 요한]이니라. (마 11:14)

주 예수 그리스도는 이렇게 말씀하신 것입니다.

엘리야가 이미 왔고, 그는 세례 요한이다.

그런데 세례 요한은 질문을 받고, 자기는 엘리야가 아니라고 선언하였습니다. 이것은, 자기는 그리스도가 아니라 선언한 것과 통합니다. 그리고 그가, 자기는 그리스도가 아니라 고백한 것은, 그가, 자기는 엘리야가 아니라 고백한 것과 분명히 같은 맥락입니다.

v, 2. 그러면 우리는 어떻게 사자(使者)의 말과, 심판주의 말을 비교할 것입니까? 사자가 거짓말을 할 수는 없습니다. 이는, 그가 재판관에게서 들은 것을 말하기 때문입니다. 그렇다면, 그는 왜 "나는 엘리야가 아니라" 했고, 주님은 "그는 엘리야다"라고 했습니까? 이는, 주 예수 그리스도께서 요한을 당신의 장래 강림을 예표하는 인물로 보려 했고, 요한이 엘리야의 영으로 왔다는 말을 하려 했기 때문입니다. 요한이 초림 때 한 역할을, 엘리야가 재림 때 할 것입니다. 심판주의 강림이 두 번인 것처럼, 사자(使者)도 둘입니다. 심판주는 동일합니다만, 사자는 둘입니다. 심판주가 둘이 아닙니다. 이는, 심판주가 먼저 와서 재판을 받아야 했기 때문입니다. 그는 자기 앞에 먼저 사자를 보내셨고, 그 사자를 '엘리야'라 불렀습니다. 이는, 첫 번째 강림에서 요한이 한 역할을 두 번째 강림에서 엘리야가 할 것이기 때문입니다.

vi, 1. 사랑하는 여러분! 정말이지, 나의 말이 얼마나 참된지 [잘] 살피십시오! 요한이 잉태되었을 때, 아니 태어났을 때, 성령이 예언하기를, 이 사람과 관련, 다음과 같은 일이 성취될 것이라 하였습니다.

저가 또 엘리야의 심령과 능력으로 주 앞에 앞서가서, …. (눅1:17)

Nōn ergō Elias, sed in spīritū et virtūte Eliae. Quid est, in spīritū et virtūte Eliae? In eōdem Spīritū Sānctō vice Eliae. Quārē vice Eliae? Quia quod Elias secundō, hoc Iohannēs prīmō adventuī fuit. Rēctē ergō modo Iohannēs propriē respondit. Nam Dominus figūrātē: *Elias ipse est Iohannēs*; iste autem, ut dīxī, propriē:

> Nōn sum egō Elias.

Sī figūram praecursiōnis advertās, Iohannēs ipse est Elias; quod enim ille ad prīmum adventum, hoc ille ad secundum erit. Sī proprietātem persōnae interrogēs, Iohannēs Iohannēs, Elias Elias; Dominus ergō ad praefigūrātiōnem rēctē: *Ipse est Elias*; Iohannēs autem rēctē ad proprietātem: *Nōn sum Elias.* Nec Iohannēs falsum, nec Dominus falsum; nec praecō falsum, nec Iūdex falsum; sed sī intellegās.

vi, 2. Quis autem intelleget? Quī imitātus fuerit humilitātem praecōnis, et cōgnōverit celsitūdinem iūdicis. Nihil enim humilius ipsō praecōne. Frātrēs meī, nūllum tantum meritum Iohannēs habuit quam dē istā humilitāte, quod cum posset fallere hominēs, et putārī Chrīstus, et habērī prō Chrīstō (tantae enim grātiae tantaeque excellentiae fuit), cōnfessus est tamen apertē, et dīxit:

> Nōn sum egō Chrīstus.

Numquid tū Elias es? Iam sī dīceret: *Elias sum*; ergō iam in secundō adventū adveniēns Chrīstus iūdicāret, nōn adhūc in prīmō iūdicārētur. Tamquam dicēns: *Ventūrus est et Elias*; *Nōn sum*, inquit: *Elias.* Sed observāte humilem, ante quem vēnit Iohannēs, nē sentiātis excelsum, ante quem ventūrus est Elias. Nam et Dominus ita complēvit:

> Ipse est Iohannēs Baptista, quī ventūrus est.

그러므로 그는 엘리야가 아니고, '엘리야의 심령과 능력으로' [앞서가는 사람입니다]. '엘리야의 심령과 능력으로'라는 말이 무슨 말입니까? '엘리야처럼 성령으로'라는 뜻입니다. 왜 엘리야처럼입니까? 두 번째 강림에서 엘리야가 할 역할을 첫 번째 강림에서 요한이 했기 때문입니다. 그러므로 요한의 지금 대답은 옳은 것인데, 그는 원래적 의미로 말을 했습니다. 주님은 사실 비유적 의미로 말을 했습니다.

엘리야가 곧 이 사람이니라. (마 11:14)

그러나 요한은, 내가 말한 것처럼, 원래적 의미로 말을 했습니다.

나는 [엘리야가] 아니라. (요 1:21)

만약 그대가 전구(前驅)의 비유적 의미에 주목한다면, 요한이 바로 엘리야입니다. 이는, 요한이 초림 때 한 역할을, 엘리야가 재림 때 할 것이기 때문입니다. 만약 그대가 인물의 고유성을 묻는다면, 요한은 요한이고, 엘리야는 엘리야입니다. 그러므로 주님이 [요한의] 예표(豫表) 역할을 염두에 두고 "그는 엘리야다"라고 하신 것은 옳습니다. 하지만 요한은 [인물의] 고유성을 염두에 두고 "나는 엘리야가 아니다"는 말을 한 것이고, 그것 역시 옳습니다. 요한도 거짓을 말한 것이 아니고, 주님도 거짓을 말한 것이 아닙니다. 사자도 거짓을 말한 것이 아니고, 심판주도 거짓을 말한 것이 아닙니다. 하지만 그대의 이해가 전제돼야 합니다.

vi, 2. 그러나 누가 이해를 할까요? 사자의 겸손함을 닮는 자, 심판주의 존귀함을 깨닫는 자입니다. 정말이지, 이 사자보다 더 겸손한 자는 없습니다. 나의 형제 여러분! 요한이 세운 가장 큰 공로는 바로 이 겸손에 있습니다. 이는, 그가 사람들을 속일 수 있었고, 그리스도라 여겨질 수 있었고, 그리스도라는 인정을 받을 수 있었기 때문입니다. (그만큼 그는 큰 은혜를 받았고, 그만큼 그는 아주 탁월하였습니다.) 그럼에도 불구하고 그는 분명히 밝혀 말했습니다.

나는 그리스도가 아니라. (요 1:20)

"그러면 무엇, 네가 엘리야냐?"(요 1:21) 그런데 그가 만약 "나는 엘리야다"라 대답했다면, 그리스도는 실로 벌써 재림하여 오사, 심판하셨을 것이고, 초림 때에 먼저 심판을 받지 않으셨을 것입니다. [요한은] 마치 "엘리야가 오리라"고 말하는 것처럼, "나는 [엘리야가] 아니라"(요 1:21)고 말하였습니다. 그러나 그 겸손한 분을 보십시오! 요한은 그분보다 앞서 왔습니다. 이는, 여러분이 그 존귀하신 분에 대해 잘못된 느낌을 갖게 하지 않기 위해서입니다. 엘리야는 그분보다 먼저 올 것입니다. 이는, 주님 역시 이렇게 말을 맺기 때문입니다.

장차 올 자는 세례 요한이니라.[1]

---

[1] 마 11:14 (= "만일 너희가 즐겨 받을진대 오리라 한 엘리야가 곧 이 사람이니라") 참조.

vi, 3. Ipsa praefigūrātiōne vēnit iste, quā proprietāte ventūrus est Elias. Tunc Elias per proprietātem Elias erit, nunc per similitūdinem Iohannēs erat. Modo Iohannēs per proprietātem Iohannēs, per similitūdinem Elias est. Ambō praecōnēs sibī dedērunt similitūdinēs suās, et tenuērunt proprietātēs suās; ūnus autem Dominus iūdex, sīve illō praecōne praecēdente, sīve illō.

vii, 1. *Et interrogāvērunt eum: Quid ergō? Elias es tū? Et dīxit: Nōn. Et dīxērunt eī: Prophēta es tū? Et respondit? Nōn. Dīxērunt ergō eī: Quis es tū? Ut respōnsum dēmus hīs, quī mīsērunt nōs. Quid dīcis dē tē ipsō? Ait: Egō vōx clāmantis in dēsertō.* Isaias illud dīxit. In Iohanne prophētia ista implēta est: *Egō vōx clāmantis in dēsertō.* Quid clāmantis? *Dīrigite viam Dominī, rēctās facite sēmitās Deī nostrī.*

vii, 2. Nōn vōbīs vidētur praecōnis esse dīcere: *Exīte, facite viam?* Nisī quod praecō Exīte dīcit, Iohannēs dīcit: Venīte. Ā iūdice repellit praecō, ad iūdicem vocat Iohannēs. Immō vocat Iohannēs ad humilem, nē iūdex sentiātur excelsus. *Egō vōx clāmantis in dēsertō, dīrigite viam Dominī, sīcut dīxit Isaias prophēta.* Nōn dīxit: *Egō sum Iohannēs, egō sum Elias, egō sum prophēta.* Sed quid dīxit? Hoc vocor:

Vōx clāmantis in dēsertō. Dīrigite viam Dominō. Egō sum ipsa prophētia.

vi, 3. 그는 바로 이 예표(豫表)로 왔고, 엘리야는 원래적으로 올 것입니다. 그때의 엘리야는 원래적인 엘리야일 것이고, 지금 그는 비유적으로 요한입니다. 이제 요한은 원래적으로는 요한이고, 비유적으로는 엘리야입니다. 이 두 사자(使者)는 서로 비슷한 점이 있었지만, 자기의 특성을 유지했습니다. 그러나 유일하신 주님이 심판주이십니다. 그를 이 사자가 앞서든, 저 사자가 앞서든 상관없이 말입니다.

vii, 1. "21 또 묻되, 그러면 무엇, 네가 엘리야냐? 가로되, 나는 아니라. 또 묻되, 네가 그 선지자냐? 대답하되, 아니라. 22 또 말하되, 누구냐? 우리를 보낸 이들에게 대답하게 하라! 너는 네게 대하여 무엇이라 하느냐? 23 가로되, 나는 선지자 이사야의 말과 같이 주의 길을 곧게 하라고 광야에서 외치는 자의 소리로라"(요 1:21-23). 이사야의 말이 인용되었습니다.[1] 이 예언은 요한을 통해 성취되었습니다.

> 나는 … 광야에서 외치는 자의 소리로라.

무엇을 외치는 자의 소리입니까?

> 너희는 주의 길을 예비하라! 그의 첩경을 평탄케 하라! (마 3:3)

vii, 2. 여러분한테는 "나가서 길을 만들어라!"고 말하는 것은 사자가 할 일이 아니라고 여겨집니까? 사자는 "나가라!"고만 말하고, 요한은 "오라!"고만 말해야 할까요? 사자는 심판주에게서 [사람들을] 밀어내고, 요한은 심판주에게 [사람들을] 불러옵니다. 하지만 요한은 겸손한 자에게로 불러옵니다. 자기가 존귀한 심판주로 여겨지지 않게 말입니다.

> 나는 선지자 이사야의 말과 같이 주의 길을 곧게 하라고 광야에서 외치는 자의 소리로라. (요 1:23)

그는 이렇게 말하지 않았습니다.

> 나는 요한이다. 나는 엘리야다. 나는 선지자다.

하지만 그는 무슨 말을 했습니까?

> 나는 광야에서 외치는 자의 소리라고 불린다. 주의 길을 곧게 하라! 나는 예언 그 자체다.

---

[1] 사 40:3 (= "외치는 자의 소리여 가로되 너희는 광야에서 여호와의 길을 예비하라 사막에서 우리 하나님의 대로를 평탄케 하라") 참조.

viii, 1. *Et quī missī fuerant, erant ex Pharisaeīs*: id est, ex prīncipibus Iūdaeōrum. Et interrogāvērunt, et dīxērunt eī:

Quid ergō baptizās, sī tū nōn es Chrīstus, neque Eliās, neque prophēta?

Quasi audāciae vidēbātur esse baptizāre, quasi: *In quā persōnā?* Quaerimus, utrum tū sīs Chrīstus; tū dīcis tē nōn esse; quaerimus, nē forte praecursor illīus sīs, quia nōvimus ante Chrīstī adventum ventūrum esse Eliam; negās tē esse; quaerimus, nē forte aliquis multum praeveniēns praecō es, id est, prophēta, et accēpistī hanc potestātem; nec prophētam tē esse dīcis.

viii, 2. Et nōn erat prophēta Iohannēs; māior erat quam prophēta. Dominus dē illō tāle testimōnium dedit:

Quid exīstis in dēsertum vidēre? Harundinem ventō agitārī?

Utique: Nōn ventō agitārī, subaudīs; quia nōn hoc erat Iohannēs, quasi quī ā ventō movērētur; quī enim ā ventō movētur, circumflātur omnī spīritū sēductōriō.

Sed quid exīstis vidēre? Hominem mollibus vestītum?

Vestiēbātur enim Iohannēs asperīs, id est, tūnicā factā dē pilīs camēlī.

Ecce, quī mollibus vestiuntur, in domibus rēgum sunt.

Nōn ergō exīstis vidēre hominem mollibus vestītum. *Sed quid exīstis vidēre? Prophētam?* *Ita dīcō vōbīs, māior quam prophēta hic*; quia prophētae longē ante praenūntiāvērunt, Iohannēs praesentem dēmōnstrābat.

viii, 1. "저희는 바리새인들에게서 보낸 자라"(요 1:24). 즉, 유대인의 지도자들이 보낸 자들이었습니다.

> 또 물어 가로되, 네가 만일 그리스도도 아니요, 엘리야도 아니요, 그 선지자도 아닐진대, 어찌하여 세례를 주느냐? (요 1:25)

세례 주는 것이 마치 무엄한 일처럼 보인 것 같습니다. 그래서 마치 "무슨 자격으로?"라고 묻는 것 같습니다. 우리는, "그대가 그리스도냐?"고 묻습니다. 그대는, "아니"라고 대답합니다. 우리는, "그대가 혹 그의 전구(前驅)냐?"고 묻습니다. 이는, 우리가 아는 대로, 그리스도의 강림 전에 엘리야가 올 것이기 때문입니다. 그대는 "아니"라고 합니다. 우리는, "그대가 혹시 한참 전에 왔던 어떤 사자냐?"고, 즉, "선지자냐? 그래서 이런 권세를 부여받았느냐?"고 묻습니다. 그대는 "선지자도 아니다"고 말합니다.

viii, 2. 그런데 요한은 선지자가 아니었습니다. 선지자보다 더 큰 자였습니다. 주님은 그에 대해 다음과 같은 증거를 하셨습니다.

> 너희가 무엇을 보려고 광야에 나갔더냐? 바람에 흔들리는 갈대냐? (마 11:7)

물론, '바람에 흔들리는'이라는 말씀을 하신 것은, 요한이 바람에 흔들리는 [갈대] 같은 사람이 아니었기 때문입니다. 사실, 바람에 흔들리는 자는 유혹하는 모든 영에 의해 요동을 칩니다.

> 그러면 너희가 무엇을 보려고 나갔더냐? 부드러운 옷 입은 사람이냐? (마 11:8)

요한은 거친 옷을 입었습니다. 곧, '약대 털옷을'(마 3:4) 입었습니다.

> 부드러운 옷을 입은 자들은 왕궁에 있느니라. (마 11:8)

그러므로 그대들은 부드러운 옷 입은 자를 보려고 나간 것이 아닙니다.

> 그러면 너희가 어찌하여 나갔더냐? 선지자를 보려더냐? 옳다. 내가 너희에게 이르노니 선지자보다도 나은 자니라. (마 11:9)

이는, 선지자들은 먼 옛날에 예언하였지만, 요한은 현존(現存)하는 사람을 지시하였기 때문입니다.

ix, 1. *Quid ergō tū baptizās, si tū nōn es Chrīstus, neque Eliās, neque prophēta? Respondit eīs Iohannēs, et dīxit: Egō baptizō in aquā; medius autem vestrum stetit, quem vōs nescītis.* Humilis enim nōn vidēbātur, et proptereā lucerna accēnsa est. Vidēte, quōmodo dat locum, quī aliud posset putārī.

Ipse est, quī post mē venit, quī ante mē factus est.

Sīcut iam dīximus, id est, antepositus est mihī. Cuius egō nōn sum dīgnus, ut solvam corrigiam calceāmentī eius.

Quantum sē abiēcit? Et ideō multum ēlevātus est; quoniam *quī sē humiliat, exaltābitur.*

ix, 2. Unde dēbet vidēre Sānctitās vestra, quia sī Iohannēs sīc sē humiliāvit, ut dīceret: *Nōn sum egō dīgnus corrigiam solvere;* quōmodo habent humiliārī, quī dīcunt:

Nōs baptizāmus, nōs quod damus nostrum est, et quod nostrum est, sānctum est.

Ille dīcit: *Nōn egō, sed ille;* illī dīcunt: *Nōs.* Nōn est dīgnus Iohannēs solvere corrigiam calceāmentī eius. Quod sī dīgnum sē dīceret, quam humilis esset? Et sī dīgnum sē dīceret, et sīc dīceret: *Ille venit post mē, quī ante mē factus est, cuius tantummodo corrigiam calceāmentī dīgnus sum solvere;* multum sē humiliāsset. Quandō autem nec ad hoc dīgnum sē dīcit, vērē plēnus Spīritū Sānctō erat, quī sīc servus Dominum agnōvit, et ex servō amīcus fierī meruit.

ix, 1. "네가 만일 그리스도도 아니요, 엘리야도 아니요, 그 선지자도 아닐진대, 어찌하여 세례를 주느냐? 요한이 대답하되, 나는 물로 세례를 주거니와, 너희 가운데 너희가 알지 못하는 한 사람이 섰으니"(요1:25-26). 정말이지, 겸손하신 그분은 보이지 않았습니다. 이 때문에 그 등불이 켜진 것입니다. 보십시오! 무슨 인정을 받을 수 있는 사람이 어떻게 겸양(謙讓)하는지를 말입니다.

> 내가 전에 말하기를, 내 뒤에 오시는 이가 나보다 앞선 것은, 나보다 먼저 계심이니라. (요 1:15)
> 나는 그 신들메를 풀기도 감당치 못하겠노라. (눅 3:16)

[요한은] 얼마나 자기를 포기했습니까? 그리고 이 때문에 아주 높임을 받았습니다.

> 무릇 [자기를 높이는 자는 낮아지고,] 자기를 낮추는 자는 높아지리라. (눅 14:11)

ix, 2. 성도 여러분! 이것을 통해 여러분은 다음 사실을 유념해야 합니다. 요한이 "나는 그 신들메를 풀기도 감당치 못하겠노라" 말할 정도로 자기를 낮추었다면, 다음과 같이 말하는 사람들은 얼마나 스스로를 낮추어야 하겠습니까?[1]

> 우리가 세례를 주었다. 우리가 준 것은 우리 것이다. 우리 것은 거룩하다.

요한은 말합니다.

> 내가 아니라, 그분이 중요하다.

그들은 말합니다.

> 우리가 중요하다.

요한은 그 신들메를 풀기도 감당치 못합니다. 감당할 수 있다 말한다 해도, 얼마나 그는 겸손하겠습니까? 그가 감당할 수 있다 말하면서 이렇게 말한다 해 봅시다.

> 내 뒤에 오시는 이가 나보다 앞섰다. 나는 그 신들메를 풀기도 감당치 못한다.

그래도 그는 자기를 매우 낮춘 것일 것입니다. 그런데 그는 감당치 못한다 말을 했으니, 참으로 성령으로 충만한 사람입니다. 그는 그처럼 [철저하게] 종이 되었습니다. 그리고 주님을 주님으로 인정하였습니다. 그래서 종이었지만, 친구가 될 수 있는 자격을 얻었습니다.

---

[1] 도나투스파를 말한다.

x, 1. *Haec in Bethaniā facta sunt trāns Iordānem, ubī erat Iohannēs baptizāns. Alterā diē vīdit Iohannēs Iēsum venientem ad sē, et ait: Ecce, Agnus Deī, ecce, quī tollit peccātum mundī.* Nēmō sibī arroget, et dīcat, quia ipse auferat peccātum mundī. Iam intendite, contrā quōs superbōs intendēbat digitum Iohannēs. Nōndum erant nātī haereticī, et iam ostendēbantur; contrā illōs clāmābat tunc ā fluviō, contrā quōs modo clāmat ex Ēvangeliō.

x, 2. Venit Iēsūs; et quid dīcit ille? *Ecce, Agnus Deī.* Sī agnus innocēns, et Iohannēs agnus. An nōn et ipse innocēns? Sed quis innocēns? Quantum innocēns? Omnēs ex illā trāduce veniunt et ex illā prōpāgine, dē quā cantat gemēns David:

> Egō in iniquitāte conceptus sum, et in peccātīs māter mea in uterō mē aluit.

Sōlus ergō ille Agnus, quī nōn sīc vēnit. Nōn enim in inīquitāte conceptus est; quia nōn dē mortālitāte conceptus est; nec eum in peccātīs māter eius in uterō aluit, quem virgō concēpit, virgō peperit; quia fidē concēpit, et fidē suscēpit.

x, 3. *Ergō ecce, Agnus Deī.* Nōn habet iste trāducem dē Adam; carnem tantum sūmpsit dē Adam, peccātum nōn assūmpsit. Quī nōn assūmpsit dē nostrā massā peccātum, ipse est, quī tollit nostrum peccātum.

> Ecce, Agnus Deī, ecce, quī tollit peccātum mundī.

xi, 1. Nōstis, quia quīdam hominēs dīcunt aliquandō:

> Nōs tollimus peccāta hominibus, quī sānctī sumus; sī enim nōn fuerit sānctus, quī baptizat, quōmodo tollit peccātum alterīus, cum sit homō ipse plēnus peccātō?

Contrā istās disputātiōnēs verba nostra nōn dīcāmus, hunc legāmus:

> Ecce, Agnus Deī, ecce, quī tollit peccātum mundī.

x, 1. "이 일은 요한의 세례 주던 곳 요단 강 건너편 베다니에서 된 일이니라. 이튿날 요한이 예수께서 자기에게 나아오심을 보고 가로되, 보라! 세상 죄를 지고 가는 하나님의 어린 양이로다"(요 1:28-29). 아무도, 자기가 세상 죄를 지고 간다는, 오만한 주장을 하지 말아야 합니다. 요한이 손가락으로 가리키는 교만한 사람들을 이제 주목해 보십시오! 이단자들이 아직 태어나지도 않았을 때였습니다. 하지만 요한은 그들을 벌써 암시하고 있었습니다. 그들에 맞서 그는 당시 강에서 외쳤습니다. 그들에 맞서 지금은 복음서에서 외치고 있습니다.

x, 2. 예수님이 오셨습니다. 그러면 요한은 뭐라고 말합니까? "보라! 하나님의 어린 양이로다". 죄 없는 자가 어린 양이라면, 요한도 어린 양입니다. 혹시 그도 죄 없는 자가 아니지 않을까요? 도대체 누가 죄 없는 자입니까? 어느 정도 무죄할까요? 모든 사람이, 다윗이 탄식하면서 노래하는 그 줄기, 그 씨의 자손입니다.

> 내가 죄악 중에 출생하였음이여! 모친이 죄 중에 나를 잉태하였나이다. (시 51:5)

그러므로 죄악 중에 세상에 오지 않은 사람은 오직 그 어린 양밖에 없습니다. 이는, 그가 죄 중에 잉태되지 않았기 때문입니다. 그는 가사적(可死的) 인생으로 말미암아 잉태되지 않았습니다. '모친이 죄 중에 나를 잉태'하였다는 말은 그에게 해당되지 않습니다. 그는, 동정녀가 잉태하였고, 동정녀가 낳았습니다. 이는, 그녀가 그를 믿음으로 잉태하였고, 믿음으로 영접하였기 때문입니다.

x, 3. "보라! 하나님의 어린 양이로다"(요 1:36). 그는 아담의 줄기에서 나오지 않았습니다. 단지 육신만 아담에게서 취하였고, 죄는 취하지 않았습니다. 우리가 속한 집단에서 그는 죄를 취하지 않으셨는데, 그가 바로 우리 죄를 지고 가셨습니다.

> 보라, 세상 죄를 지고 가는 하나님의 어린 양이로다! (요 1:29)

xi, 1. 여러분이 아는 대로, 어떤 사람들이 이런 말을 한 적이 있습니다.

> 거룩한 우리가 사람들의 죄를 지고 간다. 세례를 주는 자가 거룩한 자가 아니라면, 그 사람이 자신이 죄로 가득차 있는데, 도대체 어떻게 남의 죄를 지고 가겠는가?

이런 주장에 대해 우리는 우리 자신의 말로 대항하지 말고, 다음과 같은 말씀을 읽도록 합시다!

> 보라, 세상 죄를 지고 가는 하나님의 어린 양이로다! (요 1:29)

Nōn sit praesūmptiō hominibus in hominēs; nōn trānsmigret passer in montēs, in Dominō cōnfīdat; et sī levat oculōs in montēs, unde veniet auxilium eī, intellegat, quia auxilium eius ā Dominō, quī fēcit caelum et terram.

xi, 2. Tantae excellentiae Iohannēs, dīcitur eī:

Tū es Chrīstus?

Dīcit: Nōn. Tū es Elias? Dīcit: Nōn. Tū es prophēta? Dīcit: Nōn.

Quārē ergō baptizās?

Ecce, Agnus Deī, ecce, quī tollit peccātum mundī; hic est, dē quō dīxī: Post mē venit vir, quī ante mē factus est, quia prior mē erat.

Post mē venit, quia posterius nātus est; *ante mē factus est*, quia praelātus est mihī; prior mē erat, quia *in prīncipiō erat Verbum, et Verbum erat apud Deum, et Deus erat Verbum.*

xii, 1. *Et egō nesciēbam eum, dīxit: sed ut manifestārētur Israelī, proptereā vēnī egō in aquā baptizāns. Et testimōnium perhibuit Iohannēs, dīcēns: Quia vīdī Spīritum dē caelō dēscendentem quasi columbam, et mānsit super eum; et egō nesciēbam eum, sed quī mē mīsit baptizāre in aquā, ille mihī dīxit: Super quem vīderis Spīritum dēscendentem et manentem super eum, hic est, quī baptizat in Spīritū Sānctō; et egō vīdī, et testimōnium perhibuī, quia hic est Fīlius Deī.*

사람은 사람에게 신뢰를 두지 말아야 합니다. 참새는 산으로 옮겨가지 말아야 합니다.[1] 주님을 신뢰해야 합니다. 또 그가 산을 향하여 눈을 들면, 도움이 어디서 그에게 올까요? 그는, 자기의 도움이 천지를 지으신 주님에게서 온다는 사실을 알아야 합니다.[2]

xi, 2. 요한은 대단히 탁월한 사람어서, [사람들은] 그에게 이렇게 물었습니다.

> 네가 그리스도냐?

그는 "아니라"고 대답했습니다. "네가 선지자냐?"(요 1:21) 그는 "아니라"고 대답했습니다.

> 어찌하여 세례를 주느냐? (요 1:25)

> 29 … 보라! 세상 죄를 지고 가는 하나님의 어린 양이로다. 30 내가 전에 말하기를, 내 뒤에 오는 사람이 있는데, 나보다 앞선 것은, 그가 나보다 먼저 계심이라 한 것이 이 사람을 가리킴이라. (요 1:29-30)

'[그가] 내 뒤에' 온다 말한 것은, 그가 나중에 태어나셨기 때문입니다. '[그가] 나보다' 앞섰다 말한 것은, "그가 나보다 더 높다"는 뜻입니다. "그가 나보다 먼저 계심이라" 말한 것은 다음 말씀을 통해 이해할 수 있습니다.

> 태초에 말씀이 계시니라. 이 말씀이 하나님과 함께 계셨으니, 이 말씀은 곧 하나님이시니라. (요 1:1)

xii, 1. "나도 그를 알지 못하였으나, 내가 와서 물로 세례를 주는 것은, 그를 이스라엘에게 나타내려 함이라 하니라. 요한이 또 증거하여 가로되, 내가 보매 성령이 비둘기 같이 하늘로서 내려와서, 그의 위에 머물렀더라. 나도 그를 알지 못하였으나, 나를 보내어 물로 세례를 주라 하신 그이가 나에게 말씀하시되, 성령이 내려서 누구 위에든지 머무는 것을 보거든, 그가 곧 성령으로 세례를 주는 이인 줄 알라 하셨기에, 내가 보고, 그가 하나님의 아들이심을 증거하였노라 하니라". (요 1:31-34)

---

[1] 시 11:1 (= "내가 여호와께 피하였거늘 너희가 내 영혼더러 새 같이 네 산으로 도망하라 함은 어찜인고") 참조.

[2] 시 121:1-2 (= "1 내가 산을 향하여 눈을 들리라 나의 도움이 어디서 올꼬 2 나의 도움이 천지를 지으신 여호와에게서로다") 참조.

xii, 2. Intendat modicum Cāritās vestra! Iohannēs quandō didicit Chrīstum? Missus est enim, ut baptizāret in aquā. Quaesītum est: *Quārē? Ut manifestārētur Israelī*, dīxit. Quid prōfuit baptismus Iohannis? Frātrēs meī, sī prōfuit aliquid, et modo manēret, et baptizārentur hominēs baptismō Iohannis; et sīc venīrent ad baptismum Chrīstī. Sed quid ait? *Ut manifestārētur Israēlī*: id est, ipsī Israel, populō Israel ut manifestārētur Chrīstus, vēnit baptizāre in aquā. Accēpit ministerium baptismatis Iohannēs, in aquā paenitentiae parāre viam Dominō, nōn existēns Dominus; at ubī cōgnitus est Dominus, superfluō eī via parābātur; quia cōgnōscentibus sē ipse factus est via; itaque nōn dūrāvit diū baptismus Iohannis.

xii, 3. Sed quōmodo dēmōnstrātus est Dominus? Humilis; ut ideō acciperet baptisma Iohannēs, in quō baptizārētur ipse Dominus.

xiii, 1. Et opus erat Dominō baptizārī? Et egō interrogāns citō respondeō: Opus erat Dominō nāscī? Opus erat Dominō crucifīgī? Opus erat Dominō morī? Opus erat Dominō sepelīrī? Sī ergō tantam suscēpit prō nōbīs humilitātem, baptismum nōn erat suscēptūrus? Et quid prōfuit, quia suscēpit baptismum servī? Ut tū nōn dēdīgnārēris suscipere baptismum Dominī.

xiii, 2. Intendat, Cāritās vestra. Futūrī erant aliquī in Ecclēsiā excelsiōris grātiae catēchūmenī. Fit enim aliquandō, ut videās catēchūmenum abstinentem ab omnī concubitū, valefacientem saeculō, renūntiantem omnibus, quae possidēbat, distribuentem pauperibus; et catēchūmenus est, īnstructus etiam forte doctrīnā salūtārī suprā multōs fidēlēs. Timendum est huic, nē dīcat apud sēmet ipsum dē Baptismate sānctō, quō peccāta dīmittuntur:

Quid plūs acceptūrus sum? Ecce, egō melior sum illō fidēlī et illō fidēlī.

xii, 2. 사랑하는 여러분, 잠시 주목해 주십시오! 요한이 언제 그리스도를 알게 되었습니까? 정말이지, 그는 물로 세례를 주기 위해 보내심을 받았습니다. 그는 '어찌하여?'라는 질문을 받았습니다. 그는 대답하였습니다.

> 그를 이스라엘에게 나타내려 함이라. (요 1:31)

요한의 세례에 무슨 유익이 있었습니까? 나의 형제 여러분! 무슨 유익이 있었다면, 지금도 그것은 유지되고 있을 것이고, 사람들은 요한의 세례를 받을 것이고, 이를 통해 그리스도의 세례에 이를 것입니다. 그러나 그는 무슨 말을 합니까?

> 그를 이스라엘에게 나타내려 함이라.

곧, 바로 이스라엘에게, 이스라엘 백성에게 그리스도를 나타내려고, 그는 물로 세례를 주려고 왔습니다. 요한은 회개의 물로써 주님을 위해 길을 예비하려고 세례를 주는 직책을 받았습니다. 이는, 주님이 [아직] 오시지 않았기 때문입니다. 하지만 주님이 알려지게 되시자, 그에게는 길을 예비하는 것이 더 이상 필요 없어졌습니다. 이는, 주님이 당신을 아는 사람들에게 친히 길이 되셨기 때문입니다. 그러므로 요한의 세례는 오래 계속되지 않았습니다.

xii, 3. 그러나 주님은 어떻게 나타나셨습니까? 겸손한 분으로 [나타나셨습니다]. 그래서 요한의 세례를 받은 것입니다. 거기에서 주님이 친히 세례를 받았습니다.

xiii, 1. 그런데 주님이 세례를 받으실 필요가 있었습니까? 그러면 나는 대답 대신 빨리 이렇게 질문하겠습니다. 주님이 태어나실 필요가 있었습니까? 주님이 십자가에 달릴 필요가 있었습니까? 주님이 죽으실 필요가 있었습니까? 주님이 장사(葬事)될 필요가 있었습니까? 그러므로 주님이 우리를 위해 엄청난 모욕을 당하신 것이라면, 세례를 받지 않으려 하셨겠습니까? 그리고 그가 종의 세례를 받으시는 것은 무슨 유익이 되었을까요? 이는, 그대로 하여금 주님의 세례를 거절하지 못하게 하려 함이었습니다.

xiii, 2. 사랑하는 여러분, 주목해 주십시오! 교회에는 더 고차적인 은혜를 받은 학습교인들이 좀 있습니다. 이는, 성생활을 완전히 단념한 학습교인, 세상을 버린 학습교인, 모든 소유를 포기하고 가난한 사람들에게 나누어주는 학습교인을 볼 때가 종종 있기 때문입니다. 그는 다른 수많은 신자들보다 구원에 대한 가르침도 필시 더 많이 받을 것입니다. 이런 사람은 죄 용서를 해주는 세례를 받을 때 자기 스스로 이렇게 말하지 않도록 조심해야 합니다.

> 내가 더 이상 받아야 할 것이 무엇인가? 보라! 나는 이 신자, 저 신자보다 더 훌륭하다.

Cōgitāns fidēlēs aut coniugātōs, aut forte idiōtās, aut habentēs et possidentēs rēs suās, quās ipse distribuit iam pauperibus, et meliōrem sē esse arbitrāns quam ille, quī iam baptizātus est, dēdīgnētur venīre ad Baptismum, dīcēns:

> Hoc sum acceptūrus, quod habet ille et ille.

Et prōpōnat sibī illōs, quōs contemnit, et quasi sordeat illī hoc accipere, quod accēpērunt īnferiōrēs, quia iam vidētur ipse sibī melior; et tamen omnia peccāta super illum sunt, et nisī vēnerit ad salūtārem Baptismum, ubī peccāta solvuntur, cum omnī excellentiā suā nōn potest intrāre in rēgnum caelōrum.

xiii, 3. Sed ut illam excellentiam invītāret Dominus ad baptismum suum, ut peccāta illī dīmitterentur, vēnit ipse ad baptismum servī suī; et cum ipse nōn habēret, quod eī dīmitterētur, nec quod in illō lavārētur, suscēpit ā servō baptismum; et tamquam allocūtus est fīlium superbientem et extollentem sē, ac dēdīgnantem forte accipere cum idiōtīs, unde eī possit salūs venīre, et quasi dīcēns:

> Quantum tē extendis? Quantum extollis? Quanta est excellentia tua? Quanta grātia tua? Māior potest esse quam mea? Sī egō vēnī ad servum, tū dēdīgnāris venīre ad Dominum? Sī egō suscēpī baptismum servī, tū dēdīgnāris ā Dominō baptizārī?

xiv, 1. Nam ut nōveritis, frātrēs meī, quia nōn ex necessitāte alicuius vinculī peccātī Dominus veniēbat ad ipsum Iohannem; sīcut dīcunt aliī ēvangelistae, cum ad illum venīret baptizandus Dominus, ait ipse Iohannēs:

> Tū ad mē venīs? Egō ā tē dēbeō baptizārī.

Et quid eī ipse respondit?

> Sine modo; impleātur omnis iūstitia.

Quid est, impleātur omnis iūstitia?

> Morī vēnī prō hominibus, baptizārī nōn habeō prō hominibus?

Quid est, impleātur omnis iūstitia? Impleātur omnis humilitās. Quid ergō? Nōn erat susceptūrus baptismum ā bonō servō, quī passiōnem suscēpit ā servīs malīs?

이때 그는 결혼한 신자들이든지, 아니면, 무학자(無學者)든지, 아니면, 재산을 소유한 사람들을 생각할 수 있습니다. 그는, 자기의 재산 내지 소유를 가난한 사람들에게 나누어주었기 때문입니다. 그는 이미 세례받은 사람보다 자기를 더 낫다 생각하면서 세례받으러 오기를 거부합니다. 그는 이렇게 말합니다.

> 이 사람 저 사람이 [다] 받은 이것을 내가 받게 될 것이다.

그러면서 자기를, 그가 경멸하는 사람들보다 앞세우고, 자기보다 못한 사람들이 받은 것을 자기가 받는 것은 마치 자기에게 합당하지 않는 것처럼 여깁니다. 이는, 그가 이미 자기를 [다른 사람들보다] 더 나은 사람이라 생각하기 때문입니다. 하지만 모든 죄는 [여전히] 그에게 머물러 있습니다. 그리고 그가 와서, 구원의 세례를 받고, 죄 문제를 해결받지 않으면, 그에게 아무리 훌륭한 점이 많아도, 천국에 들어갈 수가 없습니다.

xiii, 3. 그러나 그 훌륭한 사람을 주님이 자기 세례에 초대하시기 위하여, 그 사람의 죄를 사해주시기 위하여, 당신이 친히 당신 종의 세례를 받으러 가셨습니다. 당신께는 용서받을 죄가 없었고, 당신께는 씻어 내야 할 것이 [전혀] 없었지만, 종에게서 세례를 받으셨습니다. 그래서 그에게 구원을 가져다줄 세례를 무학자(無學者)들과 함께 받기를 필시 거절하는 그 교만하고 자기를 자랑하는 사람에게 마치 이렇게 말씀하시는 것 같았습니다.

> 네가 너 자신을 얼마나 자랑하느냐? 네가 얼마나 우쭐대느냐? 너의 특출함이 얼마나 되느냐? 너의 권세가 얼마나 크냐? 나의 권세보다 더 클 수 있느냐? 내가 종에게 갔는데, 너는 주님께 오기를 거절하느냐? 내가 종에게 세례를 받았는데, 너는 주인에게 세례받기를 거절하느냐?

xiv, 1. 나의 형제 여러분! 무슨 죄의 사슬 때문에 어쩔 수 없이 주님이 요한에게 가신 것이 아니라는 사실을 여러분은 아셔야 합니다. 그래서 다른 복음서 기자들이 말하는 대로, [세례] 요한은, 주님이 그에게 세례를 받으러 오시자, 이렇게 말했습니다.

> 내가 당신에게 세례를 받아야 할 터인데, 당신이 내게로 오시나이까? (마 3:14)

그러자 주님이 뭐라고 그에게 대답했습니까?

> 이제 허락하라! [우리가 이와 같이 하여,] 모든 의를 이루는 것이 합당하니라. (마3:15)

'모든 의를 이루는 것'이 무엇입니까?

> 나는 사람들을 위하여 죽으러 왔다. 사람들을 위하여 세례를 못 받겠느냐?

'모든 의를 이루는 것'이 무엇입니까? 모든 겸손을 이루는 것입니다. 그렇다면 어떻습니까? 못된 종들을 위해 고난을 당하신 분이 착한 종에게 세례를 받지 않으시겠습니까?

xiv, 2. Intendite ergō. Baptizātō Dominō, sī intprtereā baptizāvit Iohannēs, ut in eius baptismō Dominus ostenderet humilitātem, nēmō alius baptizārētur baptismō Iohannis? Multī autem baptizātī sunt baptismō Iohannis; baptizātus est Dominus baptismō Iohannis, et cessāvit baptismum Iohannis. Inde iam missus est in carcerem Iohannēs; deinceps nēmō baptizātus invenītur illō baptismate. Sī ergō intprtereā vēnit et Iohannēs baptizāns, ut Dominī humilitās nōbīs dēmōnstrārētur, ut quia ille suscēpit ā servō, nōs nōn dēdīgnārēmur suscipere ā Dominō; Dominum sōlum Iohannēs baptizāret?

xiv, 3. Sed sī sōlum Dominum Iohannēs baptizāret, nōn deessent, quī putārent sānctius fuisse baptisma Iohannis quam Chrīstī; quasi baptismate Iohannis sōlus Chrīstus meruisset baptizārī, baptismate autem Chrīstī genus hūmānum.

Intendat Cāritās vestra. Baptismate Chrīstī baptizātī sumus, nōn tantum nōs, sed et ūniversus orbis terrārum, et baptizātur ūsque in fīnem.

Quis nostrum potest ex aliquā parte comparārī Chrīstō, cuius sē Iohannēs dīxit indīgnum solvere corrigiam calceāmentī? Sī ergō ille Chrīstus tantae excellentiae homō Deus, sōlus baptizārētur baptismō Iohannis, quid dictūrī erant hominēs?

Quālem baptismum habuit Iohannēs? Magnum baptismum habuit, ineffābile sacrāmentum. Vidē, quia sōlus Chrīstus meruit baptizārī Iohannis baptismō.

Atque ita māior vidērētur baptismus servī, quam baptismus Dominī.

xiv, 4. Baptizātī sunt et aliī baptismō Iohannis, nē melior baptismus vidērētur Iohannis quam Chrīstī; baptizātus autem et Dominus, ut Dominō suscipiente baptismum servī, nōn dēdīgnārentur aliī servī suscipere baptismum Dominī. Ad hoc ergō missus erat Iohannēs.

xiv, 2. 그러면 주목해 주십시오! 요한이 세례를 준 것은, 그의 세례를 통해 주님으로 하여금 겸손을 보이게 하기 위해서였다면, 주님이 세례를 받으신 후에, [더 이상] 아무도 요한의 세례를 받지 않아야 했기 때문일까요? 그러나 많은 사람들이 요한의 세례를 받았습니다. 주님이 요한의 세례를 받았습니다. 그리고 요한의 세례는 그쳤습니다. 이후 요한은 감옥에 갇혔습니다. 그 다음부터 요한의 세례를 받는 사람은 [더 이상] 없었습니다. 그러므로 만약 요한이 주님의 겸손하심을 우리에게 보여 주기 위해서 왔다면, 그리하여 주님이 종으로부터 세례를 받으셨기 때문에, 우리가 주님에게 세례받기를 거절할 수 없다면, 요한은 오직 주님께만 세례를 베풀어야 했을까요?

xiv, 3. 그러나 오직 주님께만 요한이 세례를 베풀어야 했다면, 요한의 세례가 그리스도의 세례보다 더 거룩하다 생각하는 사람이 없지 않을 것입니다. 마치 오직 그리스도께만 요한의 세례를 받을 자격이 있는 반면, 인류는 그리스도의 세례[만]을 받아야 하는 것처럼 말입니다.

　사랑하는 여러분, 주목하십시오! 그리스도의 세례로 우리는 세례를 받았습니다. 우리뿐 아닙니다. 온 세상도 그렇게 했습니다. 그리고 세례는 종말까지 계속됩니다.

　우리 중 누가 그 어떤 면에서라도 그리스도와 비교될 수 있겠습니까? 요한도, 자기는 "그의 신들메를 풀기도 감당치 못하겠노라"(막 1:7) 하였습니다. 그러므로 그리스도가 이처럼 존귀하신 신인(神人)이셔서, 그만 홀로 요한의 세례를 받으셔야 했다면, 사람들은 무슨 말을 할 수 있었겠습니까?

　　요한이 어떠한 종류의 세례를 지녔느냐? 그는 훌륭한 세례, 말로 형용할 수 없는 성례를 지녔다. 보라! 오직 그리스도께만 요한의 세례를 받을 자격이 있었다.

그래서 이런 식으로 생각한다면, 종의 세례가 주인의 세례보다 더 훌륭하게 보일 수 있을 것입니다.

xiv, 4. 다른 사람들도 요한의 세례를 받은 것은, 요한의 세례가 그리스도의 세례보다 더 낮게 보이지 않게 하기 위함이었습니다. 그러나 주님도 종의 세례를 받으신 것은, 다른 종들이 주님의 세례를 받지 않겠다 거절하지 못하게 하기 위함이었습니다. 그러므로 요한은 이를 위해 보내심을 받았습니다.

xv, 1. Sed nōverat Chrīstum, an nōn nōverat? Si nōn nōverat, quārē dīcēbat, quandō vēnit ad fluvium Chrīstus: *Egō ā tē dēbeō baptizārī?* Hoc est: *Sciō, quī sīs.*

Sī ergō iam nōverat, certē tunc cōgnōvit, quandō vīdit columbam dēscendentem. Manifestum est, quia columba nōn dēscendit super Dominum, nisī posteā quam ascendit ab aquā baptismī. Dominus baptizātus ascendit ab aquā, apertī sunt caelī, et vīdit super eum columbam.

Sī ergō post baptismum dēscendit columba, et antequam baptizārētur Dominus, dīxit illī Iohannēs: *Tū ad mē venīs? Egō ā tē dēbeō baptizārī?*, ante illum nōverat, cui dīxit:

Tū ad mē venīs? Egō ā tē dēbeō baptizārī?

Quōmodo ergō dīxit: *Et egō nesciēbam eum; sed quī mē mīsit baptizāre in aquā, ille mihī dīxit: Super quem vīderis Spīritum dēscendentem sīcut columbam, et manentem super eum, ipse est, quī baptizat in Spīritū Sānctō?*

xv, 2. Nōn parva quaestiō est, frātrēs meī. Sī vīdistis quaestiōnem, nōn parum vīdistis; superēst, ut ipsīus solūtiōnem Dominus det. Tamen illud dīcō, sī vīdistis quaestiōnem, nōn est parum.

Ecce, positus est Iohannēs ante oculōs vestrōs, stāns ad fluvium Iohannēs Baptista; ecce, venit Dominus adhūc baptizandus, nōndum baptizātus. Audī vōcem Iohannis:

Tū ad mē venīs? Egō ā tē dēbeō baptizārī.

Ecce, iam cōgnōscit Dominum, ā quō vult baptizārī.

xv, 1. 그런데 그가 그리스도를 알았습니까? 몰랐습니까? 몰랐다면, 그리스도가 [요단] 강으로 왔을 때, "내가 당신에게 세례를 받아야 할 터인데"(마 3:14)라는 말을 왜 했을까요? 이 말은, "나는, 당신이 누군지 압니다"는 뜻입니다.

그러므로 이미 알았다면, 비둘기가 내려오는 것을 보았을 때,[1] 분명히 그때는 알고 있었습니다. 분명한 것은, 세례를 받으시고 물에서 올라오시기 전까지는, 비둘기가 주님 위에 내려오지 않았다는 사실입니다. 주님이 세례를 받으시고, 물에서 올라오시자, 하늘이 열렸습니다. [이때] 요한은, 비둘기가 주님 위에 내려오는 것을 보았습니다.

그래서 [주님이] 세례를 받으신 후에, 비둘기가 내려왔다면, 그리고 주님이 세례를 받으시기 전에, 요한이 "내가 당신에게 세례를 받아야 할 터인데, 당신이 내게로 오시나이까?"(마 3:14)라는 말을 했다면, 전에 주님을 알았을 것입니다. 주님께 그는 이렇게 말했습니다.

내가 당신에게 세례를 받아야 할 터인데, 당신이 내게로 오시나이까?

그렇다면 어떻게 요한이 이런 말을 했을까요?

나도 그를 알지 못하였으나, 나를 보내어 물로 세례를 주라 하신 그이가 나에게 말씀하시되, 성령이 [비둘기같이] 내려서 누구 위에든지 머무는 것을 보거든, 그가 곧 성령으로 세례를 주는 이[인 줄 알라 하셨기에]. (요 1:33)

xv, 2. 나의 형제 여러분! 이것은 사소한 문제가 아닙니다. 만약 그대들이 문제를 보았다면, 그대들은 사소한 문제를 본 것이 아닙니다. 주님이 이 문제의 해답을 주시는 일[만] 남았습니다. 그러나 내가 말하지만, 그대들이 문제를 보았다면, 사소한 문제가 아닙니다.

보십시오! 요한이 여러분 눈앞에 있습니다. 강가에 세례 요한이 서 있습니다. 보십시오! 주님이 세례를 받으시려고 오십니다. 주님은 아직 세례를 받지 않으셨습니다. 요한의 음성을 들어 보십시오!

내가 당신에게 세례를 받아야 할 터인데, 당신이 내게로 오시나이까? (마 3:14)

보십시오! 그는 이미 주님을 알고 있습니다. 그는 주님께 세례받기를 원합니다.

---

[1] 요 1:32 (= "요한이 또 증거하여 가로되 내가 보매 성령이 비둘기같이 하늘로서 내려와서 그의 위에 머물렀더라") 참조.

Baptizātus Dominus ascendit ab aquā, aperiuntur caelī, dēscendit Spīritus, modo illum cōgnōscit Iohannēs. Sī modo illum cōgnōscit, quid dīxit anteā:

> Egō ā tē dēbeō baptizārī?

Sī autem nōn eum modo cōgnōscit, quia iam nōverat eum, quid est, quod dīxit:

> Nōn nōveram eum; sed quī mē mīsit baptizāre in aquā, ille mihī dīxit: Super quem vīderis Spīritum dēscendentem et manentem super eum sīcut columbam, ipse est, quī baptizat in Spīritū Sānctō?

xvi, 1. Fratrēs, ista quaestiō sī hodiē solvātur, gravat vōs, nōn dubitō, quia iam multa dicta sunt. Sciātis autem tālem istam quaestiōnem esse, ut haec sōla perimat partem Dōnātī.

Ad hoc dīxī Cāritātī vestrae, ut intentōs vōs facerem, similiter ut soleō; simul ut ōrētis prō nōbīs et vōbīs, ut et nōbīs det Dominus dīgna loquī, et vōs dīgna capere mereāminī.

Interim hodiē dīgnāminī differre. Sed hoc breviter dīcō interim, dōnec solvātur: interrogāte pācificē, sine rixā, sine contentiōne, sine altercātiōnibus, sine inimīcitiīs; et vōbīscum quaerite, et aliōs interrogāte, et dīcite:

> Hanc quaestiōnem prōposuit nōbīs hodiē episcopus noster, aliquandō sī Dominus concesserit, solūtūrus eam.

세례를 받고 주님이 물에서 올라오시자, 하늘이 열리고, 성령이 강림합니다. 이제 요한이 주님을 알아 봅니다. 만약 그가 지금 주님을 알아 보는 것이라면, 그가 전에 이렇게 말한 것은 무엇입니까?

내가 당신에게 세례를 받아야 할 터인데.

만약 그러나 그가 지금 주님을 알아 보는 것이 아니라면, 어떻게 되는 것입니까? 이는, 그가 주님을 이미 알고 있었기 때문입니다. 그렇다면 요한이 이런 말을 한 이유는 무엇입니까?

나도 그를 알지 못하였으나, 나를 보내어 물로 세례를 주라 하신 그이가 나에게 말씀하시되, 성령이 [비둘기 같이] 내려서 누구 위에든지 머무는 것을 보거든, 그가 곧 성령으로 세례를 주는 이[인 줄 알라 하셨기에]. (요 1:33)

xvi, 1. 형제 여러분! 이 문제를 오늘 풀어야 한다면, 여러분은 힘이 들 것입니다. 이걸 나는 의심하지 않습니다. 이는, 벌써 많은 말을 했기 때문입니다. 그러나 여러분은, 이 문제가 매우 중요하다는 사실, 이것 하나만으로도 도나투스파에게 결정타를 가할 수 있다는 사실을 아셔야 합니다.

내가 이것을 사랑하는 여러분에게 말씀 드린 목적은, 여러분의 주의를 환기시키는 데 있었습니다. 이것은 내가 보통 해 오던 방식과 비슷합니다. [그러나] 동시에 이런 목적도 있습니다. 그것은, 여러분으로 하여금 우리와 여러분 자신을 위하여 기도하게 하려는 것입니다. 그래서 주님이 우리에게 합당한 것을 말하게 해 주시고, 여러분은 합당한 것을 파악할 능력을 갖추게 해 주시기를 빕니다.

하지만 오늘은 [문제 해결을] 연기하도록 허락해 주십시오! 그러나 문제가 해결되기 전이라도, 이 말은 좀 하겠습니다. 질문을 하되, 평화롭게 하시라는 말입니다. 다툼이나, 쟁론이나, 언쟁이나, 적대 관계 없이 하셔야 합니다. 여러분 스스로에게 물어 보고, 다른 사람에게 질문하십시오! 그리고 이렇게 이야기하십시오!

우리 감독이 오늘 우리에게 이런 질문을 한 것은, 주께서 허락하시면, 언젠가 해결해 주시기 위해서입니다.

xvi, 2. Sed sīve solvātur sīve nōn solvātur, putāte mē prōposuisse, quod mē movet; moveor enim multum. Dīcit Iohannēs: *Egō ā tē dēbeō baptizārī*; tamquam Chrīstō cōgnitō. Sī enim nōn nōverat eum, ā quō volēbat baptizārī, temere dīcēbat:

> Egō ā tē dēbeō baptizārī.

Nōverat ergō, eum. Sī nōverat eum, quid est ergō, quod dīcit:

> Nōn nōveram eum; sed quī mē mīsit baptizāre in aquā, ipse mihī dīxit: Super quem vīderis Spīritum dēscendentem et manentem super eum, sīcut columbam, ipse est, quī baptizat in Spīritū Sānctō?

xvi, 3. Quid dictūrī sumus? Quia nōn scīmus, quandō vēnerit columba? Nē forte ibī lateant, legantur aliī ēvangelistae, quī plānius illud dīxērunt; et invenīmus apertissimē tunc dēscendisse columbam, cum Dominus ab aquā ascendit. Super baptizātum enim apertī sunt caelī, et vīdit Spīritum dēscendentem. Sī iam baptizātum cōgnōvit, venientī ad baptisma quōmodo dīcit:

> Egō ā tē dēbeō baptizārī?

xvi, 4. Hanc vōbīscum interim rūmināte, hanc vōbīscum cōnferte, hanc vōbīscum tractāte. Praestet Dominus Deus noster, ut antequam ā mē audiātis, alicui vestrum priōrī eam revēlet. Tamen, frātrēs, hoc sciātis, quia per istīus quaestiōnis solūtiōnem, vōcem pars Dōnātī dē Baptismī grātiā, ubī nebulās obtendunt imperītīs, et rētia tendunt avibus volantibus, sī frontem habeant, omnīnō nōn habēbunt; omnīnō eōrum ōra claudentur.

xvi, 2. 그러나 [문제가] 해결되든 안 되든, 내 마음을 요동시키는 것이 무엇인지를 내가 밝혔다는 사실을 믿어 주십시오! 내 마음은 사실 상당히 요동하고 있습니다. 요한은 말합니다.

> 내가 당신에게 세례를 받아야 할 터인데. (마 3:14)

마치 그리스도를 [벌써] 아는 것 같습니다. 이는, 자기가 세례받고 싶은 자를 몰랐다면, "내가 당신에게 세례를 받아야 할 터인데"라는 말은 경솔하게 한 말일 것이기 때문입니다. 그렇다면 요한은 그를 알았습니다. 그를 알았다면, 다음과 같이 말한 것은 도대체 무엇입니까?

> 나도 그를 알지 못하였으나, 나를 보내어 물로 세례를 주라 하신 그이가 나에게 말씀하시되, 성령이 비둘기같이 내려서 누구 위에든지 머무는 것을 보거든, 그가 곧 성령으로 세례를 주는 이[인 줄 알라 하셨기에]. (요 1:33)

xvi, 3. 우리가 무슨 말을 해야 할까요? 이는, 우리가, 비둘기가 언제 내려왔는지 알지 못하기 때문입니다. 그들이 [= 도나투스파가] 혹시 거기 숨지 못하게 하기 위해 다른 복음서 기자들의 글도 읽어야 합니다. 복음서 기자들은 이것을 좀 더 명확하게 말해 주었습니다. 우리가 아주 명확하게 보는 대로, 주님이 물에서 올라오실 때, 비둘기가 내려왔습니다.[1] 이는, 그가 세례를 받으시자, 그의 위에 하늘이 열렸고, 성령이 내려오심을 그가 보았기 때문입니다. 그가 이미 세례를 받으신 다음에, [요한이] 그를 알아보았다면, 세례를 받으러 오는 그에게 어찌 이렇게 말했을까요?

> 내가 당신에게 세례를 받아야 할 터인데. (마 3:14)

xvi, 4. 이것을 여러분은 앞으로 좀 반추(反芻)해 주십시오! 이것을 여러분은 서로 이야기해 보십시오! 이것을 여러분은 논의해 주십시오! 주 되신 우리 하나님께서 허락하사, 여러분이 나한테서 듣기 전에, 여러분 중 누구에게 먼저 주께서 이것을 알게 해 주시기를 빕니다. 그렇지만 형제 여러분, 이것을 알도록 하십시오! 이 문제를 해결하는 과정에서 도나투스파가 만약 부끄러움을 안다면, 세례의 은혜에 관해 목소리를 전혀 발(發)하지 못할 것이라는 사실을 말입니다. 그들은 무경험자들 앞에 연막탄을 터뜨리는 일, 날아다니는 새들에게 그물 치는 일을 하고 있습니다. 그들의 입은 완전히 막혀야 할 것입니다.

---

[1] 마 3:16 (= "예수께서 세례를 받으시고 곧 물에서 올라오실새 하늘이 열리고 하나님의 성령이 비둘기 같이 내려 자기 위에 임하심을 보시더니"), 막 1:10 (= "곧 물에서 올라 오실새 하늘이 갈라짐과 성령이 비둘기같이 자기에게 내려오심을 보시더니"), 눅 3:21-22 (= "백성이 다 세례를 받을새 예수도 세례를 받으시고 기도하실 때에 하늘이 열리며 22 성령이 형체로 비둘기같이 그의 위에 강림하시더니 하늘로서 소리가 나기를 너는 내 사랑하는 아들이라 내가 너를 기뻐하노라 하시니라") 참조.

TRACTATUS V.

Ioh. 1, 33.

Et egō nesciēbam eum; sed quī mīsit mē baptizāre in aquā, ille mihī dīxit: Super quem vīderis Spīritum dēscendentem, et manentem super eum, hic est, quī baptizat in Spīritū Sānctō.

i, 1. Sīcut Dominus voluit, ad diem prōmissiōnis nostrae pervēnimus; praestābit etiam hoc, ut ad ipsīus prōmissiōnis redditiōnem pervenīre possīmus. Tunc enim ea, quae dīcimus, et nōbīs et vōbīs sī ūtilia sunt, ab ipsō sunt; quae autem ab homine sunt, mendācia sunt; sīcut ipse dīxit Dominus noster Iēsūs Chrīstus:

> Quī loquitur mendācium, dē suō loquitur.

Nēmō habet dē suō, nisī mendācium et peccātum. Sī quid autem homō habet vēritātis atque iūstitiae, ab illō fonte est, quem dēbēmus sitīre in hāc erēmō, ut ex eō quasi guttīs quibusdam irrōrātī, et in hāc peregrīnātiōne interim cōnsōlātī, nē dēficiāmus in viā, venīre ad eius requiem satietātemque possīmus. Sī ergō *quī loquitur mendācium, dē suō loquitur*; quī loquitur vēritātem, dē Deō loquitur.

i, 2. Vērāx Iohannēs, vēritās Chrīstus; vērāx Iohannēs, sed omnis vērāx ā vēritāte vērāx est. Sī ergō vērāx est Iohannēs, et vērāx esse homō nōn potest, nisī ā vēritāte; ā quō erat vērāx, nisī ab eō, quī dīxit: *Egō sum vēritās?* Nōn ergō, posset dīcere, aut vēritās contrā vērācem, aut vērāx contrā vēritātem.

Vērācem vēritās mīsit; et ideō vērāx erat, quoniam ā vēritāte missus erat. Sī vēritās Iohannem mīserat, Chrīstus eum mīserat.

제5강

요 1:33

나도 그를 알지 못하였으나 나를 보내어 물로 세례를 주라 하신 그이가 나에게 말씀하시되 성령이 내려서 누구 위에든지 머무는 것을 보거든 그가 곧 성령으로 세례를 주는 이인 줄 알라 하셨기에

i, 1. 주님의 뜻에 따라 우리의 약속 날에 우리가 도달했습니다. 주께서, 우리가 그의 약속의 성취에 도달할 수 있게 되는 것도 허락해 주실 것입니다. 이는, 그때에 우리가 말하는 것이 우리와 여러분에게 모두 유익하다면, 그에게서 나오게 됩니다. 그러나 사람에게서 나오는 것은 거짓입니다. 우리 주 예수 그리스도께서 친히 말씀하신 대로 말입니다.

> 저는 … 거짓을 말할 때마다 제 것으로 말하나니. (요 8:44)

제 스스로 무엇을 지닌 자는 거짓과 죄밖에 지니지 못합니다. 그러나 진리와 의를 조금이라도 지닌 자는 [주님의] 샘에서 그것을 긷습니다. 이 샘은, 우리가 이 광야에서 간절히 사모하는 것으로, 이는, 우리가 마치 거기에서 나온 무슨 물방울로 목을 축이고, 이 순례의 여정에서 위로를 받아, 길에서 쓰러지지 않기 위함, 주님의 안식과 충만함에 이를 수 있기 위함입니다. 그러므로 거짓을 말하는 자가 '제 것으로' 말하는 것이라면, 진리를 말하는 자는 하나님으로 말미암아 말하는 것입니다.

i, 2. 요한은 참되고, 그리스도는 진리이십니다. 요한은 참되지만, 참된 자는 다 진리로 말미암아 참됩니다. 그러므로 요한이 참되다면, 또 진리로 말미암지 않고는 사람이 참될 수 없다면, 그가 '내가 진리'(요 14:6)라고 말씀하신 분으로 말미암지 않았다면, 누구로 말미암아 참되었겠습니까? 그러므로 진리가 참된 자를 거슬러 말할 수 없고, 참된 자가 진리를 거슬러 말할 수 없습니다.

참된 자를 진리가 보냈습니다. 그가 참되었던 것은, 진리에 의해 보냄을 받았기 때문입니다. 만약 진리가 요한을 보냈다면, 그리스도가 그를 보낸 것입니다.

i, 3. Sed quod Chrīstus cum Patre facit, Pater facit; et quod Pater cum Chrīstō facit, Chrīstus facit. Nec seorsum Pater aliquid facit sine Fīliō; nec seorsum aliquid Fīlius sine Patre; īnsēparābilis cāritās, īnsēparābilis ūnitās, īnsēparābilis māiestās, īnsēparābilis potestās, secundum haec verba, quae ipse posuit:

> Egō et Pater ūnum sumus.

i, 4. Quis ergō mīsit Iohannem? Sī dīcāmus, Pater, vērum dīcimus; sī dīcāmus, Fīlius, vērum dīcimus; manifestius autem, ut dīcāmus, Pater et Fīlius. Quem mīsit autem Pater et Fīlius, ūnus Deus mīsit; quia Fīlius dīxit:

> Egō et Pater ūnum sumus.

Quōmodo ergō nesciēbat eum, ā quō missus est? Dīxit enim:

> Egō nesciēbam eum; sed quī mē mīsit baptizāre in aquā, ipse mihī dīxit.

Interrogō Iohannem:

> Quī tē mīsit baptizāre in aquā, quid tibī dīxit?

Super quem vīderis Spīritum dēscendentem, sīcut columbam, et manentem super eum, ipse est, quī baptizat in Spīritū Sānctō.`

Hoc tibī, ō Iohannēs, dīxit, quī tē mīsit?

Manifestum quia hoc.

Quis ergō tē mīsit?

Forte Pater.

i, 3. 그러나 그리스도가 아버지와 함께 행하시는 것은, 아버지가 행하시는 것이고, 아버지가 그리스도와 함께 행하시는 것은 그리스도가 행하시는 것입니다. 아버지는 아들을 두고 혼자 무슨 일을 하지 않습니다. 또 아들은 아버지를 두고 혼자 무슨 일을 하지 않습니다. 사랑은 나눌 수 없습니다. 하나됨은 나눌 수 없습니다. 존귀함은 나눌 수 없습니다. 권세는 나눌 수 없습니다. 주님이 하신 다음과 같은 말씀에 따라서 말입니다.

> 나와 아버지는 하나이니라. (요 10:30)

i, 4. 그러면 요한을 누가 보낸 것입니까? 만약 "성부께서 보내셨다" 하면, 우리는 참을 말하는 것입니다. "성자께서 보내셨다" 해도, 우리는 참을 말하는 것입니다. 그러나 "성부와 성자께서 보내셨다" 우리가 말하는 것이 더 명확합니다. 하지만 그를 성부와 성자께서 보내셨다 해도, 그를 보내신 분은 유일하신 하나님이십니다. 이는, 성자께서 이렇게 말씀하셨기 때문입니다.

> 나와 아버지는 하나이니라. (요 10:30)

그렇다면, 그가 자기를 보내신 분을 어떻게 몰랐겠습니까? 정말이지, 세례 요한은 이렇게 말했습니다.

> 나도 그를 알지 못하였으나, 나를 보내어 물로 세례를 주라 하신 그이가 나에게 말씀하시되. (요 1:33a)

나는 요한에게 이렇게 묻습니다.

> 그대를 보내어, 물로 세례를 주라 하신 그이가 그대에게 무슨 말씀을 하셨는가?

[요한은 이렇게 답할 것입니다.]

> 그이가 나에게 말씀하시되, 성령이 비둘기 같이 내려서, 누구 위에든지 머무는 것을 보거든, 그가 곧 성령으로 세례를 주는 이인 줄 알라 하셨다. (요 1:33b)

"요한이여, 그대를 보내신 이가 이것을 그대에게 말씀하셨단 말인가?".

"분명히 이것을 말씀하셨다".

"그렇다면, 누가 그대를 보냈는가?".

"필시 성부께서 [보내셨을 것이다]".

Vērus Deus Pater, et vēritās Deus Fīlius; sī Pater sine Fīliō tē mīsit, Deus sine vēritāte tē mīsit; sī ideō autem vērāx es, quia vēritātem loqueris, et ex vēritāte loqueris; nōn tē mīsit Pater sine Fīliō, sed simul tē mīsit Pater et Fīlius; sī ergō et Fīlius tē mīsit cum Patre, quōmodo nesciēbās eum, ā quō missus es? Quem vīderās in vēritāte, ipse tē mīsit, ut agnōscerētur in carne, et dīxit: *Super quem vīderis Spīritum dēscendentem sīcut columbam, et manentem super eum, ipse est, quī baptizat in Spīritū Sānctō.*

ii, 1. Hoc audīvit Iohannēs, ut nōsset eum, quem nōn nōverat, an ut plēnius nōsset, quem iam nōverat? Sī enim omnī ex parte nōn nōsset, nōn venientī ad fluvium, ut baptizārētur, dīceret:

> Egō ā tē dēbeō baptizārī, et tū venīs ad mē?

Nōverat ergō.

ii, 2. Quandō autem columba dēscendit? Iam baptizātō Dominō, et ab aquā ascendente. At sī ille, quī eum mīsit, dīxit: *Super quem vīderis Spīritum dēscendentem sīcut columbam, et manentem super eum, ipse est, quī baptizat in Spīritū Sānctō*; et nōn nōverat eum, sed columbā dēscendente cōgnōvit eum; columba vērō tunc dēscendit, quandō Dominus ab aquā ascendit; tunc autem cōgnōverat Iohannēs Dominum, quandō ad eum Dominus ad aquam veniēbat; manifestātur nōbīs, quia Iohannēs secundum aliquid nōverat, secundum aliquid nōndum nōverat Dominum.

"성부 하나님은 참되시며, 성자 하나님은 진리이시다. 만약 성부께서 성자와 상관없이 그대를 보내셨다면, 하나님이 진리와 상관없이 그대를 보내신 셈이 된다. 그러므로 그대가 진리를 말하기 때문에 진실되고, 또 그대가 진리로 말미암아 말한다면, 그대를 성부께서 성자와 상관없이 보내셨을 리가 없다. 도리어 그대를 성부, 성자께서 함께 보내신 것이다. 그러므로 만약 성자께서도 성부와 함께 그대를 보내신 것이라 한다면, 어찌 그대는 그대를 보내신 분을 몰라뵈었단 말인가? 그대가 진리 안에서 뵌 분이 그대를 친히 보내신 것은, 그분이 육신으로 오신 것을 깨닫게 하려 함이었다. 그리고 이렇게 말씀하셨다. '성령이 내려서 누구 위에든지 머무는 것을 보거든, 그가 곧 성령으로 세례를 주는 이인 줄 알라!'".

ii, 1. 요한이 이 말씀을 들은 것은, 그가 알지 못하던 분을 알기 위한 것입니까? 아니면, 이미 알고 있던 분을 더 확실히 알기 위한 것입니까? 이는, 만약 그가 전혀 알지 못했다면, 주님이 세례 받으시러, 요단 강에 가셨을 때, [주님께] 이렇게 말하지 않았을 것이기 때문입니다.

> 내가 당신에게 세례를 받아야 할 터인데, 당신이 내게로 오시나이까? (마 3:14)

그러므로 그는 알고 있었습니다.

ii, 2. 그런데 비둘기가 언제 내려왔습니까? 이미 주님이 세례를 받으시고, 물에서 올라오실 때였습니다. 하지만 그를 [= 세례 요한을] 보내신 이가 말씀하셨습니다.

> 성령이 비둘기 같이 내려서, 누구 위에든지 머무는 것을 보거든, 그가 곧 성령으로 세례를 주는 이인 줄 알라 (요 1:33)

그리고 [세례 요한은] 주님을 알지 못했지만, 비둘기가 내려오자, 주님을 알아보았습니다. 그런데 비둘기가 내려온 것은, 주님이 물에서 올라오실 때였습니다. 그러나 [세례] 요한은, 주님이 [요단] 강가에 있던 그에게로 오실 때 주님을 알아보았습니다. 그러므로 우리는 확실히 알 수 있습니다. [세례] 요한이 어떤 면에서는 주님을 알았고, 어떤 면에서는 아직 알지 못했다는 사실을 말입니다.

ii, 3. Nisī autem hoc intellēxerimus, mendāx erat. Quōmodo erat vērāx agnōscens, quī dīcit: *Tū ad mē venīs baptizārī, et egō ā tē dēbeō baptizārī?* Et quōmodo rūrsus vērāx est, cum dīcit: *Egō nōn nōveram eum; sed quī mīsit mē baptizāre in aquā, ipse mihī dīxit: Super quem vīderis Spīritum dēscendentem sīcut columbam, et manentem super eum, ipse est, quī baptizat in Spīritū Sānctō?* Innōtuit per columbam Dominus, nōn eī, quī sē nōn nōverat, sed eī, quī in eō aliquid nōverat, aliquid nōn nōverat. Nostrum est ergō quaerere, quid in eō Iohannēs nōndum nōverat, et per columbam didicit.

iii, 1. Quārē missus est Iohannēs baptizāns? Iam meminī mē, quantum potuī, dīxisse Cāritātī vestrae. Sī enim baptismus Iohannis necessārius erat salūtī nostrae; et modo dēbuit exercērī. Nōn enim modo nōn salvantur hominēs, aut nōn modo plūrēs salvantur, aut alia tunc salūs erat, et alia modo. Sī mūtātus est Chrīstus, mūtāta est et salūs; sī salūs in Chrīstō est, et īdem ipse Chrīstus est, eadem nōbīs salūs est.

iii, 2. Sed quārē missus est Iohannēs baptizāns? Quia oportēbat baptizārī Chrīstum. Quārē oportēbat baptizārī Chrīstum? Quārē oportuit nāscī Chrīstum? Quārē oportuit crucifīgī Chrīstum? Sī enim viam humilitātis dēmōnstrātūrus advēnerat, et sē ipsum factūrus ipsam humilitātis viam; in omnibus ab eō implenda erat humilitās. Auctōritātem dare baptismō suō hinc dīgnātus est, ut cōgnōscerent servī, quantā alacritāte dēbērent currere ad baptismum Dominī, quandō ipse nōn dēdīgnātus est suscipere baptismum servī. Dōnātum enim erat hoc Iohannī, ut ipsīus baptismus dīcerētur.

ii, 3. 그러나 우리가 이것을 이런 식으로 이해하지 않으면, [세례] 요한은 거짓말쟁이였다는 이야기가 됩니다. 그가 알고서도 그런 말을 했다면, 그가 어떻게 진실된 사람일 수 있습니까?

> 내가 당신에게 세례를 받아야 할 터인데, 당신이 내게로 오시나이까? (마 3:14)

그가 이런 말을 하는데, 진실된 사람입니까? 그렇다면 또, 그가 다음과 같은 말을 하는데, 어떻게 진실된 사람일 수 있습니까?

> 나도 그를 알지 못하였으나, 나를 보내어 물로 세례를 주라 하신 그이가 나에게 말씀하시되, 성령이 비둘기 같이 내려서, 누구 위에든지 머무는 것을 보거든, 그가 곧 성령으로 세례를 주는 이인 줄 알라 하셨다 (요 1:33)

[세례 요한은] 주님을 비둘기를 통해 알아보았습니다. 그러나 그는 [주님을 전혀] 알지 못했던 것이 아니었습니다. 도리어 주님의 어떤 면은 알았고, 어떤 면은 알지 못했습니다. 그러므로 우리가 궁구(窮究)해야 할 사항은 이것입니다.

> 요한은 주님의 어떤 면을 알지 못했을까? 그래서 그것을 비둘기를 통해 알게 되었을까?

iii, 1. 세례 요한은 무슨 이유로 보내심을 받았습니까? 내 기억으로는, 나는 이미 사랑하는 여러분에게, 나의 힘이 자라는 대로, [이에 대해] 이야기를 해 드렸습니다.[1] 정말이지, 요한의 세례가 우리 구원에 꼭 필요한 것이라고 한다면, 지금도 행해져야 할 것입니다. 왜냐하면, 지금도 사람들이 구원을 받지 못하고 있는 것이 아니기 때문입니다. 아니, 지금은 더 많은 사람들이 구원을 받고 있습니다. 또 당시의 구원과 지금의 구원이 서로 다르지 않습니다. 만약 그리스도께서 달라지셨다면, 구원도 달라졌겠지요. 구원이 그리스도께 있다면, 그리고 그리스도께서 여일(如一)하신 분이라면, 우리에게 구원은 여일합니다.

iii, 2. 그렇다면, 세례 요한은 무슨 이유로 보내심을 받았습니까? 그것은, 그리스도께서 세례를 받으셔야 했기 때문입니다. 무슨 이유로 그리스도는 태어나셔야 했습니까? 무슨 이유로 그리스도는 십자가에 달리셔야 했습니까? 그것은, 그가 만약 겸손의 길을 보여 주시기 위해 강림(降臨)하신 것이라면, 또 당신 자신이 겸손의 길이 되시기 위해 강림하신 것이라면, 그는 겸손을 모든 면에서 성취하셔야 했기 때문입니다. 그가 이런 방식으로 당신 자신의 세례의 가치를 부각시키신 것은, [그의] 종들로 하여금, 주님의 세례를 받기 위해 얼마나 기쁜 마음으로 달려가야 할지를 깨닫게 해 주기 위해서였습니다. 이는, 그 자신이 종의 세례를 받는 것을 마다하시지 않았기 때문입니다. 정말이지, 요한에게는 세례가 그의 이름으로 불려지는 은총이 주어졌습니다.

---

[1] 본서 제4강 12장 2절 참조.

iv, 1. Hoc attendat, et distinguat, et nōverit Cāritās vestra. Baptismus, quem accēpit Iohannēs, baptismus Iohannis dictus est. Sōlus tāle dōnum accēpit; nūllus ante illum iūstōrum, nūllus post illum, ut acciperet baptismum, quī baptismus illīus dīcerētur. Accēpit quidem; nōn enim ā sē posset aliquid. Sī enim ā sē quis loquitur, mendācium dē suō loquitur. Et unde accēpit, nisī ā Dominō Iēsū Chrīstō? Ab illō, ut baptizāre posset, accēpit, quem posteā baptizāvit. Nōlīte mīrārī; sīc enim hoc fēcit Chrīstus in Iohanne, quōmodo quiddam fēcit in mātre.

iv, 2. Dē Chrīstō enim dictum est:

> Omnia per ipsum facta sunt.

Sī omnia per ipsum, et Marīa per ipsum facta est, dē quā posteā nātus est Chrīstus. Intendat Cāritās vestra: Quōmodo creāvit Marīam, et creātus est per Marīam; sīc dedit baptismum Iohannī, et baptizātus est ā Iohanne.

v, 1. Ad hoc ergō accēpit baptismum ā Iohanne, ut accipiēns, quod īnferius erat, ab īnferiōre, ad id, quod superius erat, hortārētur īnferiōrēs. Sed quārē nōn sōlus ipse baptizātus est ā Iohanne, sī ad hoc missus erat Iohannēs, per quem baptizārētur Chrīstus, ut parāret viam Dominō, id est, ipsī Chrīstō? Et hoc iam dīximus; sed commemorāmus, quia necessārium est praesentī quaestiōnī. Sī sōlus Dominus noster Iēsūs Chrīstus baptizātus esset baptismate Iohannis – tenēte, quod dīcimus; nōn tantum valeat saeculum, ut dēleat ē cordibus vestrīs, quod ibī scrīpsit Spīritus Deī; nōn tantum valeant spīnae cūrārum, ut effōcent sēmen, quod sēminātur in vōbīs. Quārē enim cōgimur eadem repetere, nisī quia dē memoriā cordis vestrī sēcūrī nōn sumus?

iv, 1. 사랑하는 여러분, 이것을 유념해 주십시오! 또 분간해 주시고, 인지해 주십시오! 요한이 받은 세례가 '요한의 세례'라 불렸습니다. 오직 그만 이런 은사를 받았습니다. 그보다 이전 사람이든, 이후 사람이든, 어떤 의인도 그의 이름으로 불린 세례를 받지 않았습니다. 물론, 그는 그것을 받았습니다. 이는, 그가 아무것도 스스로 할 수 없었던 까닭입니다. 정말이지, 만약 누구든지 '제 것으로'(요 8:44) 말하면, 자기 자신에 대해 거짓말을 하게 됩니다. 그리고 그가 주 예수 그리스도께 받지 않았다면, 누구한테서 받았겠습니까? 그는, 장차 그가 세례를 줄 자에게서, 세례를 베풀 권능을 부여받았습니다. 이상히 여기지 마십시오! 이는, 그리스도께서 요한에게 이것을 행하신 일은, 그리스도께서 모친에게 행하신 일과 같은 방식이었기 때문입니다.

iv, 2. 그리스도에 대하여는 이런 말씀이 있습니다.

> 만물이 그로 말미암아 지은 바 되었으니. (요 1:3)

만물이 그로 말미암아 지은 바 되었다면, 마리아도 그로 말미암아 지은 바 된 것입니다. 나중에 마리아에게서 그리스도가 태어나셨지만 말입니다. 사랑하는 여러분, 주목해 주십시오! 그가 마리아를 창조하셨지만, 마리아에게서 태어나신 것처럼, 그는 요한에게 세례를 베푸셨지만, 요한에게서 세례를 받으셨습니다.

v, 1. 그러므로 그가 요한에게서 세례를 받으신 것은, [그 자신보다] 더 낮은 자에게서 낮은 것을 받으사, 더 높은 곳으로 [올라가라고] 낮은 자들에게 권하시기 위해서였습니다. 하지만 어째서 오직 그분말고 [다른 사람들도] 요한에게서 세례를 받은 것입니까? 요한이 그에게 세례를 베푼 것은, 주님을 위해, 다시 말해, 그리스도 자신을 위해 길을 예비하기 위해서였습니다. 이것 역시 우리가 이미 말한 바 있습니다. 그러나 우리가 이것에 대해 [다시] 언급하는 이유는, 지금 [다루고 있는] 문제를 [해결하는 데] 필요하기 때문입니다. 만약 오직 우리 주 예수 그리스도께서만 요한의 세례로 세례를 받으셨다면 – 우리가 이야기하는 것을 새겨들으십시오! 세상은, 하나님의 영이 여러분 심령 속에 기록해 놓은 것을 거기서 도말(塗抹)할 만큼 큰 힘이 없습니다. 염려라고 하는 '가시떨기'(마 13:7)의 힘이 여러분 속에 심겨진 씨앗의 기운을 막을 만큼 크지 못합니다. 그렇다면 무엇 때문에 우리가 똑같은 이야기를 반복해야 하는 것입니까? 그것은 오직, 여러분 마음의 기억에 대해 우리가 확신하지 못하기 때문 아닙니까?

v, 2. Sī ergō sōlus Dominus baptizātus esset baptismō Iohannis, nōn deessent, quī sīc eum habērent, ut putārent baptismum Iohannis māiōrem esse, quam est baptismus Chrīstī. Dīcerent enim:

Ūsque adeō illud baptisma māius est, ut sōlus Chrīstus eō baptizārī meruisset.

Ergō ut darētur nōbīs ā Dominō exemplum humilitātis, ad percipiendam salūtem baptismatis, Chrīstus suscēpit, quod eī opus nōn erat, sed propter nōs opus erat. Et rūrsus, nē hoc ipsum, quod accēpit ā Iohanne Chrīstus, praepōnerētur baptismatī Chrīstī, permissī sunt et aliī baptizārī ā Iohanne.

v, 3. Sed quī baptizātī sunt ā Iohanne, nōn eīs suffēcit; baptizātī sunt enim baptismō Chrīstī; quia nōn baptismus Chrīstī erat baptismus Iohannis. Quī accipiunt baptismum Chrīstī, baptismum Iohannis nōn quaerunt; quī accēpērunt baptismum Iohannis, baptismum Chrīstī quaesiērunt. Ergō Chrīstō suffēcit baptismus Iohannis.

v, 4. Quōmodo nōn sufficeret, quandō nec ipse erat necessārius? Illī enim nūllus baptismus erat necessārius; sed ad hortandōs nōs ad baptismum suum, suscēpit baptismum servī. Et nē praepōnerētur baptismus servī baptismō Dominī, baptizātī sunt aliī baptismate cōnservī. Sed quī baptizātī sunt baptismate cōnservī, oportēbat, ut baptizārentur baptismate Dominī; quī autem baptizantur baptismate Dominī, nōn opus habent baptismate cōnservī.

vi, 1. Quoniam ergō accēperat Iohannēs baptismum, quī propriē Iohannis dīcerētur; Dominus autem Iēsūs Chrīstus nōluit baptismum suum alicui dare, nōn ut nēmō baptizārētur baptismō Dominī, sed ut semper ipse Dominus baptizāret; id āctum est, ut et per ministrōs Dominus baptizāret, id est, ut quōs ministrī Dominī baptizātūrī erant, Dominus baptizāret, nōn illī. Aliud est enim baptizāre per ministerium, aliud baptizāre per potestātem.

v, 2. 그러니까, 만약 오직 주님만 요한의 세례를 받으셨다고 하면, 요한의 세례를 주님의 세례보다 더 낫다는 생각을 할 사람이 없지 않을 것입니다. 그들은 이런 말을 하겠지요.

그 세례는, 오직 그리스도만 그 세례를 받기에 합당하셨을 정도로, 더 대단한 것이었다.

그러므로 주님이 우리에게 겸손의 모범을 보이신 것은, [우리로 하여금] 세례의 구원을 받게 하기 위함이었습니다. 이를 위해 그리스도는 당신 자신을 위해서는 필요 없지만, 우리로 말미암아 필요한 것을 받으셨습니다. 그리고 또, 그리스도께서 요한에게서 받으신 것을 그리스도의 세례보다 더 낫다고 생각하는 일이 없게 하기 위해서, 다른 사람들에게도 요한에게서 세례 받는 일이 허락되었습니다.

v, 3. 그렇지만, 요한의 세례를 받은 사람들에게는 [그것으로] 충분하지가 않았습니다. 이는, 그들이 그리스도의 세례를 받았기 때문입니다. 왜냐하면, 그리스도의 세례는 요한의 세례와 다르기 때문입니다. 그리스도의 세례를 받는 사람들은 요한의 세례를 구하지 않습니다. [반면,] 요한의 세례를 받은 사람들은 그리스도의 세례를 구했습니다. 그러므로 그리스도는 요한의 세례로 충분하였습니다.

v, 4. 세례 자체가 필요하지 않았는데, 어떻게 [그것으로] 충분했단 말입니까? 정말이지, 그에게는 그 어떠한 세례도 필요하지 않았습니다. 그러나 우리에게 당신의 세례를 권하시기 위해 종의 세례를 받으셨습니다. 그리고 종의 세례를 주님의 세례보다 더 낫다고 하는 일이 없도록, 다른 사람들이 [자기네와] 함께 종 된 자의 세례를 받았습니다. 그러나 함께 종 된 자의 세례를 받는 자들은, 주님의 세례를 받을 필요가 있었습니다. 하지만 주님의 세례를 받은 자들은, 함께 종 된 자의 세례를 받을 필요가 없습니다.

vi, 1. 그러므로 본디 '요한의 세례'라 불리는 것이 맞는 세례를 요한은 받은 것입니다. 그러나 주 예수 그리스도는 당신의 세례를 아무에게도 주시려 하지 않았습니다. 그것은, 아무도 주님의 세례를 받지 못하게 하려는 뜻이 아니었습니다. 도리어 언제나 주님이 친히 세례를 베푸시기 위해서였습니다. 이런 일을 행하신 것은, 사역자들을 통해서도 주님이 세례를 베푸시기 위해서였습니다. 이 말은, 주님의 사역자들이 세례를 베푸는 자들에게 세례를 베푸는 자는 주님이시지, 그들이 [= 사역자들이] 아니라는 뜻입니다. 왜냐하면, 사역자의 자격으로 세례를 베푸는 것과 [스스로의] 권세로 세례를 베푸는 것은 다른 것이기 때문입니다.

vi, 2. Baptisma enim tāle est, quālis est ille, in cuius potestāte datur; nōn quālis est ille, per cuius ministerium datur. Tālis erat baptismus Iohannis, quālis Iohannēs: baptismus iūstus tamquam iūstī, tamen hominis; sed quī accēperat ā Dominō istam grātiam, et tantam grātiam, ut dīgnus esset praeīre iūdicem, et eum digitō ostendere, et implēre vōcem prophētiae illīus:

Vōx clāmantis in dēsertō, parāte viam Dominō.

vi, 3. Tāle autem baptisma Dominī, quālis Dominus; ergō baptisma Dominī dīvīnum, quia Dominus Deus.

vii, 1. Potuit autem Dominus Iēsūs Chrīstus, sī vellet, dare potestātem alicui servō suō, ut daret baptismum suum tamquam vice suā, et trānsferre ā sē baptizandī potestātem, et cōnstituere in aliquō servō suō, et tantam vim dare baptismō trānslātō in servum, quantam vim habēret baptismus datus ā Dominō. Hoc nōluit ideō, ut in illō spēs esset baptizātōrum, ā quō sē baptizātōs agnōscerent. Nōluit ergō servum pōnere spem in servō. Ideōque clāmābat Apostolus, cum vidēret hominēs volentēs pōnere spem in sē ipsō:

Numquid Paulus prō vōbīs crucifīxus est? Aut in nōmine Paulī baptizātī estis?

Baptizāvit ergō Paulus tamquam minister, nōn tamquam ipsa potestās; baptizāvit autem Dominus tamquam potestās.

vii, 2. Intendite! Et potuit hanc potestātem servīs dare, et nōluit. Sī enim daret hanc potestātem servīs, id est, ut ipsōrum esset, quod Dominī erat, tot essent baptismī, quot essent servī; ut quōmodo dictum est baptisma Iohannis, sīc dīcerētur baptisma Petrī, sīc baptisma Paulī, sīc baptisma Iacobī, baptisma Thōmae, Matthaeī, Bartholomaeī; illud enim baptisma Iohannis dictum est.

vi, 2. 세례의 성격은 정말이지, 그것을 베풀 권세를 부여한 자에 의해 결정되는 것이지, 그것을 베푸는 사역자에 의해 결정되지 않습니다. 요한의 세례는, 그 성격이 요한에 의해 결정됩니다. 그의 세례가 의(義)에 상응하는 세례였던 것은, 요한이 의인이었기 때문입니다. 하지만 그것은 사람의 세례였습니다. 그런데 요한은 주님에게서 이 은혜를 받았습니다. 이 은혜는 대단히 엄청난 은혜여서, 이 은혜로 말미암아 그는 심판주의 전구(前驅)가 될 자격, 심판주를 손가락으로 가리킬 자격을 얻었습니다. 또 다음과 같은 예언의 말씀을 성취할 자격을 얻었습니다.

외치는 자의 소리여, 가로되, 너희는 광야에서 여호와의 길을 예비하라! (사 40:3)

vi, 3. 그러나 주님의 세례는, 그 성격이 주님에 의해 결정됩니다. 그러므로 주님의 세례는 하나님의 세례입니다. 이는, 주님이 하나님이시기 때문입니다.

vii, 1. 그러나 주 예수 그리스도는 당신의 뜻에 따라 당신의 종 누구에게나 당신 대신 세례를 베풀 수 있는 권세를 주실 수 있었습니다. 또 세례를 베풀 권세를 당신의 종에게 넘겨주시되, 주님이 [친히] 주시는 세례가 지닌 만큼의 힘을, 종이 베푸는 세례에도 부여하셨습니다. 그가 이것을 [= 세례 주시는 일을] 하려 하지 않으신 것은, 수세자(受洗者)들의 희망이, 그들이 자기네의 세례 집례자로 알고 있는 자에게 머무르지 않게 하기 위해서였습니다. 그는 그러니까, 종이 종에게 희망을 두는 것을 원하시지 않았습니다. 그래서 사도는, 사람들이 그에게 희망을 두려 하는 것을 보고 이렇게 외쳤습니다.

바울이 너희를 위하여 십자가에 못 박혔으며, 바울의 이름으로 너희가 세례를 받았느뇨? (고전 1:13)

그러므로 바울은 사역자로서 세례를 준 것이지, 권세자로서 [세례를 준 것이] 아닙니다. 반면, 주님은 권세자로서 세례를 주셨습니다.

vii, 2. 주목해 주십시오! 그리고 그는 [= 주님은] 이 권세를 종들에게 주실 수 있었지만, 그렇게 하시려 하지 않았습니다. 이는, 만약 그가 이 권세를 종들에게 주셨다 하면, 다시 말해, 주님의 것을 그들의 것이 되게 하셨다 하면, 세례의 숫자가 종들의 숫자만큼 되었을 것이기 때문입니다. 그래서 '요한의 세례'라는 말이 있는 것처럼, '베드로의 세례', '바울의 세례', '야고보의 세례', '도마의 세례', '마태의 세례', '바돌로매의 세례'라는 말이 생겼을 것입니다. 정말이지, 그 세례는 '요한의 세례'라 불렸습니다.

Sed forte aliquis resistit, et dīcit:

> Probā nōbīs, quia illud baptisma Iohannis dictum est.

Probābō, ipsā Vēritāte dīcente, quandō interrogāvit Iudaeōs:

> Baptisma Iohannis unde est? Dē caelō, an ex hominibus?

vii, 3. Ergō nē tot baptismata dīcerentur, quot essent servī, quī baptizārent acceptā potestāte ā Dominō; sibī tenuit Dominus baptizandī potestātem, servīs ministerium dedit. Dīcit sē servus baptizāre; rēctē dīcit, sīcut Apostolus dīcit: *Baptizāvī autem et Stephanae domum*; sed tamquam minister. Ideō sī sit et malus, et contingat illī habēre ministerium, et sī eum hominēs nōn nōrunt, et Deus cum nōvit; permittit Deus baptizārī per eum, quī sibī tenuit potestātem.

viii, 1. Hoc autem Iohannēs nōn nōverat in Dominō. Quia Dominus erat, nōverat; quia ab ipsō dēbēbat baptizārī, nōverat: et confessus est, quia vēritās erat ille, et ille vērāx missus ā vēritāte; hoc nōverat. Sed quid in eō nōn nōverat? Quia sibī retentūrus erat baptismatis suī potestātem, et nōn eam trānsmissūrus et trānslātūrus in aliquem servum; sed sīve baptizāret in ministeriō servus bonus, sīve baptizāret in ministeriō servus malus, nōn scīret sē ille, quī baptizārētur, baptizārī, nisī ab illō, quī sibī tenuit baptizandī potestātem.

그렇지만 필시 어떤 사람이 항의하며 이렇게 말할 수 있습니다.

그것이 '요한의 세례'라 불린다는 걸 우리한테 증명해 보세요!

나는 진리 자신의 말씀으로 증명하겠습니다. 그는 유대인들에게 이렇게 질문하셨습니다.

요한의 세례가 어디로서 왔느냐? 하늘로서냐? 사람에게로서냐? (마 21:25)

vii, 3. 그러므로 세례의 숫자가 – 주님에게서 받은 권세로 세례를 주는 – 종들의 숫자만큼 많다는 말을 하지 못하게 하려고, 주님은 세례를 베풀 권세를 당신 자신이 계속 보유하셨고, 종들에게는 섬기는 일[만] 맡기셨습니다. 종이, 자기가 세례를 준다는 말을 합니다. 맞는 말입니다. 사도 역시 이렇게 말했습니다.

내가 또한 스데바나 집 사람에게 세례를 주었고. (고전 1:16)

그러나 섬김이로서 그렇게 하였습니다. 그러니까, 악한 자라 할지라도, 섬기는 일을 맡을 수가 있습니다. 그리고 사람들은 그에 대해 모를지라도, 하나님은 아십니다. 하나님은, 그가 세례 베푸는 것을 허락하십니다. 하지만 권세는 하나님 자신이 계속 보유하셨습니다.

viii, 1. 그러나 요한은 주님에 대해 이것을 몰랐습니다. [그리스도께서] 주님이라는 사실은 알았습니다. 자기가 그에게 [= 주님께] 세례를 받아야 한다는 사실[도] 알았습니다. 그리고 그는, [주님이] 진리시라는 사실, 자기가 참되었던 것은 진리에 의해 보냄을 받았기 때문이라는 사실을 인정했습니다. 이런 사실은 그가 알았습니다. 하지만 그가 주님에 대해 알지 못했던 것은 무엇입니까? 그것은, 주님이 당신의 세례에 관한 권세를 당신 자신이 계속 보유하실 것이라는 사실, 그 권세를 그 어떤 종에게 이양(移讓)하시거나 넘겨주시지 않을 것이라는 사실, 선한 종이라도 섬김이로서 세례를 베풀 것이고, 악한 종이라도 섬김이로서 세례를 베풀 것이라는 사실, 수세자 (受洗者)는, 자기가 오직 주님에게서만, 곧, 세례를 베풀 권세를 자기 자신이 계속 보유하셨던 분에게서만 세례를 받는다는 걸 알아야 한다는 사실이었습니다.

viii, 2. Et ut nōveritis, frātrēs, quia hoc in illō nōn nōverat Iohannēs, et hoc didicit per columbam; Dominum enim nōverat, sed eum baptizandī sibī potestātem retentūrum, et nūllī servō eam datūrum, nōndum nōverat; secundum hoc dīxit:

> Et egō nesciēbam eum.

Et ut nōveritis, quia ibī hoc didicit, attendite sequentia:

> Sed quī mīsit mē baptizāre in aquā, ipse mihī dīxit: *Super quem vīderis Spīritum dēscendentem, quasi columbam, et manentem super eum, ipse est.*

Quid ipse est? Dominus. Sed iam nōverat Dominum. Ergō putāte hūc ūsque dīxisse Iohannem:

> Egō nōn nōveram eum; sed quī mē mīsit baptizāre in aquā, ipse mihī dīxit.

Quaerimus:

> Quid dīxerit?

Sequitur:

> Super quem vīderis Spīritum dēscendentem, quasi columbam, et manentem super eum.

Nōn dīcō sequentia; interim attendite:

> Super quem vīderis Spīritum dēscendentem, tamquam columbam, et manentem super eum, ipse est.

Sed quid ipse est? Quid mē voluit per columbam docēre, quī mē mīsit? Quia ipse erat Dominus? Iam nōveram, ā quō missus eram; iam nōveram eum, cui dīxī: *Tū ad mē venīs baptizārī? Egō ā tē dēbeō baptizārī;* ūsque adeō ergō nōveram Dominum, ut egō ab eō vellem baptizārī, nōn ut ā mē ipse baptizārētur.

viii, 2. 그리고 형제 여러분! 여러분은 다음과 같은 사실을 아셔야 합니다. 곧, 주님에 대해 요한이 알지 못했던 것이 이것이라는 사실 말입니다. 그는 이것을 비둘기를 통해서 알게 되었습니다. 이는, 그가 주님에 대해 알았지만, 주님이 세례권을 당신 자신이 계속 보유하실 것이고, 그 어떠한 종에게도 그것을 주시지 않을 것이라는 사실은 아직 알지 못했기 때문입니다. 이 때문에 그는 이렇게 말한 것입니다.

> 나도 그를 알지 못하였으나.

그리고 그가 거기서 이것을 알게 되었다는 사실을 여러분이 아시려면, 이어지는 말씀에 주의를 기울여 주십시오!

> 나를 보내어 물로 세례를 주라 하신 그이가 나에게 말씀하시되, 성령이 비둘기 같이 내려서 누구 위에든지 머무는 것을 보거든, 그가 곧 성령으로 세례를 주는 이인 줄 알라!

그는 어떤 분입니까? 그는 주님이십니다. 그러나 [요한은] 주님을 이미 알고 있었습니다. 그러므로 요한이 여기까지만 말했다고 상정(想定)해 보십시오!

> 나도 그를 알지 못하였으나, 나를 보내어 물로 세례를 주라 하신 그이가 나에게 말씀하시되.

우리가 묻습니다.

> 그이가 무슨 말씀을 하셨지요?

[말씀이] 이어집니다.

> 성령이 비둘기 같이 내려서 누구 위에든지 머무는 것을 보거든, 그가 곧 성령으로 세례를 주는 이인 줄 알라!

이어지는 말씀은 인용하지 않겠습니다. 우선, 이 말씀에 주목하십시오!

> 성령이 비둘기 같이 내려서 누구 위에든지 머무는 것을 보거든, 그가 곧 성령으로 세례를 주는 이인 줄 알라!

하지만 그는 어떤 분입니까? '나를 보내신 이가' 비둘기를 통해 무엇을 나에게 가르치려 하셨습니까? 그가 주님이시라는 사실이었습니까? 나는 이미, 누가 나를 보내셨는지 알고 있었습니다. 나는 이미 그를 알고 있었고, 그에게 나는 이렇게 말했습니다.

> 내가 당신에게 세례를 받아야 할 터인데, 당신이 내게로 오시나이까? (마 3:14)

그러니까, 나는 주님을 어느 정도 알고 있었느냐 하면, 내가 주님에게 세례를 받고 싶어할 만큼 알고 있었습니다. [그러나] 그가 나에게 세례를 받아야 한다는 사실은 [알지 못했습니다].

viii, 3. Et tunc mihī dīxit:

> Sine modo; impleātur omnis iūstitia; patī vēnī, baptizārī nōn veniō?

Impleātur omnis iūstitia, ait mihī Deus meus; impleātur omnis iūstitia, doceam plēnam humilitātem; nōvī superbientēs in futūrō populō meō, nōvī aliquōs in aliquā excellentiōrī grātiā futūrōs hominēs, ut cum vīderint idiōtās aliquōs baptizārī, illī quia meliōrēs sibī videntur, sīve continentiā, sīve eleēmosynīs, sīve doctrīnā, dēdīgnentur istī fortasse accipere, quod illī īnferiōrēs accēpērunt; oportet, ut sānem eōs, ut nōn dēdīgnentur venīre ad baptisma Dominī, quia egō vēnī ad baptisma servī.

ix, 1. Iam ergō hoc nōverat Iohannēs, et nōverat Dominum. Quid ergō docuit columba? Quid voluit per columbam, id est, per Spīritum Sānctum sīc venientem docēre, quī mīserat eum, cui ait: *Super quem vīderis Spīritum dēscendentem, tamquam columbam, et manentem super eum, ipse est?* Quis ipse est? Dominus. Nōvī. Sed numquid hoc iam nōverās, quia Dominus iste baptizandī habēns potestātem, eam potestātem nūllī servō datūrus est, sed sibī eam retentūrus est, ut omnis, quī baptizātur per servī ministerium, nōn imputet servō, sed Dominō? Numquid hoc iam nōverās? Nōn hoc nōveram; adeō quid mihī dīxit?

> Super quem vīderis Spīritum dēscendentem tamquam columbam, et manentem super eum, ipse est, quī baptizat in Spīritū Sānctō.

viii, 3. 그런데 그때 주님은 내게 말씀하셨습니다.

이제 허락하라! 우리가 이와 같이 하여 모든 의를 이루는 것이 합당하니라. (마 3:15)

나는 고난을 받으러 왔다. 세례받으러 오지 못하겠느냐?

"모든 의를 이루는 것이 합당하니라". 내 하나님이 내게 말씀하셨습니다.

모든 의를 이루는 것이 합당하니라. 나는 온전한 겸손을 가르치고자 하노라. 나는, 장래의 내 백성 중에 교만한 자들이 있을 것을 아노라. 나는, 어떤 사람들이 모종(某種)의 탁월한 은혜 가운데 거할 것을 아노라. 그래서 그들이, 어떤 무학자(無學者)들이 세례받는 모습을 볼 때에, 자기네가 이들보다 혹은 절제 면에서, 혹은 구제 면에서, 혹은 교양 면에서 더 낫다고 생각하기 때문에, 자기네보다 못한 이들이 받는 세례를 받지 않으려고 하는 일이 필시 있을 것이라. 나는 그들을 치료하여, 그들이 주님의 세례를 받으로 나오기를 싫어하는 일이 없게 하리라. 이는, 내가 종의 세례를 받기 위해 왔음이라.

ix, 1. 그러므로 요한은 이미 이것을 알고 있었습니다. 그리고 그는 주님을 알고 있었습니다. 그렇다면, 비둘기가 가르쳐 준 것은 무엇입니까? 그를 보내신 분이 비둘기를 통해, 곧, 그런 모습으로 임한 성령을 통해 가르치려 하신 것이 무엇입니까? [요한]에게 주님은 이렇게 말씀하셨습니다.

성령이 비둘기 같이 내려서 누구 위에든지 머무는 것을 보거든, 그가 곧 성령으로 세례를 주는 이인 줄 알라!

그가 누구입니까? 주님이십니다. 나는 알고 있습니다. 하지만 당신이 다음과 같은 사실을 벌써 알고 있었나요?

세례권을 보유하고 계신 이 주님이 이 권세를 당신의 그 어떤 종에게도 주지 아니하시고, 당신 자신이 이 것을 계속 보유하시는 것은, 종의 섬김으로 말미암아 세례를 받는 자 누구든지, 그 권세를 종에게 돌리지 아니하고, 주님께 돌리게 하기 위함이다.

당신은 이 사실을 벌써 알고 있었나요? 나는 이 사실을 알지 못했습니다. 그가 나에게 다음과 같은 말씀을 하실 때까지 말입니다.

성령이 비둘기 같이 내려서 누구 위에든지 머무는 것을 보거든, 그가 곧 성령으로 세례를 주는 이인 줄 알라!

ix, 2. Nōn ait: *Ipse est Dominus*; nōn ait, *ipse est Chrīstus*; nōn ait, *ipse est Deus*; nōn ait, *ipse est Iēsūs*; nōn ait, *ipse est, quī nātus est dē Virgine Marīā, posterior tē, prior tē.* Nōn ait hoc; iam enim hoc nōverat Iohannēs. Sed quid nōn nōverat? Tantam potestātem baptismī ipsum Dominum habitūrum et sibī retentūrum, sīve praesentem in terrā, sīve absentem corpore in caelō et praesentem māiestāte, sibī retentūrum baptismī potestātem; nē Paulus dīceret: *baptismus meus*; nē Petrus dīceret: *baptismus meus.* Ideō vidēte, intendite vōcēs Apostolōrum. Nēmō Apostolōrum dīxit: *baptismus meus.* Quamvīs ūnum omnium esset Ēvangelium, tamen invenīs dīxisse: *Ēvangelium meum*; nōn invenīs dīxisse: *baptisma meum.*

x, 1. Hoc ergō didicit Iohannēs, frātrēs meī. Quod didicit Iohannēs per columbam, discāmus et nōs. Nōn enim columba Iohannem docuit, et Ecclēsiam nōn docuit, cui Ecclēsiae dictum est:

Ūna est columba mea.

Columba doceat columbam; nōverit columba, quōd Iohannēs didicit per columbam. Spīritus Sānctus in speciē columbae dēscendit. Hoc autem, quod discēbat Iohannēs in columbā, quārē in columba didicit? Oportēbat enim, ut discceret; nec hoc forte oportēbat, nisī ut per columbam discceret.

x, 2. Quid dīcam dē columbā, frātrēs mei? Aut quandō mihī sufficit facultās vel cordis vel linguae, dīcere quōmodo volō? Et forte nōn dīgnē volō, quōmodo dīcendum est; nec sī tamen possum dīcere, quōmodo volō; quantō minus, quōmodo dīcendum est? Egō ā meliōre hoc audīre vellem, nōn vōbīs dīcere.

ix, 2. 그는 이렇게 말하지 않습니다. "그는 주님이시다". 이렇게 말하지도 않습니다. "그는 그리스도시다". 이렇게도 말하지 않습니다. "그는 하나님이시다". 이렇게도 말하지 않습니다. "그는 예수시다". 이런 말도 하지 않습니다.

그는 동정녀 마리아에게서 나신 분이다. '내 뒤에 오시는 이가 나보다'(요 1:15) 앞섰다.

이런 말을 하지 않은 것은, 요한이 벌써 이것을 알고 있었기 때문입니다. 하지만 그가 알지 못했던 것은 무엇입니까? [그것은,] 세례의 이같이 엄청난 권세를 주님 자신이 지니실 것이며, 주님 자신이 계속 보유하실 것이라는 사실, 땅에 계실 때든, 육신으로는 [땅에] 계시지 않고 하늘에 계실 때든, 권능으로 [다시 땅에] 임하실 때든, 세례권을 계속 보유할 것이라는 사실이었습니다. 바울도 '내 세례'라는 말을 하지 못했습니다. 베드로도 '내 세례'라는 말을 하지 못했습니다. 그러므로 살펴 주십시오! 사도들의 음성을 유념해 주십시오! 그 어떤 사도도 '내 세례'라는 말을 하지 않았습니다. 비록 복음은 모두에게 하나였지만, '내 복음'(롬 2:16, 몬 1:13)이라는 말을 한 적이 있습니다.[1] [그러나] '내 세례'라는 말은 한 적이 없습니다.

x, 1. 나의 형제 여러분! 그러므로 요한은 이것을 [차후에] 알게 되었습니다. 요한이 비둘기를 통해 알게 된 것을, 우리도 알도록 하십시다. 정말이지, 비둘기가 요한을 가르친 것은 아닙니다. 교회를 가르친 것도 아닙니다. 교회에 대하여는 이런 말씀이 있습니다.

나의 비둘기, 나의 완전한 자는 하나뿐이로구나! (아 6:9)

비둘기가 비둘기를 가르쳐야 할 것입니다. 비둘기는, 요한이 비둘기를 통해 알게 되었다는 것을 알아야 할 것입니다. 성령이 비둘기의 형체로 내려왔습니다. 하지만 요한이 비둘기한테서 배운 이것을 어째서 비둘기한테서 배웠을까요? 이는, 그가 배워야 했기 때문입니다. 그는 필시 오직 비둘기를 통해서만 배워야 했을 것입니다.

x, 2. 나의 형제 여러분! 내가 비둘기에 대해 무슨 말을 해야 할까요? 아니면, 내가 뜻하는 대로 말할 능력이 – 정신의 힘이든, 혀의 힘이든 간에 – 나한테 언제 충분히 있을까요? 혹시 내가 선한 뜻을 지니지 않아, 제대로 말을 못할지도 모릅니다. 또 설사 내가 뜻하는 대로 말할 능력을 지녔다 해도, 제대로 말할 수 있는 능력은 없는 것 아닙니까? 나는 나보다 더 나은 사람에게서 이에 대해 듣고 싶지, 여러분에게 [이에 대해] 말씀 드리고 싶지 않습니다.

---

[1] 딤후 2:8 (= 나의 복음과 같이 다윗의 씨로 죽은 자 가운데서 다시 살으신 예수 그리스도를 기억하라).

xi, 1. Discit Iohannēs eum, quem nōverat; sed in eō discit, in quō eum nōn nōverat; in quō nōverat, nōn discit. Et quid nōverat? Dominum. Quid nōn nōverat? Potestātem dominicī baptismī in nūllum hominem ā Dominō trānsitūram, sed ministerium plānē trānsitūrum; potestātem ā Dominō in nēminem, ministerium et in bonōs et in malōs. Nōn exhorreat columba ministerium malōrum, respiciat Dominī potestātem. Quid tibī facit malus minister, ubī bonus est Dominus? Quid tē impedit malitiōsus praecō, sī est benevolus iūdex? Iohannēs didicit per columbam hoc. Quid est, quod didicit? Ipse repetat: *Ipse mihī dīxit*, inquit: *Super quem vīderis Spīritum dēscendentem, tamquam columbam, et manentem super eum, hic est, quī baptizat in Spīritū Sānctō.*

xi, 2. Nōn ergō tē dēcipiant, ō columba, sēductōrēs, quī dīcunt: *Nōs baptizāmus.* Columba, agnōsce, quid docuit columba. *Hic est, quī baptizat in Spīritū Sānctō.* Per columbam discitur, quia hic est; et tū eius potestāte putās tē baptizārī, cuius ministeriō baptizāris? Sī hoc putās, nōndum es in corpore columbae; et sī nōn es in corpore columbae, nōn mīrandum, quia simplicitātem nōn habēs. Simplicitās enim maximē per columbam dēsīgnātur.

xii, 1. Quārē per simplicitātem columbae didicit Iohannēs, quia hic est, quī baptizat in Spīritū Sānctō, frātrēs meī, nisī quia columbae nōn erant, quī Ecclēsiam dissipāvērunt? Accipitrēs erant, mīlvī erant. Nōn laniat columba. Et vidēs illōs invidiam nōbīs facere, quasi dē persecūtiōnibus, quās passī sunt. Corporālēs quidem passī quasi persecūtiōnēs, cum essent flagella Dominī manifestē dantis disciplīnam ad tempus, nē damnet in aeternum, sī eam nōn cōgnōverint, sēque corrēxerint.

xi, 1. 요한은, 그가 알고 있는 자에 대해 배웁니다. 하지만 그를 가르치는 자한테서 그가 배우는 것은, 그가 그리스도에 대해 알지 못했던 것이지, 그가 알고 있던 것에 대해 배우는 것이 아닙니다. 그런데 그가 알고 있던 것이 무엇입니까? 그는 주님을 알고 있었습니다. 그가 알지 못했던 것은 무엇입니까? 주님의 세례의 권세를 주님이 그 어떤 사람에게도 넘겨주지 않으실 것이지만, 사역은 분명히 넘겨주실 것이라는 사실, 권세를 주님이 아무한테도 넘겨주지 않으실 것이지만, 사역은 선한 자들한테도, 악한 자들한테도 넘겨주실 것이라는 사실입니다. 비둘기가 악한 자들의 사역 때문에 몸을 떨어서는 안 됩니다. 주님의 권세를 바라보아야 합니다. 주님이 선하신데, 악한 사역자가 그대에게 무슨 일을 한단 말입니까? 재판관이 자애롭다면, 악한 전령이 그대에게 무슨 훼방을 놓겠습니까? 요한은 비둘기를 통해 이것을 배웠습니다. 그가 배운 것이 무엇입니까? 그로 하여금 친히 반복하게 하십시오! 그는 이렇게 말했습니다.

> 그이가 나에게 말씀하시되, 성령이 내려서 누구 위에든지 머무는 것을 보거든, 그가 곧 성령으로 세례를 주는 이인 줄 알라 하셨기에.

xi, 2. 그러므로 비둘기여! "우리가 세례를 준다"고 말하는 유혹자들에게 속지 말라! 비둘기여! 비둘기가 가르치는 것이 무엇인지를 깨달으라! '그가 곧 성령으로 세례를 주는 이'다. 비둘기를 통해 그가 곧 그분인 줄을 깨닫게 된다. 그대는 그대에게 세례를 주는 사역자의 권세에 의해 세례를 받는다고 생각하는가? 만약 그대가 이런 생각을 한다면, 그대는 아직 비둘기의 몸에 속한 것이 아니다. 그리고 만약 그대가 아직 비둘기의 몸에 속하지 않았다면, 그대에게 순결함이 결여돼 있는 것이 이상한 일이 아니다. 이는, 순결함이 특별히 비둘기를 통해 표현되기 때문이다.

xii, 1. 어째서 요한은 비둘기의 순결함을 통하여, '그가 곧 성령으로 세례를 주는 이'임을 깨달았습니까? 나의 형제 여러분! 그것은, 교회를 흩은 자들은 비둘기들이 아니었기 때문 아닙니까? 그들은 매들이었습니다. 그들은 솔개들이었습니다. 비둘기는 찢어발기지 않습니다. 그리고 그대가 보는 대로, 그들은 우리를 적대시하는데, 이는, 그들이 [우리한테] 핍박을 당하는 것처럼 생각하기 때문입니다. 물론, 육신적으로는 그들이 마치 핍박을 받는 것 같습니다. 비록 그것이 주님의 채찍이고, 분명히 잠시 훈육을 하는 것이지만 말입니다. 그들이 만약 이것을 인식하고, 스스로를 고친다면, 영원히 정죄당하지 않을 것입니다.

xii, 2. Illī vērō persequuntur Ecclēsiam, quī dolīs persequuntur; illī gravius cor feriunt, quī linguae gladiō feriunt; illī acerbius sanguinem fundunt, quī Chrīstum, quantum in ipsīs est, in homine occīdunt. Perterritī videntur quasi iūdiciō potestātum. Quid tibī facit potestās, sī bonus es? Sī autem malus es, timē potestātem. *Nōn enim frūstrā gladium portat*, dīcit Apostolus. Tuum gladium nōlī ēdūcere, quō percutis Chrīstum. Chrīstiāne, quid tū persequeris in Chrīstiānō? Quid in tē persecūtus est imperātor? Carnem persecūtus est; tū in Chrīstiānō spīritum persequeris. Nōn occīdis tū carnem. Et tamen nec carnī parcunt; quotquot potuērunt, caedendō necāvērunt; nec suīs nec aliēnīs pepercērunt. Nōtum est hoc omnibus. Invidiōsa est potestās, quia lēgitima est. Invidiōsē facit, quī iūre facit; sine invidiā facit, quī praeter lēgēs facit.

xii, 3. Attendat ūnusquisque vestrum, frātrēs meī, quid habeat Chrīstiānus. Quod homō est, commūne cum multīs; quod Chrīstiānus est, sēcernitur ā multīs; et plūs ad illum pertinet, quod Chrīstiānus, quam quod homō. Nam quod Chrīstiānus, renovātur ad imāginem Deī, ā quō homō factus est ad imāginem Deī; quod autem homō, posset et malus, posset et pāgānus, posset et īdōlolatra. Hoc tū persequeris in Chrīstiānō, quod melius habet; hoc enim illī vīs auferre, unde vīvit. Vīvit enim temporāliter secundum spīritum vītae, quō corpus animātur; vīvit autem ad aeternitātem secundum baptisma, quod accēpit ā Dominō.

xii, 4. Hoc illī vīs tollere, quod accēpit ā Dominō; hoc illī vīs tollere, unde vīvit. Latrōnēs eōs, quōs volunt exspoliāre, sīc volunt, ut ipsī plūs habeant, et illī nihil habeant; tū et tollis huic, et apud tē nōn erit plūs; nōn enim plūs tibī fit, quia huic tollis. Sed vērē hoc faciunt, quod hī, quī tollunt animam; et alterī tollunt, et ipsī duās animās nōn habent.

xii, 2. 정말이지, 그들은 교회를 핍박합니다. 궤휼로 핍박합니다. 혀라는 칼로 치는 그들은 마음을 더 격하게 칩니다. 사람 속에 있는 그리스도를 자기네 능력을 최대한 발휘하여 죽이는 자들은 피 흘리는 일을 심하게 자행하는 자들입니다. 그들은 마치 위정자들의 판단을 무서워하는 것처럼 보입니다. 그대가 만약 선하다면, 위정자가 그대에게 무슨 문제가 됩니까? 그러나 악하다면, 위정자를 두려워하십시오! 사도는 말합니다.

> 그가 공연히 칼을 가지지 아니하였으니. (롬 13:4)

그대의 칼을 뽑지 마십시오! 그걸로 그대는 그리스도를 칩니다. 크리스챤이여! 그대는 무엇 때문에 크리스챤을 칩니까? 무엇 때문에 그대를 황제께서 [= 그리스도께서] 치셨습니까? 그는 육신을 치셨습니다. 그대는 크리스챤의 영혼을 칩니다. 그대는 육신을 죽이지 않습니다. 하지만 그들은 육신조차도 가만두지 않습니다. 그들은 자기네 능력 범위 안에서 최대한 많이 쳐죽입니다. 그들은 자기네 편이든, 자기네 편이 아니든, 가만두지 않습니다. 이것은, 모든 사람들이 알고 있습니다. 위정자가 미움을 받는 것은, 정당하기 때문입니다. 법에 따라 행동하면, 미움을 받는 행동을 하게 됩니다. 법을 무시하고 행동하면, 그 행동이 미움을 받지 않습니다.

xii, 3. 나의 형제 여러분! 여러분은 각자, 크리스챤에게 무엇이 있는지를 살피십시오! 인간이라는 점에서 그는 많은 사람들과 공통됩니다. 크리스챤이라는 점에서 그는 많은 사람들과 구별됩니다. 그에게는 크리스챤이라는 점이, 인간이라는 점보다 더 중요합니다. 왜냐하면, 크리스챤인 관계로 그는 하나님의 형상을 좇아 '새롭게 하심을 받기'(골 3:10) 때문입니다. 인간은 '하나님의 형상대로'(창 1:27) 지음을 받았습니다. 그런데 인간은 악한 자도 될 수 있고, 이교도가 될 수 있고, 우상숭배자가 될 수 있습니다. 그대는, 크리스챤에게 있는 더 좋은 부분을 치고 있습니다. 이는, 그대가 그에게서 그의 생명의 근원 되는 것을 박탈하려 하기 때문입니다. 정말이지, 크리스챤은 시간의 면에서는 육신에 생기를 주는 생령에 의해 살지만, 영원의 면에서는 주님에게서 받은 세례로 말미암아 삽니다.

xii, 4. 그대는 그에게서, 그가 주님에게서 받은 것을 빼앗으려 합니다. 그대는 그에게서 그의 생명의 근원 되는 것을 박탈하려 합니다. 강도들이 사람들에게서 강탈을 하려는 것은, 자기네가 더 많이 가지고, 상대방은 아무것도 가지지 못하게 하기 위해서입니다. [그런데] 그대가 크리스챤에게서 빼앗는다 해서, 그대 소유가 더 많아지지 않습니다. 이는, 그대가 크리스챤에게서 빼앗아도, 그대 것이 더 늘지 않기 때문입니다. 그러나 그들은 목숨을 빼앗는 자들이 하는 것과 같은 일을 하고 있습니다. 그들이 다른 사람의 목숨을 빼앗는다 해도, 그들이 두 개의 목숨을 가지는 것은 아닙니다.

xiii, 1. Quid ergō vīs auferre? Unde tibī displicet, quem vīs rebaptizāre? Dare nōn potes, quod iam habet, sed facis negāre, quod habet. Quid acerbius faciēbat pāgānus, persecūtor Ecclēsiae? Exserēbantur gladiī adversus martyrēs, ēmittēbantur bēstiae, ignēs admovēbantur. Utquid ista? Ut dīceret, quī ista patiēbatur: *Nōn sum Chrīstiānus.* Quid docēs tū eum, quem vīs rebaptizāre, nisī ut prīmō dīcat: *Nōn sum Chrīstiānus?* Ad quod aliquandō persecūtor prōferēbat flammam, ad hoc tū prōdūcis linguam; sēdūcendō facis, quod ille occīdendō nōn fēcit.

xiii, 2. Et quid est, quod datūrus es, et cui datūrus es? Sī tibī vērum dīcat, et nōn sēductus ā tē mentiātur, dictūrus est: *Habeō.* Interrogās: *Habēs baptisma? Habeō*, dīcit. Quamdiū *habeō* dīcit, inquis, *nōn sum datūrus.* Et nōlī dare; quod enim vīs dare, haerēre in mē nōn potest; quia quod accēpī, auferrī ā mē nōn potest. Sed tamen exspectā; videam, quid mē vīs docēre. *Dīc*, inquit, *prīmō: Nōn habeō.* Sed hoc habeō; sī dīxerō: Nōn habeō, mentior; quod enim habeō, habeō. *Nōn habēs*, inquit. Docē, quia nōn habeō. *Malus tibī dedit.* Sī malus Chrīstus, malus mihī dedit. *Nōn*, inquit, *malus Chrīstus; sed nōn tibī Chrīstus dedit.* Quis ergō mihī dedit? Respondē; egō mē ā Chrīstō sciō accēpisse. *Dedit tibī*, inquit, *sed trāditor nesciō quis, nōn Chrīstus.*

xiii, 1. 그러면, 그대는 무엇을 빼앗으려 합니까? 그대가 재세례를 베풀려고 하는 사람한테서 그대 마음에 들지 않는 것이 무엇입니까? 그대는, 그가 이미 가지고 있는 것을 줄 수 없습니다. 하지만 그대는, 그가 가지고 있는 것을 부인하게 만듭니다. 교회의 핍박자여! 이교도가 이보다 더 심한 일을 하였습니까? 순교자들을 향해 칼을 뽑아 들었습니다. 들짐승들을 내보냈습니다. 불을 갖다 대었습니다. 무엇 때문에 그런 짓을 했습니까? 이런 짓을 당하는 자들한테서 "나는 크리스챤이 아니다"는 말을 듣기 위해서였습니다. 그대가 재세례를 베풀려고 하는 사람한테, 그대는 무엇을 가르치려고 합니까? 그에게서 먼저 "나는 크리스챤이 아니다"는 말을 듣기 위해서가 아닙니까? 이를 위해 옛날 박해자는 불을 사용했습니다. 이를 위해 그대는 혀를 사용합니다. 박해자가 죽임을 통해서도 하지 못했던 일을, 그대는 현혹을 통해 하고 있습니다.

xiii, 2. 그런데 그대가 주려고 하는 것이 무엇입니까? 또 누구에게 주려고 합니까? 만약 [크리스챤이] 그대에게 진실을 말한다면, 또 그대에게 현혹되어 거짓말을 하는 것이 아니라면, "나는 [세례를] 받았다"고 말할 것입니다. 그대가 "세례를 받았나요?"라고 묻습니다. 그가 "받았다"고 말합니다. 그가 "받았다"는 말을 하는 한(限), 그대는 "나는 세례를 주지 않겠다"고 말합니다. 그리고 주지 마십시오! 이는, 그대가 주려고 하는 것이 나한테 필요하지 않은 것이기 때문입니다. 내가 받은 것을 나한테서 빼앗아 갈 수 없습니다. 하지만 기다리십시오! 그대가 나에게 가르치려는 것이 무엇인지 보고 싶습니다. 그가 말합니다.

> 먼저, '나는 받지 않았다'고 말하십시오!

하지만 나는 이걸 받았습니다. 내가 만약 받지 않았다고 말한다면, 나는 거짓말을 하는 것입니다. 내가 받은 것은 받은 것이기 때문입니다. 그가 말합니다.

> 그대는 받지 않았습니다.

내가 받지 않았다는 것을 증명해 보세요! [그가 말합니다.]

> 악한 자가 그대에게 [세례를] 주었습니다.

만약 그리스도께서 악하시다면, 악한 자가 나에게 [세례를] 준 것입니다. 그가 말합니다.

> 그리스도는 악하시지 않습니다. 하지만 그리스도께서 그대에게 [세례를] 주시지 않았습니다.

그러면, 누가 나에게 [세례를] 주었단 말입니까? 대답해 보세요! 내가 알기로, 나는 그리스도에게서 [세례를] 받았습니다. 그가 말합니다.

> 그대에게 세례를 준 것은 어떤 배교자이지, 그리스도가 아닙니다.

xiii, 3. Vīderō, quis fuerit minister; vīderō, quis fuerit praecō; dē officiālī nōn disputō, iūdicem attendō; et forte quod obicis officiālī, mentīris; sed nōlō discutere; causam officiālis suī cōgnōscat Dominus ambōrum. Forte sī exigam, ut probēs, nōn probās; immō mentīris; probātum est tē probāre nōn potuisse; sed nōn ibī pōnō causam meam, nē cum studiōsē coeperō dēfendere hominēs innocentēs, putēs mē spem meam vel in hominibus innocentibus posuisse. Fuerint hominēs quālēslibet, egō ā Chrīstō accēpī, egō ā Chrīstō baptizātus sum.

xiii, 4. *Nōn*, inquit, *sed ille episcopus tē baptizāvit, et ille episcopus illīs commūnicat.* Ā Chrīstō sum baptizātus, egō nōvī.

Unde nōstī?

Docuit mē columba, quam vīdit Iohannēs. Ō mīlve male, nōn mē dīlaniās ā vīsceribus columbae; in columbae membrīs numeror; quia quod columba docuit, hoc nōvī. Tū mihī dīcis:

Ille tē baptizāvit, aut ille tē baptizāvit.

Per columbam mihī et tibī dīcitur:

Hic est, quī baptizat.

Cui crēdō, mīlvō, an columbae?

xiii, 3. 나는, 누가 사역자였는지를 알고 싶습니다. 나는, 누가 전령이었는지를 알고 싶습니다. 정리(廷吏)에 대해 나는 말하지 않습니다. 나는 재판관에게 주목합니다. 그대가 정리에 대해 비난하는 말이 필시 거짓일 수 있지만, 나는 그걸 논하고 싶지 않습니다. 양쪽의 주님이 당신의 정리의 문제를 살피실 것입니다. 혹시 내가 그대에게 증거를 요구한다 해도, 그대는 증거를 대지 못할 것입니다. 정말이지, 그대는 거짓을 말합니다. 그대가 증거를 대지 못했던 것이 입증되었습니다. 하지만 나는 그것에 의지하지 않습니다. 내가 무흠(無欠)한 사람들을 열심히 옹호한다 해서, 내가 내 희망을 무흠한 사람들에게 두었다는 생각을 하지 마십시오! 그들이 어떤 사람들이었는지는 중요하지 않습니다. 나는 그리스도에게서 받았습니다. 그리스도에게서 세례를 받았습니다.

xiii, 4. 그가 말합니다.

아닙니다. 저 감독이 그대에게 세례를 주었습니다. 그리고 저 감독이 그 사람들과 교제하였습니다.

나는 그리스도에게서 세례를 받았습니다. 나는 압니다. [그가 묻습니다.]

어떻게 알지요?

요한이 본 비둘기가 나에게 가르쳐 주었습니다. 오, 못된 솔개여! 너는 나를 비둘기의 품에서 떼어놓지 못한다. 나는 비둘기의 지체에 속합니다. 이것을 비둘기가 가르쳐 주었습니다. 나는 이것을 압니다. 그대는 나에게 말합니다.

이 사람이 그대에게 세례를 주었습니다. 저 사람이 그대에게 세례를 주었습니다.

비둘기를 통해 나와 그대가 들은 말은 이것입니다.

그가 곧 성령으로 세례를 주는 이인 줄 알라!

내가 누구를 믿는 것입니까? 솔개입니까? 비둘기입니까?

xiv, 1. Certē tū mihī dīc, ut per illam lucernam cōnfundāris, quā cōnfūsī sunt et priōrēs inimīcī, parēs tuī Pharisaeī, quī cum interrogārent Dominum, in quā potestāte ista faceret:

> *Interrogābō et egō vōs*, inquit, *istum sermōnem: Dīcite mihī: baptisma Iohannis unde est? Dē caelō an ex hominibus?*

Et illī, quī praeparābant iaculārī dolōs, irrētītī sunt quaestiōne, coepērunt volvere apud sēmet ipsōs et dīcere:

> Sī dīxerimus quia dē caelō est, dictūrus est nōbīs: *Quārē nōn crēdidistis eī?*

Iohannēs enim dīxerat dē Dominō:

> Ecce, Agnus Deī, ecce, quī tollit peccātum mundī.

Quid ergō quaeritis, in quā potestāte faciō? Ō lupī, in potestāte Agnī faciō, quod faciō. Sed ut nōssētis Agnum, quārē nōn crēdidistis Iohannī, quī dīxit:

> Ecce, Agnus Deī, ecce quī tollit peccātum mundī?

xiv, 2. Scientēs ergō illī, quid dīxisset Iohannēs dē Dominō, dīxērunt apud sē:

> Sī dīxerimus, quia dē caelō est baptismus Iohannis, dīcet nōbīs: *Quārē ergō nōn crēdidistis eī? Sī* dīxerimus, quia ex hominibus est, lapidābimur ā populō; quia prophētam habent Iohannem.

Hinc timēbant hominēs, hinc vēritātem fatērī cōnfundēbantur. Tenebrae tenebrās respondērunt, sed ā lūce superātae sunt.

xiv, 1. 그대는 나한테 분명히 말하십시오! 그래야 그대가 예전의 원수들, 그대와 동류(同類)인 바리새인들한테도 수치를 안겨 주었던 그 등불에 의해 수치를 당하게 될 테니 말입니다. 바리새인들은 주님에게 물었습니다.

> 네가 무슨 권세로 이런 일을 하느뇨? (마 21:23)

그때 주님은 아렇게 말씀하셨습니다.

> 24 나도 한 말을 너희에게 물으리니, [너희가 대답하면, 나도 무슨 권세로 이런 일을 하는지 이르리라] 25 요한의 세례가 어디로서 왔느냐? 하늘로서냐? 사람에게로서냐? (마 21:24-25)

그들은 궤계를 쓰려고 준비하고 있었는데, [이] 질문에 낚여, 자기네끼리 의논하기 시작했습니다.

> 만일 하늘로서라 하면, '어찌하여 저를 믿지 아니하였느냐?' 할 것이요. (마 21:25)

이는, 요한이 주님에 대하여 이렇게 말했기 때문입니다.

> 보라! 세상 죄를 지고 가는 하나님의 어린 양이로다. (요 1:29)

그러면, 너희는 무슨 까닭에, 내가 무슨 권세로 이런 일을 하는지 묻느냐? 오호라, 늑대들이여! 내가 하는 일은 양의 권세로 하는 일이다. 그런데 너희는 양에 대해 알기 원하면서, 어째서 요한을 믿지 않았느냐? 요한은 이렇게 말했다.

> 보라! 세상 죄를 지고 가는 하나님의 어린 양이로다.

xiv, 2. 그러므로 그들은, 요한이 주님에 대해 무슨 말을 했는지 알고 있었기 때문에, 서로 이렇게 의논했습니다.

> 5 만일 하늘로서라 하면, '어찌하여 저를 믿지 아니하였느냐?' 할 것이요, 6 만일 사람에게로서라 하면, 백성이 요한을 선지자로 인정하니, 저희가 다 우리를 돌로 칠 것이라. (눅 20:5-6)

그들은 한편에서는 사람들을 두려워했지만, 다른 한편에서는 진리를 인정하기를 부끄러워하였습니다. 어두움이 어두움을 대답이라고 내어놓았습니다. 그러나 빛의 제압을 당했습니다.

xiv, 3. Quid enim respondērunt? *Nescīmus.* Quod sciēbant, dīxērunt, *nescīmus.* Et Dominus, *nec egō vōbīs dīcō,* inquit, *in quā potestāte ista faciō.* Et cōnfūsī sunt prīmī inimīcī. Unde? Dē lucernā. Quis erat lucerna? Iohannēs. Probāmus, quia lucerna erat? Probāmus. Dominus enim dīcit:

> Ille erat lucerna ārdēns et lūcēns.

Probāmus, quia et dē ipsō cōnfūsī sunt inimīcī? Psalmum audī: *Parāvī,* inquit, *lucernam Chrīstō meō; inimīcōs eius induam cōnfūsiōne.*

xv, 1. Adhūc in huius vītae tenebrīs ad lucernam fideī ambulāmus; teneāmus et nōs lucernam Iohannem, cōnfundāmus et inde inimīcōs Chrīstī; immō ipse cōnfundat inimīcōs suōs per lucernam suam. Interrogēmus et nōs, quod Dominus Iūdaeōs, interrogēmus et dīcāmus:

> Baptisma Iohannis unde est? Dē caelō, an ex hominibus?

Quid dictūrī sunt, vidēte, sī nōn et ipsī tamquam inimīcī dē lucernā cōnfunduntur. Quid dictūrī sunt? Sī dīxerint: *Ex hominibus*; et ipsī suī eōs lapidābunt; sī autem dīxerint: *Dē caelō*; dīcāmus eīs:

> Quārē ergō nōn crēdidistis eī?

Dīcunt fortasse:

> Crēdimus eī.

Quōmodo ergō dīcitis, quia vōs baptizātis, et Iohannēs dīcit: *Hic est, quī baptizat?*

xiv, 3. 그들은 도대체 무슨 대답을 했습니까? "알지 못하노라"(눅 20:7). 그들이 알고 있는 것에 대해 그들은 "알지 못하노라"고 말했습니다. 그러자 주님께서 말씀하셨습니다.

> 나도 무슨 권세로 이런 일을 하는지, 너희에게 이르지 아니하리라. (눅 20:8)

그래서 첫 번째 원수들은 수치를 당했습니다. 무엇 때문이었지요? 등불 때문이었습니다. 누가 등불이었습니까? 요한이었습니다. 그가 등불이었다는 걸 우리가 증명할 수 있습니까? 증명할 수 있습니다. 이는, 주님이 이렇게 말씀하셨기 때문입니다.

> 요한은 켜서 비취는 등불이라. (요 5:35)

요한으로 말미암아 원수들이 수치당한 것을 우리가 증명할 수 있습니까? 시편 말씀을 들어 보십시오!

> 17 내가 내 기름 부은 자를 위하여 등을 예비하였도다. 18 내가 저의 원수에게는 수치로 입히고. (시 132:17-18)

xv, 1. 아직 이생의 어둠 속에서 우리는 믿음의 등불을 들고 다닙니다. 우리도 요한을 등불로 붙드십시다! 우리도 이를 통해 그리스도의 원수들에게 수치를 안겨 주십시다! 정말이지, 그리스도께서 그의 등불로 당신의 원수들에게 수치를 안겨 주셨으면 합니다. 우리도, 주님이 유대인들에게 하신 질문을 하십시다! 이렇게 질문하고, 이렇게 말하십시다!

> 요한의 세례가 어디로서 왔느냐? 하늘로서냐? 사람에게로서냐? (마 21:25)

그들이 무슨 말을 할까요? 보십시오! 그들도 원수들처럼 등불로 인해 수치를 당하지 않는지 말입니다. 그들이 무슨 말을 할까요? 그들이 만약 '사람에게로서'라 하면, 그들 편의 사람들조차 그들을 돌로 칠 것입니다. 그러나 '하늘로서'라 하면, 우리는 그들에게 말할 것입니다.

> 그렇다면, 어째서 그를 믿지 않았습니까?

그들은 필시 이렇게 말할 것입니다.

> 우리는 그를 믿습니다.

그렇다면, 어떻게 그대들이 세례를 준다고 말합니까? 요한은 이렇게 말했습니다.

> 그가 곧 [성령으로] 세례를 주는 이인 줄 [알라]! (요 1:33)

xv, 2. Sed ministrōs, inquiunt, tantī iūdicis iūstōs oportet esse, per quōs baptizātur. Et egō dīcō, et omnēs dīcimus, quia iūstōs oportet esse tantī iūdicis ministrōs; sint ministrī iūstī, sī volunt; sī autem nōluerint esse iūstī, quī cathedram Mōysī sedent, sēcūrum mē fēcit magister meus, dē quō Spīritus eius dīxit:

Hic est, quī baptizat.

Quōmodo sēcūrum mē fēcit? *Scrībae*, inquit, *et Pharisaeī cathedram Mōysī sedent; quae dīcunt, facite; quae autem faciunt, facere nōlīte; dīcunt enim, et nōn faciunt.* Sī fuerit minister iūstus, computō illum cum Paulō, computō illum cum Petrō; cum istīs computō iūstōs ministrōs; quia vērē iūstī ministrī glōriam suam nōn quaerunt; ministrī enim sunt, prō iūdicibus habērī nōlunt, spem in sē pōnī exhorrēscunt; ergō computō cum Paulō iūstum ministrum. Quid enim dīcit Paulus?

Egō plantāvī, Apollō rigāvit; sed Deus incrēmentum dedit; neque quī plantat est aliquid, neque quī rigat; sed quī incrēmentum dat Deus.

xv, 3. Quī vērō fuerit superbus minister, cum zābulō computātur; sed nōn contāminātur dōnum Chrīstī, quod per illum fluit pūrum, quod per illum trānsit, liquidum venit ad fertilem terram. Putā, quia ipse lapideus est, quia ex aquā frūctum ferre nōn potest; et per lapideum canālem trānsit aqua, trānsit aqua ad āreolās; in canālī lapideō nihil generat, sed tamen hortīs plūrimum frūctum affert. Spīritālis enim virtūs Sacrāmentī ita est ut lūx; et ab illūminandīs pūra excipitur, et sī per immundōs trānseat, nōn inquinātur.

xv, 2. 그들은 이렇게 말합니다.

그러나 이처럼 위대한 재판관의 사역자들은 의로워야 합니다. 그들을 통해 세례가 베풀어집니다.

나도, 또 우리도 다 이렇게 말합니다.

이처럼 위대한 재판관의 사역자들은 의로워야 합니다.

그들이 원한다면, 의로운 사역자가 될 수 있습니다. 그러나 '모세의 자리에'(마 23:2) 앉은 자들이 의로워지기를 원하지 않는다 해도, 나의 주님은 나를 안전하게 해 주셨습니다. 주님에 대해 성령께서는 이렇게 말씀하였습니다.

그가 곧 [성령으로] 세례를 주는 이인 줄 [알라]! (요 1:33)

어떻게 그가 나를 안전하게 해 주셨습니까? 그가 말씀하셨습니다.

2 서기관들과 바리새인들이 모세의 자리에 앉았으니, 3 그러므로 무엇이든지 저희의 말하는 바는 행하고 지키되, 저희의 하는 행위는 본받지 말라! 저희는 말만 하고 행치 아니하며. (마 23:2-3)

사역자가 만약 의롭다면, 나는 그를 바울과 비교합니다. 베드로와 비교합니다. 나는 의로운 사역자들을 이들과 비교합니다. 왜냐하면, 참으로 의로운 사역자들은 자기의 영광을 구하지 않기 때문입니다. 그들은 사역자들이기 때문에, 재판관으로 간주되기를 원하지 않습니다. 그들은, 사람들이 자기에게 희망을 거는 것을 무서워합니다. 그래서 나는 의로운 사역자를 바울과 비교합니다. 바울은 도대체 무슨 말을 합니까?

6 나는 심었고, 아볼로는 물을 주었으되, 오직 하나님은 자라나게 하셨나니, 7 그런즉, 심는 이나 물 주는 이는 아무것도 아니로되, 오직 자라나게 하시는 하나님뿐이니라. (고전 3:6-7)

xv, 3. 그러나 교만한 사역자는 마귀와 비교됩니다. 하지만 그리스도의 은사는 오염되지 않습니다. 그리스도를 통해 흐를 때, 정결해집니다. 그를 통해 지나가면, 깨끗하게 되어 비옥한 땅에 도달합니다. 그를 [= 교만한 사역자를] 돌이라 가정해 보십시오! 그가 물에서 열매를 나오게 하지 못합니다. 하지만 물은 돌로된 관거(管渠)를 지납니다. 물은 정원으로 들어갑니다. 물이 지나간다고, 돌로 된 관거에서 무엇이 자라지 못합니다. 그러나 정원에서는 물로 말미암아 많은 열매가 맺힙니다. 정말이지, 성례의 영적인 능력은 빛과도 같습니다. 그것은 조명을 받는 자들에 의해 깨끗한 것으로 받아들여집니다. 그것이 불결한 자들을 통해 전해진다 하더라도, 불결해지지 않습니다.

Sint plānē ministrī iūstī, et glōriam suam nōn quaerant, sed illīus, cuius ministrī sunt; nōn dīcant: *baptisma meum est*; quia nōn est ipsōrum. Attendant ipsum Iohannem.

xv, 4. Ecce, Iohannēs plēnus erat Spīritu Sānctō; et baptismum dē caelō habēbat, nōn ex hominibus; sed quātenus habēbat? Ipse dīxit:

> Parāte viam Dominō.

Ubī autem cōgnitus est Dominus, ipse factus est via; nōn iam opus erat baptismate Iohannis, quō parārētur via Dominō.

xvi, 1. Tamen quid nōbīs solent dīcere?

> Ecce, post Iohannem baptizātum est.

Antequam enim bene ista quaestiō tractārētur in Ecclēsiā catholicā, multī in eā errāvērunt, et magnī et bonī; sed quia dē membrīs columbae erant, nōn sē praecīdērunt, et factum est in eīs, quod dīxit Apostolus:

> Sī quid aliter sapitis, hoc quoque vōbīs Deus revēlābit.

Unde istī, quī sē sēparāvērunt, indocilēs factī sunt. Quid ergō solent dīcere?

> Ecce, post Iohannem baptizātum est.

Post haereticōs nōn baptizātur? Quia quīdam, quī habēbant baptisma Iohannis, iussī sunt ā Paulō baptizārī; nōn enim habēbant baptisma Chrīstī.

xvi, 2. Quid ergō exaggerās meritum Iohannis, et quasi abicis īnfēlīcitātem haereticōrum? Et egō tibī concēdō scelerātōs esse haereticōs; sed haereticī baptisma Chrīstī dedērunt, quod baptisma nōn dedit Iohannēs.

정말이지, 사역자들은 의로워야 합니다. 그러나 자기의 영광을 구하지 말아야 합니다. 도리어 그들이 섬기는 분의 영광을 구해야 합니다. 그들은 이런 말을 해서는 안 됩니다.

> 이것은 나의 세례다.

왜냐하면, 그들의 세례가 아니기 때문입니다. 요한 자신을 주목해 보십시오!

xv, 4. 보십시오! 요한은 성령으로 충만했습니다. 그리고 그의 세례는 하늘로서 왔지, 사람에게서 오지 않았습니다. 하지만 언제까지 유효합니까? 그 자신이 이렇게 말했습니다.

> 주의 길을 예비하라! (마 3:3, 막 1:3, 눅 3:4)

그러나 주님을 알게 된 순간, 주님 자신이 길이 되셨습니다. 요한의 세례는 더 이상 필요 없어졌습니다. 이를 통해 주의 길이 예비되었지만 말입니다.

xvi, 1. 하지만 그들은 우리에게 늘상 무슨 말을 합니까?

> 보십시오! 요한 이후에 세례가 베풀어졌습니다.

정말이지, 이 문제가 보편교회에서 제대로 취급되기 전에는, 보편교회에 속한 많은 사람들이 오류를 범했습니다. 위대하고 선한 인물들도 그랬습니다. 하지만 그들은 비둘기에 속했기 때문에, 떨어져 나가지 않았습니다. 도리어 사도의 말씀이 그들을 통해 이루어졌습니다.

> 만일 무슨 일에 너희가 달리 생각하면, 하나님이 이것도 너희에게 나타내시리라. (빌 3:15)

그러나 떨어져 나간 그 사람들은 가르칠 수 없는 자들이 되었습니다. 그래서 그들이 늘상 하는 말이 무엇입니까?

> 보십시오! 요한 이후에 세례가 베풀어졌습니다.

이단들이 등장한 후에는 세례가 베풀어지지 않았습니까? 요한의 세례를 받은 사람 몇이 세례를 다시 받으라는 명령을 바울에게서 받았습니다. 이는, 그들이 그리스도의 이름으로 세례를 받지 않았기 때문입니다.[1]

xvi, 2. 그렇다면, 그대는 어째서 요한의 공로를 과대평가합니까? 또 이단들의 불행을 대수롭지 않게 여깁니까? 나도, 이단들이 악독하다는 그대의 말을 인정합니다. 하지만 이단들이 그리스도의 세례를 베풀었습니다. 그것은, 요한이 준 것이 아닙니다.

---

[1] 행 19:1-5 참조.

xvii, 1. Recurrō ad Iohannem et dīcō:

Hic est, quī baptizat.

Sīc enim melior Iohannēs quam haereticus, quōmodo melior Iohannēs quam ēbriōsus, quōmodo melior Iohannēs quam homicīda. Sī post dēteriōrem baptizāre dēbēmus, quia post meliōrem baptizārunt Apostolī; quīcumque apud ipsōs baptizātī fuerint ab ēbriōsō, nōn dīcō ab homicīdā, nōn dīcō ā satellite alicuius scelerātī, nōn dīcō ā raptōre rērum aliēnārum, nōn dīcō ab oppressōre pūpillōrum, nōn ā sēparātōre coniugum; nihil hōrum dīcō; quod sollemne est, dīcō, quod cotīdiānum est, dīcō, quō vocantur omnēs, dīcō, et in istā cīvitāte, quandō eīs dīcitur: *Alogiēmus, bene sit nōbīs, et tālī diē fēstō Iānuāriārum nōn dēbēs iēiūnāre*; ea dīcō levia, cotīdiāna.

xvii, 2. Ab ēbriōsō homine cum baptizātur, quis est melior: Iohannēs an ēbriōsus? Respondē, sī potes, quod ēbriōsus tuus melior sit quam Iohannēs. Numquam hoc audēbis. Ergō tū quia sōbrius es, baptizā post ēbriōsum tuum. Sī enim post Iohannem baptizāvērunt Apostolī, quantō magis dēbet post ēbriōsum sōbrius baptizāre? An dīcis: *In ūnitāte mēcum est ēbriōsus*? Ergō Iohannēs amīcus spōnsī, nōn erat in ūnitāte cum spōnsō?

xvii, 1. 나는 요한에게로 돌아갑니다. 그리고 이렇게 말합니다.

그가 곧 세례를 주는 이입니다.

정말이지, 요한이 이단보다 나은 것은, 요한이 술꾼보다 더 나은 것과 같고, 요한이 살인자보다 더 나은 것과 같습니다. 사도들이 더 나은 자 후에 세례를 주었기 때문에, 우리가 더 못한 자 후에 세례를 주어야 한다면, 그들 [= 도나투스파] 중 술꾼에게 세례를 받은 자들은 – 나는 집례자가 살인자라는 말, 어떤 악당의 부하라는 말, 타인의 것을 강탈하는 자라는 말, 고아들을 압제하는 자라는 말, 부부를 헤어지게 하는 자라는 말, 그런 말은 절대 하지 않습니다. 나는 통상적인 일, 일상적인 일, 모두가 초청의 대상이 되는 일, 이 도시에서도 일어나는 일에 대해 이야기하고 있습니다. 이 도시에서는 이렇게 말하는 소리가 들립니다.

비이성적이 됩시다! 즐겁게 시간을 보냅시다! 정월의 이런 축제 기간에는 금식할 필요가 없습니다.

나는 이렇게 가볍고 일상적인 것에 대해 말합니다.

xvii, 2. 술꾼에 의해 세례가 행해진다면, 누가 낫습니까? 요한입니까? 술꾼입니까? 할 수만 있다면, 대답해 보십시오! 그대의 술꾼이 요한보다 더 낫다고 말입니다. 그대는 감히 이런 말을 절대 못할 것입니다. 그러므로 그대는 술 취하지 않았기 때문에, 그대가 말하는 술꾼 다음에 세례를 주십시오! 요한보다 나중에 사도들이 세례를 주었다면, 술꾼보다 나중에 술 취하지 않은 자가 세례를 주는 것이 얼마나 더 마땅합니까? 그대는 혹시 이런 말을 합니까?

그 술꾼이 나와 한패입니다.

그러니까, 신랑의 친구였던[1] 요한은 신랑과 한패가 아니었습니까?

---

[1] 요 3:29 (= "신부를 취하는 자는 신랑이나 서서 신랑의 음성을 듣는 친구가 크게 기뻐하나니 나는 이러한 기쁨이 충만하였노라") 참조.

xviii, 1. Sed tibī ipsī dīcō, *quisquis es: Tū es melior, an Iohannēs?* Nōn audēbis dīcere:

Egō sum melior quam Iohannēs.

Ergō post tē baptizent tuī, sī tē fuerint meliōrēs. Sī enim post Iohannem baptizātum est, ērubēsce, quia post tē nōn baptizātur. Dictūrus es:

Sed egō baptismum Chrīstī habeō et doceō.

Aliquandō ergō agnōsce iūdicem, et nōlī praecō superbus esse.

xviii, 2. Baptismum Chrīstī dās, ideō nōn post tē baptizātur; post Iohannem ideō baptizātum est, quia nōn Chrīstī baptismum dabat, sed suum; quia sīc accēperat, ut ipsīus esset. Nōn ergō tū melior quam Iohannēs; sed baptismus, quī per tē datur, melior quam Iohannis. Ipse enim Chrīstī est, iste autem Iohannis. Et quod dabātur ā Paulō, et quod dabātur ā Petrō, Chrīstī est; et sī datum est ā Iudā, Chrīstī erat. Dedit Iudas, et nōn baptizātum est post Iudam; dedit Iohannēs, et baptizātum est post Iohannem; quia sī datus est ā Iudā baptismus, Chrīstī erat; quī autem ā Iohanne datus est, Iohannis erat.

xviii, 1. 하지만 나는 그대가 누구든지 간에, 그대에게 묻습니다.

그대가 더 낫습니까? 아니면, 요한이 더 낫습니까?

그대는 감히 이런 말은 못하겠지요.

내가 요한보다 더 낫습니다.

그러므로 그대를 따르는 자들이 그대 다음에 세례를 주게 하십시오! 그대보다 그들이 더 낫다면 말입니다. 정말이지, 요한 이후에 세례가 행해졌다면, 그대 이후에 세례가 행해지지 않는 것에 대해 부끄러워하십시오! 그대는 이렇게 말할 것입니다.

나는 그리스도의 세례를 가졌고, 그것을 가르칩니다.

그렇다면, 이제 심판주를 인정하십시오! 그리고 교만한 전령이 되지 마십시오!

xviii, 2. 그대는 그리스도의 세례를 줍니다. 그래서 그대 이후에는 세례가 행해지지 않습니다. 요한 이후에 세례가 행해진 것은, 그가 그리스도의 세례를 준 것이 아니라, 자기의 세례를 주었기 때문입니다. 그가 [세례를] 받은 것은, 그것이 자기 것이 되게 하기 위함이었습니다. 그러므로 그대는 요한보다 더 낮지 않지만, 그대로 말미암아 베풀어지는 세례는 요한의 세례보다 더 낫습니다. 왜냐하면, 하나는 그리스도의 세례이지만, 다른 하나는 요한의 세례이기 때문입니다. 그리고 바울이 베푼 세례도, 베드로가 베푼 세례도 그리스도의 세례입니다. 그리고 유다가 베푼 세례도 그리스도의 세례입니다. 유다가 세례를 행했지만, 유다 이후에는 세례가 행해지지 않았습니다. 요한이 세례를 행한 다음에는 세례가 행해졌습니다. 왜냐하면, 유다가 세례를 행했다면, 그것은 그리스도의 세례이지만, 요한이 행한 세례는 요한의 세례이기 때문입니다.

xviii, 3. Nōn Iudam Iohannī, sed baptismum Chrīstī etiam per Iudae manūs datum, baptismō Iohannis etiam per manūs Iohannis datō rēctē praepōnimus. Etenim dictum est dē Dominō antequam paterētur, quia baptizābat plūrēs quam Iohannēs; deinde adiūnctum est:

> Quamvīs ipse nōn baptizāret, sed discipulī eius.

Ipse, et nōn ipse; ipse potestāte, illī ministeriō; servitūtem ad baptizandum illī admovēbant, potestās baptizandī in Chrīstō permanēbat. Ergō baptizābant discipulī eius, et ibī adhūc erat Iudas inter discipulōs eius; quōs ergō baptizāvit Iudas, nōn sunt iterum baptizātī; et quōs baptizāvit Iohannēs, iterum baptizātī sunt? Plānē iterum, sed nōn iterātō baptismō. Quōs enim baptizāvit Iohannēs, Iohannēs baptizāvit; quōs autem baptizāvit Iudas, Chrīstus baptizāvit.

xviii, 4. Sīc ergō quōs baptizāvit ēbriōsus, quōs baptizāvit homicīda, quōs baptizāvit adulter, sī baptismus Chrīstī erat, Chrīstus baptizāvit. Nōn timeō adulterum, nōn ēbriōsum, nōn homicīdam; quia columbam attendō, per quam mihī dīcitur:

> Hic est, quī baptizat.

xix, 1. Cēterum, frātrēs meī, dēlīrum est dīcere, quia meliōris meritī fuit, nōn dīcō Iudas, sed quīlibet hominum, quam ille, dē quō dictum est:

> In nātīs mulierum nēmō exsurrēxit māior Iohanne baptistā.

Nōn ergō huic quisquam servus, sed baptisma Dominī etiam per servum malum datum, baptismatī etiam amīcī servī praepōnitur. Audī, quālēs commemorat apostolus Paulus falsōs frātrēs, invidiā praedicantēs verbum Deī, et quid dē illīs dīcit:

> Et in hōc gaudeō, sed et gaudēbō.

Chrīstum enim annūntiābant, per invidiam quidem, sed tamen Chrīstum. Nōn per quid, sed quem vidē!

xviii, 3. 우리는 유다를 요한보다 더 낮다고 생각하지 않습니다. 그러나 유다의 손에 의해 행해진 그리스도의 세례는 요한의 손에 의해 행해진 요한의 세례보다 더 낮다고 생각하는데, 이것은 옳은 일입니다. 주님이 고난을 받으시기 전에, 주님이 '세례를 주는 것이 요한보다 많다'(요 4:1) 하는 말을 들었다는 말씀이 있습니다. 이어서 이런 말씀이 덧붙여져 있습니다.

> 예수께서 친히 세례를 주신 것이 아니요, 제자들이 준 것이라. (요 4:2)

주님이 친히 주신 것이면서도, 주님이 친히 주신 것이 아닙니다. 권세로 본다면, 주님이 주신 것입니다. 사역으로 본다면, 제자들이 준 것입니다. 세례를 베풀 때 섬기는 사역은 제자들이 수행했습니다. 세례를 베푸는 권세는 그리스도께 계속 남아 있었습니다. 그러므로 주님의 제자들이 세례를 주고 있었을 때, 유다는 그들 중에 속해 있었습니다. 그렇다고 유다가 세례를 준 사람들이 다시 세례를 받지 않았습니다. 그러면, 요한이 세례를 준 사람들은 다시 세례를 받았습니까? 분명히 다시 받았습니다. 그러나 똑같은 세례를 다시 받은 것이 아닙니다. 이는, 요한이 준 세례는, 요한이 준 것이지만, 유다가 준 세례는, 그리스도께서 주신 것이기 때문입니다.

xviii, 4. 그러므로 술꾼에게 세례를 받은 사람들이든, 살인자에게 세례를 받은 사람들이든, 간음자에게 세례를 받은 사람들이든, 그리스도의 세례를 받았다면, 그들에게 세례를 베푸신 분은 그리스도이십니다. 나는 간음자도, 술꾼도, 살인자도 두려워하지 않습니다. 이는, 내가 비둘기를 바라보기 때문입니다. 비둘기를 통해 나한테 이런 말씀이 주어졌습니다.

> 그가 곧 세례를 주는 이입니다.

xix, 1. 하지만 나의 형제 여러분! 유다가 아니라 그 어떤 사람이라 할지도, 그 사람에 대해 요한보다 더 큰 공로를 세웠다고 말하는 것은 미친 짓입니다. 요한에 대해서는 이런 말씀이 있습니다.

> 여자가 낳은 자 중에 세례 요한보다 큰 이가 일어남이 없도다. (마 11:11)

그러니까, 그 어떤 [주의] 종이라도 이 사람 [요한]보다 더 낫지 못합니다. 그러나 주님의 세례는, 비록 악한 종이 준 것이라 할지라도, [주님의] 친구였던 종의 세례보다 더 낮습니다. 사도 바울이 하나님의 말씀을 '투기와 [분쟁으로]'(빌 1:15) 전하는 거짓 형제들에 대해, 그들이 어떤 사람들이라고 말하는지, 또 이런 사람들에 대해 그가 무슨 말을 하는지, 들어 보십시오!

> 이로써 내가 기뻐하고 또한 기뻐하리라. (빌 1:18)

왜냐하면, 그들이 그리스도를 전파했기 때문입니다. '투기로' 전파한 것이 사실이지만, 그래도 그리스도를 전파했습니다. <어떻게> 전파했는지보다, <누구를> 전파했는지를 살피십시오!

xix, 2. Per invidiam tibī praedicātur Chrīstus? Vidē Chrīstum, vītā invidiam. Nōlī imitārī malum praedicātōrem, sed imitāre bonum, quī tibī praedicātur. Chrīstus ergō ā quibusdam per invidiam praedicābātur. Et quid est invidēre? Horrendum malum. Ipsō malō zābulus dēiectus est, ipsum dēiēcit multum malīgna pestis. Et habēbant illam quīdam Chrīstī praedicātōrēs, quōs tamen praedicāre permittit Apostolus. Quārē? Quia Chrīstum praedicābant.

xix, 3. Quī autem invidet, ōdit; et quī ōdit, quid dē illō dīcitur? Audī apostolum Iohannem:

> Quī ōdit frātrem suum, homicīda est.

Ecce, post Iohannem baptizātum est, post homicīdam nōn baptizātum est; quia Iohannēs dedit baptismum suum, homicīda dedit baptismum Chrīstī. Quod Sacrāmentum tam sānctum est, ut nec homicīdā ministrante polluātur.

xx, 1. Nōn respuō Iohannem, sed potius crēdō Iohannī. Quid crēdō Iohannī? Quod didicit per columbam. Quid didicit per columbam?

> Hic est, quī baptizat in Spīritū Sānctō.

Iam ergō, frātrēs, tenēte hoc, et cordibus vestrīs īnfīgite. Sī enim hodiē voluerō plēnius dīcere, quārē per columbam, tempus nōn sufficit.

Quia enim rēs discenda īnsinuāta est Iohannī per columbam, quam nōn nōverat in Chrīstō Iohannēs, quamvīs iam nōsset Chrīstum, exposuī, quantum arbitror, Sānctitātī vestrae.

xix, 2. '투기로' 말미암아 그대에게 그리스도가 전파되었습니까? 그리스도를 바라보시고, 투기를 피하십시오! 악한 전도자를 본받지 마십시오! 도리어 그대에게 전해진 그 선하신 분을 본받으십시오! 그러니까, 어떤 사람들은 그리스도를 투기로 말미암아 전하였습니다. 그러면, 투기가 무엇입니까? 무서운 악입니다. 이 악으로 말미암아 마귀가 넘어졌습니다. [이] 못된 질병이 심하게 그를 무너뜨렸습니다. 그리고 그리스도의 어떤 전파자들이 이 악에 사로잡혔습니다. 하지만 사도는 그들에게 전도를 허락했습니다. 무엇 때문입니까? 그들이 그리스도를 전파했기 때문입니다.

xix, 3. 그런데 투기하는 자는 미워하는 자입니다. 그러면, 미워하는 자에 대해 무슨 말씀이 있습니까? 사도 요한의 말씀을 들어 보십시오!

> 그 형제를 미워하는 자마다 살인하는 자니. (요일 3:15)

보십시오! [세례] 요한 다음에 세례가 행해졌습니다. 살인자 다음에는 세례가 행해지지 않았습니다. 왜냐하면, 요한은 자기 세례를 주었고, 살인자는 그리스도의 세례를 주었기 때문입니다. 이는, 성례가 대단히 거룩하여, 살인자가 집행한다 해도, 더럽혀지지 않기 때문입니다.

xx, 1. 나는 요한을 배척하지 않습니다. 나는 오히려 요한을 믿습니다. 왜 내가 요한을 믿습니까? 이는, 그가 비둘기를 통해 배웠기 때문입니다. 그가 비둘기를 통해 무엇을 배웠습니까?

> 그가 곧 성령으로 세례를 주는 이인 줄 알라! (요 1:33)

그러므로 형제 여러분, 이제 이것을 붙드십시오! 그리고 여러분 마음에 새기십시오! 정말이지, 그가 왜 비둘기를 통해 배웠는지를 [좀] 더 자세히 설명하려면, 시간이 부족할 것입니다.

요한이 배워야 했던 내용은 비둘기를 통해 전달되었습니다. 비록 요한이 그리스도를 이미 알고 있었지만, 그리스도에 대해 그가 알지 못했던 것이 있었습니다. 이에 대해 나는 성도 여러분께, 내가 생각하는 바를 설명 드렸습니다.

xx, 2. Sed quārē hanc ipsam rem per columbam oportuit dēmōnstrārī, sī breviter dīcī posset, dīcerem; sed quia diū dīcendum est, et onerāre vōs nōlō, quōmodo adiūtus sum ōrātiōnibus vestrīs, ut illud, quod prōmīsī, implērem; adiuvante etiam atque etiam piā intentiōne et vōtīs bonīs, et illud appārēbit vōbīs, quārē Iohannēs quod didicit in Dominō, quia ipse est, quī baptizat in Spīritū Sānctō, et nūllī servō suō trānslēgāvit potestātem baptizandī, nōn dēbuit discere nisī per columbam.

xx, 2. 그러나 무엇 때문에 이것이 비둘기를 통해 전해져야 했는지를, 할 수만 있다면 최대한 간략하게 설명 드리고 싶었습니다. 하지만 긴 설명이 필요하기 때문에, 또 나는 여러분을 힘들게 하고 싶지 않기 때문에, 여러분의 기도의 도움을 받아, 내가 약속 드린 것을 실행할 때가 올 것입니다. 경건한 노력을 계속하고, 선한 마음으로 계속 간구를 드린다면, 요한이 주님께 관하여 배웠던 바를 무엇 때문에 오직 비둘기를 통해서만 배워야 했는지도, 여러분이 밝히 알게 될 날이 있을 것입니다. 주님은 성령을 통해 세례를 주는 분이시고, 당신의 종 그 누구에게도 세례권을 이양하지 않으셨습니다.

역자: 김광채 (金光采)

서울대학교 (BA, MA)
독일 Heidelberg Univ. (Dr. theol.)
개신대학원대학교 명예교수

저서:

<근세 · 현대교회사> 서울: CLC, 1990.

<신학논문작성법> 제2판. 서울: 참말, 1992.

<라틴어 강좌> 서울: 예영커뮤니케이션, 1994.

<교부 열전 상권> 서울: 정은문화사, 2002; CLC, 2010.

<교부 열전 중권> 서울: CLC, 2005.

<고대 교리사> 서울: 보라상사, 2003.

<중세교회사> 서울: 신성, 2002; 아침동산, 2009.

<도해 종교개혁사> 서울: 아침동산, 2009.

<그림으로 본 10대 박해> 서울: CLC, 2010.

<믿음의 여인 모니카> 서울: 북랩, 2013.

<라틴어 문법 차트> 서울: 북랩, 2013; 아우룸, 2019; 부크크, 2021.

<청년 어거스틴> 서울: Essay, 2014; 부크크, 2020.

<초대교회사 서설> 서울: Essay, 2014; 노드, 2016.

<중세교회사> 서울: CLC, 2016 (중세 신학사 포함).

<도해 근세교회사> 서울: 마르투스, 2016.

<오토 대제> 서울: Essay, 2016.

<신국론 연구노트> 서울: 부크크, 2018.

<루터와 하이델베르그> 서울: 부크크, 2018.

<아씨시의 프란체스코> 서울: 부크크, 2019.

<마태복음 중심 공관복음서 총관표> 서울: 북셀프, 2019.

<제1차 십자군 전쟁> 서울: 부크크, 2020.

역서:

<성·어거스틴의 고백록> 서울: CLC, 2004.
<어거스틴 교육사상 텍스트> 서울: 아침동산, 2011.
루터, <크리스챤의 자유> 서울: 좋은땅, 2013.
어거스틴, <신망애 편람> 서울: Essay, 2014.
어거스틴, <삼위일체론> 서울: Essay, 2015.
어거스틴, <신국론> 서울: 아우룸, 2017 (전자책), 2017/18 (종이책).
어거스틴, <기독교 학문론> 서울: 북랩, 2018.
어거스틴, <행복론> 서울: 부크크, 2018.
요한 칼빈, <기독교 강요 초판> 서울: 부크크, 2019.
어거스틴, <영과 문자론> 서울: 아우룸, 2020.
어거스틴, < 교사론> 서울: 부크크, 2020.
어거스틴, < 크리스천 경기론> 서울: 부크크, 2020.
세네카, <관용론> 서울: 부크크, 2020.
요한 칼빈, <세네카 '관용론' 주석> 서울: 부크크, 2020.
<웨스트민스터 신앙고백서> 서울: 아우룸, 2021.
어거스틴, <독백록> 서울: 부크크, 2021.

요한복음 강론 제1강 ~ 제5강

발 행 | 2021년 07월 05일
저 자 | 어거스틴
역 자 | 김광채
펴낸이 | 한건희
펴낸곳 | 주식회사 부크크
출판사등록 | 2014.07.15.(제2014-16호)
주 소 | 서울특별시 금천구 가산디지털1로 119 SK트윈타워 A동 305호
전 화 | 1670-8316
이메일 | info@bookk.co.kr

ISBN | 979-11-372-4949-3

www.bookk.co.kr